Gramática China

Una Aproximación a las Estructuras del Mandarín

2

Hou Ma Publishing

Editorial: BoD · Books on Demand,
Calle de Manzanares, 4, 28005 Madrid,
bod@bod.com.es
Impresión: Libri Plureos GmbH,
Friedensallee 273, 22763 Hamburg (Alemania)

ISBN: 978-84-1326-535-3

Presentación 8

不到长城，非好汉。...11

20 Comparaciones 13
   20.1 Haciendo comparaciones con 比 16
     20.1.1 Modificadores del resultado de la comparación 18
     20.1.2 Otros usos de 比 24
     20.1.3 比 como unidad léxica 25
   20.2 Expresando equivalencia o similitud con 一样 28
   20.3 Expresando el más, lo que más con 最 38
   20.4 Comparaciones con un solo objeto con 比较 40
   20.5 Haciendo comparaciones con 有 y 没有 41
   20.6 Diferencias entre las formas negativas de la comparación 不比 y 没有 47
   20.7 Haciendo comparaciones con 相比 y 比起 48
   20.8 Haciendo comparaciones con 如 y 不如 51

21 El complemento de grado 57
   21.1 Indicando el grado máximo con 极了 61
   21.2 Indicando un mayor grado con 坏了 o 死了 62

22 El complemento de estado o complemento de manera 64
   22.1 Estructuras básicas con complemento de estado 67
     22.1.1 Modificadores del complemento de estado 70
     22.1.2 Posible ambigüedad entre el complemento de estado y frases de relativo 71
   22.2 El complemento de estado y la comparación 72
     22.2.1 El complemento de estado y la comparación con 比 72
     22.2.2 El complemento de estado en estructuras de equivalencia con 一样 ...74
     22.2.3 El complemento de estado y la comparación con 没有 76
   22.3 Complemento de estado complejo y oraciones consecutivas 78

23 Expresando la duración y frecuencia 80
   23.1 Expresando la duración de una acción 82
     23.1.1 El aspecto puntual o acciones de duración breve 87
     23.1.2 Expresando acciones cortas con 一下 o 一会儿 87
     23.1.3 Breves periodos de tiempo con 一下子，一下 89
     23.1.4 Expresando acciones cortas mediante la duplicación del verbo 90
     23.1.5 Expresando durante o dentro de con 之内 o 里 y desde con 以来 95
   23.2 Expresando la frecuencia de una acción 97
     23.2.1 Expresando frecuentemente, a menudo y normalmente 98
     23.2.2 Expresando ocasionalmente, de vez en cuando 偶尔 101
     23.2.3 Expresando a veces son 有时候。。。。。。有时候 102
     23.2.4 Indicando el número de veces con 次 y 遍 103
     23.2.5 Indicando el número de veces con 回 y 趟 106
     23.2.6 Expresando frecuencia con 每 109
     23.2.7 Expresando no muy a menudo con 不怎么 y 没怎么 110
     23.2.8 Expresando siempre y nunca 111

24 Más sobre las partículas de aspecto 112
    24.1 Hablando en pasado con 过 113
        24.1.1 Diferencias de uso entre 了 y 过 121
        24.1.2 Uso conjunto de 了 y 过 124
    24.2 Usos de la partícula auxiliar 着 126
        24.2.1 着 como indicador de tiempo o estado continuo 127
        24.2.2 Expresando acciones simultaneas con la partícula 着 128
        24.2.3 Expresando un estado continuo con la partícula 着 132
        24.2.4 着 en el discurso coloquial 134
        24.2.5 着 como unidad léxica 135

25 Verbos 136
    25.1 Verbos divisibles, construcciones verbo-objeto 137
        25.1.1 La forma reduplicada de los verbos divisibles 140
        25.1.2 Verbos indivisibles 141
        25.1.3 Partículas y verbos divisibles 142
        25.1.4 El complemento de duración y los verbos divisibles 143
        25.1.5 El complemento de repetición y los verbos divisibles 144
        25.1.6 El complemento de estado junto a verbos divisibles 145
        25.1.7 El complemento de estado en estructuras comparativas con verbos divisibles 147
        25.1.7.1 El complemento de estado y la comparación con 比 148
        25.1.7.2 El complemento de estado en estructuras de equivalencia con 一样 152
        25.1.7.3 El complemento de estado y la comparación con 没有 153
        25.1.7.4 Complemento de estado complejo y oraciones consecutivas 154
        25.1.8 El complemento de resultado y los verbos divisibles 155
        25.1.9 Otros complementos 155
    25.2 Verbos con complemento directo e indirecto. Verbos dativos 156
        25.2.1 Los verbos dativos y las partículas de aspecto 183
    25.3 Expresando prohibición con 不要 y 别 185
    25.4 Expresando 'va a' con 要......了 189
    25.5 Diferencias de uso entre 帮忙，帮助 y 帮 193
    25.6 Diferencias de uso entre 穿 y 戴 196
    25.7 Usos de 过 como verbo 198

26 El complemento de resultado 200
   26.1 Estructuras básicas 205
   26.2 Otros complementos y estructuras 208
      26.2.1 El complemento de resultado y las oraciones tema-comentario 208
      26.2.2 El complemento de resultado y las oraciones con 把 208
      26.2.3 Introducción al complemento de potencia 211
      26.2.4 Introducción al complemento de dirección 213
   26.3 Los complementos de resultado más habituales 216
      26.3.1 Complemento de resultado 见 218
      26.3.2 Complemento de resultado 懂 219
      26.3.3 Complemento de resultado 到 220
      26.3.4 Complemento de resultado 完 225
      26.3.5 Complemento de resultado 好 227
      26.3.6 Complemento de resultado 错 228
      26.3.7 Complemento de resultado 对 229
      26.3.8 Complemento de resultado 着 230
      26.3.9 Complemento de resultado 开 231
      26.3.10 Complemento de resultado 上 233
      26.3.11 Complemento de resultado 下 235
      26.3.12 Complemento de resultado 光 237
      26.3.13 Complemento de resultado 死 238
      26.3.14 Complemento de resultado 走 239
      26.3.15 Complemento de resultado 掉 239
      26.3.16 Complemento de resultado 倒 241
      26.3.17 Complemento de resultado 住 241
      26.3.18 Complemento de resultado 破 243
      26.3.19 Complemento de resultado 饱 244
      26.3.20 Complemento de resultado 会 244
      26.3.21 Complemento de resultado 够 245
      26.3.22 Complemento de resultado 动 245
      26.3.23 Complemento de resultado 惯 246
      26.3.24 Complemento de resultado 坏 247
      26.3.25 Complemento de resultado 作 y 做 248
      26.3.26 Complemento de resultado 遍 249
      26.3.27 Complemento de resultado 醉 249
      26.3.28 Complemento de resultado 清楚 250
      26.3.29 Complemento de resultado 干净 251
      26.3.30 Complemento de resultado 起 252
      26.3.31 Complemento de resultado 了 253
      26.3.32 Complemento de resultado 成 253
      26.3.33 Complemento de resultado 在 255
      26.3.34 Complemento de resultado 给 258

27 Más adverbios 259
   27.1 Diferencias de uso entre 不 y 没有 260
   27.2 Adverbios de foco 266
   27.3 Usos de 还 269
      27.3.1 Expresando todavía y aún con 还 271
      27.3.2 Expresando más o menos con 还 272
      27.3.4 Diferencia entre 还 y 也 273
   27.4 Expresando ya con 已经 274
   27.5 Expresando ya con 都…… 了 275
   27.6 Usos de 就 276
      27.6.1 Sacando conclusiones con 就 . Entonces 279
      27.6.2 Expresando inmediatez o acciones sucesivas con 就 280
      27.6.3 Usando 就 para expresar que algo ha ocurrido antes de lo que se esperaba 281
      27.6.4 Limitar el alcance con 就 282
      27.6.5 Expresando solo con 就 283
      27.6.6 Uso de 就 en conjunciones adverbiales que expresan condición 284
      27.6.7 Expresando indiferencia por algo con 就 284
      27.6.8 就 como unidad léxica 285
   27.7 Usos de 才 287
      27.7.1 Usando 才 para expresar que algo ha ocurrido después de lo que se esperaba . 288
      27.7.2 Expresando solo con 才 289
      27.7.3 Expresando que no es tarde con 才 290
      27.7.4 Uso de 才 en conjunciones adverbiales que expresan condición 290
      27.7.5 才 como unidad léxica 291
   27.8 Expresando de nuevo, otra vez con 再 y 又 293
   27.9 Expresando de nuevo con 重新 296
   27.10 Expresando solo , solamente con 只 296
   27.11 Expresando suficiente con 够 298
   27.12 Indicando lleno, completo o alcanzar cierto limite con 满 300
   27.13 Expresando tan con 这么 y 那么 303
28 Más preposiciones 304
   28.1 Expresando desde con 从 306
   28.2 Expresando hasta con 到 310
   28.3 Uso conjunto de 从 y 到 313
   28.4 Expresando hacia con 往 314
   28.5 Indicando distancia con 离 315
   28.6 Expresando modo de transporte con 坐 y 骑 321
   28.7 Expresando para con 对 323

Anexos 324
   Vocabulario 325

Presentación

En el primer volumen de esta colección aprendimos la estructura básica de las oraciones en chino. Algunos conceptos básicos, como la ausencia de tiempo verbal o conjugación quedaron ampliamente explicados. Además, se dedicaron puntos gramaticales a piezas esenciales para la formación de oraciones sencillas como son los pronombres personales, posesivos o interrogativos más utilizados. También se expusieron los varios usos de la partícula 的, tanto como indicador de posesión como para formar complementos de nombre u oraciones de relativo. Aprendimos también a formular preguntas básicas y ciertos usos de los verbos 是 y 有. Tras una introducción al aspecto del verbo, vimos algunas partículas de aspecto en chino, poniendo especial atención a las partículas 了 y 在. Esta última, además de una función aspectual sobre el verbo también nos sirve para indicar la localización de una acción. Así, ya conocemos una gran variedad de términos para expresar el tiempo y el lugar donde ocurre una acción.

Ni la presentación ni el modo de ordenar los contenidos en este nuevo volumen deberían sorprenderle. Cada sección se inicia con una breve descripción de los puntos que vendrán a continuación. En cada punto gramatical se remarcan los conceptos que debe tener claros antes de seguir con la lectura y en los puntos relacionados se ofrecen referencias a puntos gramaticales donde ciertos conceptos se tratan en profundidad o bien le indican donde podrá encontrar más detalles o ejemplos. Tenga en cuenta que estas referencias no solo se hacen a contenidos del presente volumen y que pueden aparecer referencias a conceptos tratados en volúmenes previos o futuros.

En este segundo volumen continuamos adentrándonos en las estructuras del mandarín. Acabaremos de exponer las partículas de aspecto que quedaron por descubrir en el primero como 着 o 过. También descubriremos nuevas preposiciones y adverbios que enriquecerán de un modo significativo nuestras oraciones.

Además, empezaremos a ver algunas estructuras y complementos propios del mandarín sin equivalente en español. Deberá empezar a realizar cierto esfuerzo para dejar atrás estructuras que ya tiene interiorizadas y adquirir nuevos patrones de pensamiento para utilizarlas de un modo fluido. Este es el caso para algunos complementos propios de la lengua china, como el complemento de resultado, el complemento de estado, el complemento de potencia o las oraciones con 把. En el caso del complemento de resultado, como verá, hemos intentado ser bastante exhaustivos, mientras que el complemento de potencia o las oraciones con 把 serán introducidos brevemente. No obstante, le indicaremos las ideas esenciales para que pueda comprender sin dificultad las oraciones de ejemplo donde aparecen sin entrar en los matices de su uso que abordaremos en un volumen posterior.

Respecto al índice de vocabulario, que encontrará al final del volumen, comentarle que hemos omitido las palabras más repetidas en el primero y las 150 palabras del HSK 1 que suponemos que ya conocerá antes de iniciar esta lectura. También nos hemos asegurado de que la gran mayoría de las palabras del nivel HSK 3 aparezcan en los ejemplos del presente volumen. Tenga en cuenta que también se incluyen palabras de niveles superiores para evitar la monotonía en los ejemplos. Así, más de la mitad de las palabras del HSK 4 aparecen como mínimo una vez.

Como novedad en este volumen vamos a introducir algunos 成语, chéngyǔ, relacionados con los puntos gramaticales presentados al final de las exposiciones. Los 成语 son expresiones idiomáticas muy características del chino que se caracterizan por contener normalmente cuatro caracteres y que aparecen con mucha frecuencia tanto en el lenguaje oral como en el escrito.

Estos suelen tener su origen en la literatura antigua y su significado trasciende, generalmente, su sentido literal. En la mayoría de los casos resulta difícil o imposible deducir su significado a partir de la traducción individual de sus componentes y para comprenderlo es necesario conocer el mito o hecho histórico al que debe su origen.

Afortunadamente, este conocimiento cultural no siempre es necesario para comprenderlos ya que, o bien, tienen un equivalente en español o bien resultan bastante claros una vez traducidos los caracteres que los componen:

En el siguiente ejemplo la expresión comparte tanto su significado literal como el metafórico en ambos idiomas.

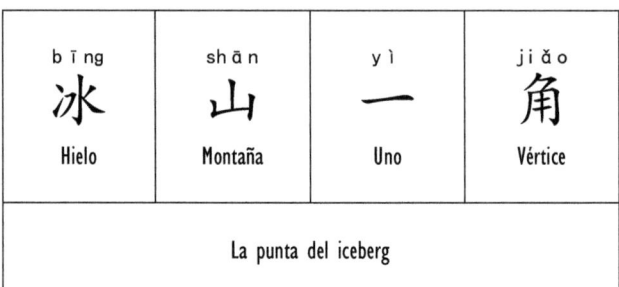

bīng	shān	yì	jiǎo
冰	山	一	角
Hielo	Montaña	Uno	Vértice
La punta del iceberg			

En otros y contados casos es posible entender o intuir su significado analizando cada uno de sus caracteres y entendiendo previamente que estructura gramatical está detrás de ellos.

qíng	bǐ	jīn	jiān
情	比	金	坚
Amor	Partícula comparativa	Oro	Firme
El amor es más sólido que el oro			

Son precisamente estas expresiones, que tienen la suficiente importancia en la lengua china y pueden ser entendidas sin considerar todavía el contenido cultural e histórico, las que hemos seleccionado con cautela para incorporarlas a lo largo de este segundo volumen.

Le ayudarán a memorizar los caracteres clave y los nuevos conceptos presentados, le aportarán una riqueza de vocabulario difícil de encontrar en otros textos. También esperamos que le ayuden a familiarizarse con cuestiones rítmicas algo difíciles de exponer formalmente en un manual de gramática.

Esperando que disfrute de su lectura, queremos agradecerle su apoyo y confianza en nosotros para ampliar sus horizontes y continuar sumergiéndose en la lengua china.

不到长城，非好汉。

20 COMPARACIONES

En los siguientes puntos serán introducidas las estructuras esenciales que le permitirán construir **oraciones comparativas**.

Una de las estructuras más sencillas para realizar comparaciones utiliza el coverbo 比. Como verá, esta estructura podrá ser fácilmente ampliada añadiendo un complemento de grado o utilizando determinados adverbios que actuarán como intensificadores de la comparación.

jīn nián xià tiān sì hū **bǐ** qù nián **gèng** rè le
今年夏天似乎**比**去年**更**热了

Este verano parece ser aún más caluroso que el año pasado.

zhè běn zhōng wén shū **bǐ** wǒ de wán zhěng **de duō**
这本中文书**比**我的完整**得多**

Este libro de chino es mucho más completo que el mío.

Contenidos relacionados
─────────────

20.1 Haciendo comparaciones con 比

A continuación veremos como también es posible utilizar el **verbo 有** para construir oraciones comparativas:

dì dì **méi yǒu** gē gē nà me hǎo
弟弟**没有**哥哥那么好。

El hermano pequeño no es tan bueno como el mayor.

zuó tiān de xī guā **méi yǒu** jīn tiān de pián yí
昨天的西瓜**没有**今天的便宜

La sandía de ayer no era tan barata como la de hoy.

Contenidos relacionados
─────────────

20.5 Haciendo comparaciones con 有 y 没有

Otras formas, ambas semejantes, que nos permiten realizar comparaciones son **相比** y **比起**:

bǐ qǐ shàng hǎi   guǎng zhōu de wù jià pián yí duō le
比起上海，广州的物价便宜多了。

Guangzhou es mucho más barato que Shanghai.

gēn jiā ná dà **xiāng bǐ**   měi guó rén kǒu **gèng** duō
跟加拿大**相比**，美国人口更多。

Estados Unidos tiene más población que Canadá.

Contenidos relacionados
─────────────

20.7 Haciendo comparaciones con 相比 y 比起

Otra estructura muy utilizada, en general para realizar comparaciones con **carácter metafórico**, se forma utilizando **如** o su forma negativa **不如**:

tā **rú** huā **yí yàng piào liàng**
她**如**花一样漂亮。

Ella es hermosa como una flor.

mā mā **bù rú** bà bà gāo
妈妈**不如**爸爸高。

Mi madre es menos alta que mi padre.

Contenidos relacionados

_____

20.8 Haciendo comparaciones con 如 y 不如

Una vez introducido el **complemento de estado,** retomaremos las estructuras comparativas para ver como su presencia altera ligeramente la estructura básica presentada en estos puntos anteriores.

wǒ shuō hàn yǔ shuō **de** méi yǒu nǐ zhè me liú lì
我说汉语说**得**没有你这么流利。
wǒ shuō hàn yǔ méi yǒu nǐ shuō **de** zhè me liú lì
我说汉语没有你说**得**这么流利。

No hablo el chino tan fluidamente como tú.

Contenidos relacionados

_____

22.2 El complemento de estado y la comparación

También encontrará un punto gramatical dedicado al **superlativo** y otro dedicado a aquellas comparaciones dónde solo se menciona uno de los objetos comparados y otro queda eludido.

wǒ **zuì** xǐ huān de diàn yǐng shì zhōng guó diàn yǐng
我**最**喜欢的电影是中国电影。

Las películas que más me gustan son la películas chinas.

tā **zuì** dà de ài hào shì yóu yǒng
他**最**大的爱好是游泳。

Su mayor afición es la natación.

Contenidos relacionados

_____

20.3 Expresando el más, lo que más con 最
20.4 Comparaciones con un solo objeto con 比较

Las expresiones más básicas para expresar **equivalencia** o **similitud** también son tratadas en esta sección:

zhè ge xǐ shǒu jiān **hé** nà ge xǐ shǒu jiān **yí yàng** dà
这个洗手间**和**那个洗手间**一样**大。

Este lavabo es tan grande como aquel.

Contenidos relacionados

20.2 Expresando equivalencia o similitud con 一样

En volúmenes posteriores trataremos otras estructuras para establecer **paralelismos** o poner **ejemplos** y diversas expresiones equivalentes a los verbos **parecer** y **parecerse**.

wǒ xiǎng qù hěnduō dì fāng   **bǐ rú** shànghǎi   yúnnán
我想去很多地方，**比如**上海、云南。

Me gustaría ir a muchos lugares, como Shanghai, Yunnan.

Contenidos relacionados

56 Ejemplos, paralelismos y estructuras que expresan semejanza, parecido o diferencia
56.1 Ejemplos y paralelismos
56.1.1 Poniendo ejemplos con 比如， 例如
56.1.2 Expresando tomar algo como ejemplo con 拿......来说

nǐ de ěrduǒ **xiàng** dà xiàng de yí yàng dà
你的耳朵**像**大象的一样大

Tus orejas son tan grandes como las de un elefante.

nǐ zuò de fàn **kàn qǐ lái** hěn hǎo chī
你做的饭**看起来**很好吃。

Lo que has cocinado se ve delicioso.

hǎo xiàng jīn tiān yào xià yǔ
好像今天要下雨。

Parece que hoy va a llover.

kàn nǐ shuō de   **xiàng** zhēn de **shì de**
看你说的，**像**真的**似的**

Escucha lo que acabas de decir, suena como si fuera verdad.

Contenidos relacionados

56.2 Estructuras que expresan semejanza
56.2.1 Expresiones equivalentes a parecerse. 像
56.2.2 Expresiones equivalentes al verbo parecer. 好像
56.2.3 Otras expresiones que traducimos con parecer en español
56.3 Expresando diferencias

20.1 Haciendo comparaciones con 比

De todas las maneras en las que se pueden realizar comparaciones en chino, la que utiliza el carácter 比 es de las más comunes. Es conocida como comparativo de superioridad. Desde un punto de vista puramente gramatical 比 es un coverbo, que en español podríamos traducir por **en comparación con**.

bǐ

比

En comparación con

Contenidos relacionados

13 Preposiciones y coverbos

Con esta estructura se **compara una cualidad** de dos objetos y es el objeto que se coloca en primer lugar el que se utiliza como referencia para realizar la comparación.

wǒ 我 Yo	bǐ 比	nǐ 你 Tú	gāo 高 Alto
Soy más alto que tú.			
Objeto 1	*En comparación con*	*Objeto 2*	*Adjetivo*

wǒ **bǐ** nǐ piàoliàng
我**比**你漂亮。
Soy más guapa que tú.

zhè fáng zi **bǐ** nà fáng zi hé shì
这房子**比**那房子合适。
Esta casa es más apropiada que aquella.

zhè jiàn yī fú **bǐ** nà jiàn yī fú piàoliàng
这件衣服**比**那件衣服漂亮
Este vestido es más bonito que ese.

wǒ men de fáng zi **bǐ** hái zi de dà
我们的房子**比**孩子的大。
Nuestra casa es más grande que la de nuestros hijos.

El **adjetivo** que expresa la cualidad que se compara debe estar expresado en **forma positiva**, no negado.

~~我比他不高~~

wǒ **bǐ** tā ǎi
我比他矮。
Soy más bajito que él.

~~你比我不聪明~~

nǐ **bǐ** wǒ bèn
你比我笨。
Eres más tonto que yo.

La negación

En la forma negativa de la comparación se emplaza el adverbio de negación 不 delante de 比.

tā 他 Él	bù 不 No	bǐ 比	wǒ 我 Yo	gāo 高 Alto
		No es más alto que yo.		
Objeto I	*Adverbio de Negación*	*Partícula Comparativa*	*Objeto 2*	*Adjetivo*

jīntiān **bù bǐ** zuótiān lěng
今天**不比**昨天冷。

Hoy no hace más frío que ayer.

wǒ de qì chē **bù bǐ** nǐ de qì chē xiǎo
我的汽车**不比**你的汽车小。

Mi coche no es pequeño como el tuyo.

zhè fáng zi **bù bǐ** nà fáng zi hé shì
这房子**不比**那房子合适。

Esta casa no es más apropiada que aquella.

wǒ **bù bǐ** nǐ yǒuqián
我**不比**你有钱。

Soy menos rico que tú.

Omisión de componentes en el segundo objeto

Tenga en cuenta que, al igual que en español, si los dos objetos que se comparan comparten componentes idénticos, se pueden omitir las partes idénticas en el segundo objeto.

zhè jiàn yī fú **bù bǐ** nà jiàn yī fú piàoliàng
这件衣服**不比**那件衣服漂亮。
zhè jiàn yī fú **bù bǐ** nà jiàn piàoliàng
这件衣服**不比**那件漂亮。

Este vestido no es más bonito que ese.

wǒ men de fáng zi **bù bǐ** ér zi **de** fáng zi dà
我们的房子**不比**儿子**的**房子大。
wǒ men de fáng zi **bù bǐ** ér zi **de** dà
我们的房子**不比**儿子**的**大。

Nuestra casa no es más grande que la de nuestros hijos.

El complemento de estado en estructuras comparativas con 比

Cuando lo que se compara es el **modo** en el que se realiza una acción, la partícula 得 debe situarse detrás del verbo. En este caso se introduce en la oración un **complemento de estado** que se introducirá formalmente en breve.

tā yīnggāi **bǐ** wǒ zhīdào **de** duō
他 应 该 **比** 我 知 道 **得** 多 。
Debería saber mucho más que yo.

Si desea un análisis detallado de estas estructuras comparativas consulte los siguientes puntos gramaticales:

Contenidos relacionados

22 El complemento de estado
22.2.1 El complemento de estado y la comparación con 比

20.1.1 MODIFICADORES DEL RESULTADO DE LA COMPARACIÓN

Los intensificadores del comparativo de superioridad

Para enfatizar el resultado de la comparación y expresar el significado de **aún más** o **mucho más** se utilizan adverbios como 还,更 o 还要. Todos ellos se sitúan antes del adjetivo que indica el resultado de la comparación.

h á i **还** Aún más	g è ng **更** Aún más	h á i y à o **还要** Aún más

tā **bǐ** wǒ **hái** máng
他 **比** 我 **还** 忙 。
Está aún más ocupado que yo.

jīntiān **bǐ** zuótiān **gèng** lěng
今 天 **比** 昨 天 **更** 冷 。
Hoy hace aún más frío que ayer.

wǒ zhàngfū **bǐ** wǒ **gèng** shuài
我 丈 夫 **比** 我 **更** 帅 。
Mi marido es aún más guapo que yo.

tāmen shuō hànyǔ **bǐ** wǒ shuō de **gèng** liúlì
他 们 说 汉 语 **比** 我 说 得 **更** 流 利 。
Hablan chino con aún más fluidez que yo.

Contenidos relacionados

27.3 Usos de 还

Estos resultan normalmente intercambiables menos cuando el segundo término de la comparación no va precedido por 比. En este caso, únicamente es posible utilizar 更.

wǒ bà bà hěn gāo   bǐ mā mā hái gāo
我爸爸很高，比妈妈还高。
wǒ bà bà hěn gāo   bǐ mā mā gèng gāo
我爸爸很高，比妈妈更高。
Mi padre es alto, mucho más alto que mi madre.

~~我妈妈高，爸爸还高。~~
wǒ mā mā gāo   bà bà gèng gāo
我妈妈高，爸爸更高。
Mi madre es alta, pero mi padre es aún más alto.

Los **adverbios de grado**, aquellos que gradúan al adjetivo como 很 o 非常, no se pueden utilizar junto a 比. Así, su utilización es incorrecta en los siguientes ejemplos.

~~他比我很忙~~
tā bǐ wǒ hái máng
他比我还忙。
Él está aún más cansado que yo.

~~今天比昨天非常冷~~
jīntiān bǐ zuótiān gèng lěng
今天比昨天更冷。
Hoy hace aún más frío que ayer.

Contenidos relacionados

7.10 Adverbios de grado

Otros adverbios que modifican al adjetivo

Otra forma de enfatizar el grado de la comparación es añadir varios tipos de **complementos de grado** detrás del adjetivo.

Tanto 一点儿 como 一些 indican una **pequeña diferencia**:

yì diǎn er
一点儿
Un poco

yì xiē
一些
Un poco / Algo

nǐ bǐ tā ǎi yì diǎn er
你比他矮一点儿。
Eres algo más bajito que él.

wǒ bǐ nǐ pàng yì xiē
我比你胖一些。
Soy un poco más gordo que tú.

Ambos fueron introducidos en un punto gramatical anterior. Recuerde que 一些 se utiliza más con objetos tangibles，mientras que 一点儿 puede acompañar tanto a nombres que hacen referencia a algo tangible como intangible.

Contenidos relacionados

7.10.3 Diferencias de uso entre 一点儿 y 有一点儿
33.2.2 Expresando algunos con 一些

Uso de la estructura comparativa como complemento de nombre

Observe com esta estructura se combina con otras ya conocidas formando estructuras más complejas. En los siguientes ejemplos toda la estructura comparativa funciona como **complemento del nombre**.

wǒ yào yì bēi **bǐ zhī qián nà bēi gèng rè** de kā fēi
我要一杯**比之前那杯更热**的咖啡。

Quiero un café un poco más caliente que el de antes.

wǒ xiǎng chī yí dùn **bǐ zuó tiān nà dùn gèng là** de chuān cài
我想吃一顿**比昨天那顿更辣**的川菜。

Quiero comer una plato de Sichuan más picante que el que comí ayer.

wǒ xiǎng kàn yì chǎng **bǐ shàng gè yuè nà chǎng gèng jī liè** de zú qiú sài
我想看一场**比上个月那场更激烈**的足球赛。

Quiero ver un partido de fútbol más intenso que el del mes pasado.

Contenidos relacionados

5.1 La partícula 的 y el complemento de nombre

El complemento de grado y la comparación

Cuando se quiere indicar que el resultado de la comparación entre dos objetos es **mucho más** se pueden utilizar varios complementos de grado. Los más comunes son 得多, 得很 y 多了. En este último caso se indica que la diferencia es muy grande.

de duō
得多
Mucho más

de hěn
得很
Mucho más

duō le
多了
Mucho más

Igual que en el caso anterior el complemento de grado se sitúa **detrás del adjetivo**.

wǒ 我 Yo	bǐ 比 Tu	nǐ 你	piàoliàng 漂亮 Guapa	duō le de duō 多了/得多 Mucho más
Soy mucho más guapa que tú.				
Objeto I	*Partícula Comparativa*	*Objeto 2*	*Adjetivo*	*Complemento de grado*

zhè ge diànshì **bǐ** nà ge xīn**duō le**
这个电视**比**那个新**多了**。
Este televisor es mucho más nuevo que aquel.

zhè dào cài **bǐ** fànguǎnzuò de hǎo **de duō**
这道菜**比**饭馆做的好**得多**。
Este plato es mucho mejor que el que hacen en el restaurante.

tā **bǐ** wǒ gāo **de duō**
他**比**我高**得多**。
Él es mucho más alto que yo.

wǒ jīntiān de shēnghuó **bǐ** guòqù xìngfú **de duō**
我今天的 生活**比**过去幸福**得多**
Hoy soy mucho más feliz que en el pasado.

wǒ mā mā **bǐ** bà bà shòu **de duō**
我妈妈**比**爸爸瘦**得多**。
Mi madre es mucho más delgada que mi padre.

Existen otros complementos de grado y otras estructuras donde interviene que serán introducidas en un punto gramatical dedicado al complemento de grado.

Contenidos relacionados

21 El complemento de grado

Precisando el resultado de la comparación

También es posible precisar de una manera más exacta el resultado de la comparación añadiendo detrás del adjetivo una **cantidad**, o una cantidad y sus **unidades** correspondientes.

wǒ	bǐ	nǐ	gāo	wǔ	lí mǐ
我	比	你	高	五	厘米
Yo		Tu	Alto	Cinco	Centímetros
Soy cinco centímetros más alto que tú.					
Objeto 1	*Partícula Comparativa*	*Objeto 2*	*Adjetivo*	*Número*	*Unidades*

La misma estructura siguen los siguientes ejemplos:

nǐ **bǐ** wǒ dà **liǎngsuì**
你**比**我大**两岁**。
Eres dos años mayor que yo.

zhè běnshū **bǐ** nà běnshū guì **kuàiqián**
这本书**比**那本书贵**20块 钱**。
Este libro cuesta 20 yuan más que aquel.

zhèjiànyī fú **bǐ** nà jiànyī fú dà **yī hào**
这件衣服**比**那件衣服大**一号**。
Este vestido es una talla más grande que aquel.

tā jīnnián de gōngzī bǐ qùniánduō **sānqiānkuài**

他今年的工资比去年多**三千块**。

Su salario este año es tres mil yuan más que el del año pasado.

También es posible indicar el **número de veces** que un objeto es cierta cualidad mayor que otro. Encontrará más ejemplos con esta estructura cuando presentemos 倍 y cómo tratar con **múltiplos**.

tā jīnnián de gōngzī **bǐ** qùnián**duō le sānbèi**

他今年的工资**比去年多了三倍**。

Su salario este año es cuatro veces más que el del año pasado.

Contenidos relacionados

32.7.1 倍 en estructuras comparativas

La interrogación

Para preguntar de un modo más preciso por el resultado de una comparación deberá substituir la cantidad precisa que espera por respuesta por 多少 o 几 según el caso.

zhèběnshū **bǐ** nà běnshūguì**duōshǎo**qián

这本书**比**那本书贵**多少** 钱？

zhèběnshū **bǐ** nà běnshūguì**duōshǎo**

这本书**比**那本书贵**多少**？

¿Cuánto más caro es este libro que aquel?

nǐ de niú **bǐ** wǒ duō **jǐ** tóu

你的牛**比**我多**几**头？

nǐ **bǐ** wǒ duō **duōshǎo** tóu niú

你**比**我多**多少**头牛？

¿Cuantas vacas tienes más que yo?

wǒ **bǐ** nǐ gāo**jǐ** lí mǐ

我**比**你高几厘米？

¿Cuantos centímetros soy más alto que tú?

nǐ **bǐ** wǒ dà **jǐ** suì

你**比**我大**几**岁？

¿Cuantos años eres mayor que yo?

Contenidos relacionados

9.3.9 Preguntando cuántos con 几
9.3.10 Preguntando cuánto con 多少
9.3.11 Diferencias de uso entre 几 y 多少

En estructuras comparativas no se utilizan las formulas interrogativas vistas anteriormente como 多长, 多宽, 多远 o 多大...

zhèběnshū **yǒuduō**guì

这本书**有多贵**？

¿Cuánto cuesta este libro?

zhèzuòlóu**yǒuduōgāo**

这座楼**有多高**？

¿Qué altura tiene este edificio?

Contenidos relacionados

9.3.12 Preguntando cómo de, cuán con 多

Para formular otras preguntas específicas sobre el grado de algo se utiliza 多少:

~~这本书比那本书多贵~~
zhè běn shū bǐ nà běn shū guì duō shǎo
这本书比那本书贵多少？

¿Cuánto más caro es este libro que ese?

~~你比我多夫~~
nǐ bǐ wǒ dà duō shǎo
你比我大多少？

¿Cuánto más mayor eres que yo?

~~我比你多高~~
wǒ bǐ nǐ gāo duō shǎo
我比你高多少？

¿Cuán más alto soy que tú?

~~这条街比那条多宽~~
zhè tiáo jiē bǐ nà tiáo kuān duō shǎo
这条街比那条宽多少？

¿Cuánto más ancha es esta calle que aquella?

Los adjetivos predicativos 早，晚，多 y 少 en el comparativo de superioridad

En ocasiones, algunos adjetivos predicativos como 早 **pronto**, 晚 **tarde**, 多 **más** o 少 **menos**, cuando aparecen en el comparativo de superioridad van seguidos por un verbo de acción.

zuótiān tā bǐ wǒ zǎo lái le yí gè xiǎoshí
昨天她比我早来了一个小时。

Ayer ella llegó una hora antes que yo.

jīntiān wǒ bǐ lǎobǎn wǎn zǒu le liǎng gè xiǎoshí
今天我比老板晚走了两个小时。

Hoy me he ido dos horas más tarde que el jefe.

xiǎohuǒ zi bǐ gū niáng zǎo bì yè le yì nián
小伙子比姑娘早毕业了一年。

El joven se graduó un año antes que la chica.

wǒ de péngyǒu jīn nián bǐ qù nián duō zhèng le yì qiān ōuyuán
我的朋友今年比去年多挣了一千欧元。

Este año mi amigo ha ganado mil euros más que el año anterior.

Incrementos y decrementos como resultados de una comparación

Otro modo de expresar el resultado de la comparación es determinar si algo ha **crecido** o se ha **reducido** respecto a un momento de tiempo determinado. Le será bastante útil conocer estos dos verbos para ello:

zēng jiā 增加	jiàng dī 降低
Aumentar / Crecer	Reducir / Disminuir

wǒ zhè ge yuè de gōngzī bǐ shàng gè yuè zēng jiā le
我这个月的工资比上个月增加了。

Mi sueldo de este mes ha aumentado en comparación con el del mes pasado.

jīn nián de rù xué biāo zhǔn **bǐ** qù nián **jiàng dī** le
今年的入学标准**比**去年**降低**了。

Los requisitos de admisión de este año se han reducido en comparación con los del año pasado.

jīn nián de　　　**bǐ** qù nián de **zēng jiā** le
今年的GDP**比**去年的**增加**了5%。

El PIB de este año es un 5% superior al del año pasado.

jiǔ yuè lái mǎ dé lǐ de yóu kè rén shù **bǐ** bā yuè **jiàng dī** le
九月来马德里的游客人数**比**八月**降低**了。

El número de visitantes de Madrid en septiembre fue inferior al de agosto.

20.1.2 OTROS USOS DE 比

Existen otros usos de 比 que, aunque no son esenciales, nos gustaría introducir en este punto:

比 puede utilizarse para **indicar el resultado de un partido** o juego:

wǔ **bǐ** sān
五**比**三

Cinco a tres

líng **bǐ** líng
零**比**零

Cero a cero

shí wǔ **bǐ** sān shí
十五**比**三十

Quince a treinta

También será posible utilizarlo junto a ciertas expresiones de tiempo para realizar **comparaciones a lo largo del tiempo**:

tā **yì tiān bǐ yì tiān** jiē shí
他**一天比一天**结实。

Cada día es más fuerte.

También puede aparecer aislado y funcionar como **verbo** con el significado de **comparar**. En ocasiones también podrá encontrarlo con el significado de **competir**:

nǐ bú yào hé wǒ **bǐ**
你不要和我**比**。

No te compares conmigo.
No compitas conmigo.

wǒ nǎ ér néng gēn nǐ **bǐ** a
我哪儿能跟你**比**啊?

¿Cómo puedo competir contigo?
¿Cómo puedo compararme contigo?

20.1.3 比 COMO UNIDAD LÉXICA

比 también interviene como unidad léxica en muchas palabras relacionadas con la comparación:

bǐ jiào 比较 Comparar	bǐ sài 比赛 Competición	bǐ lì 比例 Proporción	bǐ rú 比如 Por ejemplo
duì bǐ 对比 Comparar Contraste	kě bǐ 可比 Comparable	bǐ yù 比喻 Metáfora	lèi bǐ 类比 Analogía

zhè ge dà xué nán shēng nǔ shēng de **bǐ lì** shì duō shǎo
这个大学男生女生的**比例**是多少？
¿Cuál es la proporción de estudiantes masculinos y femeninos en esta universidad?

wǒ hěn xǐ huān shuǐ shàng yùn dòng **bǐ rú** yóu yǒng chōng làng
我很喜欢水上运动，**比如**游泳，冲浪。
Me gustan los deportes acuáticos, como la natación y el surf.

qǐng nǐ **duì bǐ** yí xià zhè liǎng ge wén jiàn zhōng de chā yì
请你**对比**一下这两个文件中的差异?
¿Podría comparar las diferencias de estos dos documentos?

yīn wèi chā bié tài dà shàng hǎi hé xīn jiāng de shù jù **kě bǐ** xìng bù qiáng
因为差别太大，上海和新疆的数据**可比**性不强。
Las cifras de Shanghai y Xinjiang no son muy comparables porque las diferencias existentes son muy grandes.

bǎ xiǎo gǒu bǐ zuò rén de zhè ge **bǐ yù** hěn qià dàng
把小狗比做人的这个**比喻**很恰当。
La metáfora de comparar a los cachorros con las personas es buena.

qǐng nǐ lì yòng **lèi bǐ** de fāng fǎ xiě yí duàn huà
请你利用**类比**的方法写一段话。
Por favor, escriba un párrafo utilizando una analogía.

wǒ **bǐjiào**xǐhuānchéngdū de tiānqì
我**比较**喜欢 成 都的天气。

Me gusta más el clima de Chengdu.

zhōngguó nǚ pái zuótiānyíng le **bǐsài**
中国女排昨 天 赢 了**比赛**。

El equipo de voleibol femenino chino ganó su partido de ayer.

Contenidos relacionados

20.4 Comparaciones con un solo objeto con 比较
56.1.1 Poniendo ejemplos con 比如 ， 例如

---

jiāngxīn bǐ xīn
将心比心

Ponerse en el lugar de otro
Ponerse en la piel de otro

zuòrénbù néngzhǐwéizì jǐ kǎolǜ　yào**jiāngxīnbǐxīn**
做人不能只为自己考虑，要 **将心比心**。

No puedes pensar solo en ti mismo, tienes que ponerte en el lugar del otro.

---

qíng bǐ jīnjiān
情比金坚

El amor es más sólido que el oro

hěnduō rè liànzhōng de réndōuxiāngxìn**qíngbǐ jīnjiān**
很多热恋 中 的 人 都 相 信 **情比金坚**。

Muchos enamorados creen que el amor es más fuerte que el oro.

---

bǐ dēngtiānhái nán
比登天还难

Más difícil que alcanzar el cielo

duì yú hěnduō rénláishuō　chéngwéiqiānwànfù wēng**bǐ dēngtiānhái nán**
对于很多人来说， 成 为 千万富翁 **比登天还难**。

Para mucha gente, convertirse en multimillonario es más difícil que alcanzar el cielo.

bǐ yì shuāng fēi
比翼双飞

Una pareja de pájaros que vuelan juntos

rénmen xī wàng niú láng zhī nǚ guò shàng **bǐ yì shuāng fēi** de shēng huó
人们希望牛郎织女过上**比翼双飞**的生活。

La gente quiere que el pastor y la tejedora vivan toda una vida juntos.

hǎi nèi cún zhī jǐ tiān yá ruò bǐ lín
海内存知己，天涯若比邻

Amigo cercano en una tierra lejana, reinos lejanos como la puerta de al lado.
Cercano en espíritu aunque lejano.

20.2 EXPRESANDO EQUIVALENCIA O SIMILITUD CON 一样

一样 se utiliza para realizar una **comparación** entre personas, cosas o acciones, e indicar que son **iguales**:

En su estructura más básica se combina con la preposición 跟 e indica que dos objetos son iguales de manera genérica:

nǐ 你 Tú	gēn 跟 y	tā 他 Él	yí yàng 一样 Igual
Tú y él sois iguales.			
Objeto I	*Preposición*	*Objeto 2*	一样

tā de shū **gēn** wǒ de **yí yàng**
他的书**跟**我的**一样**。

Su libro es igual que el mío.

wǒ de **gēn** nǐ de **yí yàng**
我的**跟**你的**一样**。

El mío es el mismo que el tuyo.

En numerosas ocasiones el lugar de 跟 en la estructura lo pueden ocupar otras **preposiciones** que en este caso en particular resultan equivalentes.

gēn 跟	hé 和	tóng 同	yǔ 与	xiàng 像

Contenidos relacionados

13.3.1 Diferencias de uso entre 跟 y 和

También es posible indicar que dos objetos son iguales en algún **aspecto concreto** y precisar el ámbito de equivalencia con un **adjetivo** que se sitúa detrás de 一样.

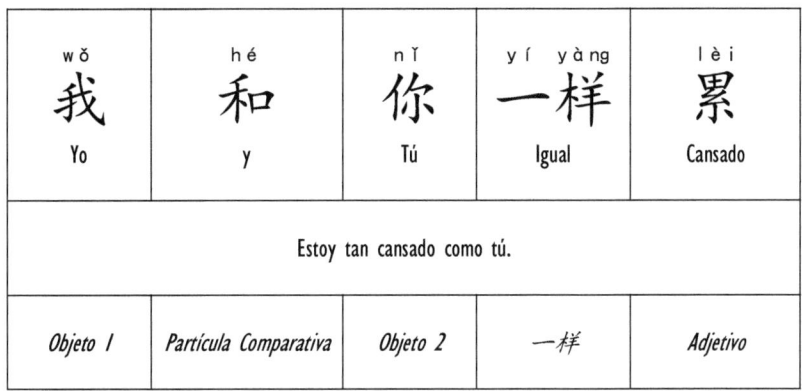

wǒ 我	hé 和	nǐ 你	yí yàng 一样	lèi 累
Yo	y	Tú	Igual	Cansado
Estoy tan cansado como tú.				
Objeto 1	Partícula Comparativa	Objeto 2	一样	Adjetivo

nà jiàn xíng lǐ **gēn** zhè jiàn **yí yàng** qīng
那件 行李**跟**这件**一样**轻。
Ese equipaje es tan ligero como éste.

bà bà **hé** mā mā **yí yàng** gāo
爸爸**和**妈妈**一样**高。
Mi padre y mi madre son igual de altos.

ér zi **xiàng** bà bà **yí yàng** lǎn
儿子**像**爸爸**一样**懒。
El hijo es tan vago como su padre.

zuò dì tiě **gēn** jiào chū zū chē **yí yàng** fāngbiàn
坐地铁**跟**叫出租车**一样**方便。
Coger el metro es tan fácil como llamar a un taxi.

De igual modo, también es posible añadir una **frase verbal** completa detrás de 一样 para precisar en qué aspecto concreto se produce el parecido.

lǎo shī 老师	gēn 跟	xué shēng 学生	yí yàng 一样	xǐ huān chàng gē 喜欢唱歌
Profesor		Estudiantes	Igual	Gustar cantar canciones
Al profesor le gusta cantar tanto como a los alumnos.				
Objeto 1	Partícula Comparativa	Objeto 2	一样	Frase Verbal

wǒ bà **gēn** wǒ mā **yí yàng** xǐ huān kàn shū
我爸**跟**我妈**一样**喜欢看书。
A mi padre le gusta leer tanto como a mi madre.

xiǎo míng **hé** wǒ **yí yàng** ài zuò fàn
小明**和**我**一样**爱做饭。
A Xiao Ming le gusta cocinar tanto como a mí.

Uso de la estructura comparativa como complemento de nombre

Observe como, de nuevo, esta estructura se combina con otras ya conocidas formando estructuras más complejas. En los siguientes ejemplos toda la estructura comparativa funciona como **complemento del nombre**.

wǒ xiǎng mǎi yì běn **hé** nǐ zuó tiān mǎi de **yí yàng** yǒu qù **de** shū
我 想 买 一 本 **和** 你 昨 天 买 的 **一 样** 有 趣 **的** 书 。

Quiero comprar un libro interesante como el que compraste ayer.

tā yǒu yì liàng **gēn** xiǎo míng **yí yàng** kuài de chē
他 有 一 辆 **跟** 小 明 **一 样** 快 的 车 。

Tiene un coche que es tan rápido como el de Xiao Ming.

Contenidos relacionados

5.1 La partícula 的 y el complemento de nombre

nǚ er **zhǎng de gēn** tā mǔ qīn **yí yàng** pàng
女 儿 **长 得 跟** 她 母 亲 **一 样** 胖 。

La hija ha engordado tanto como su madre.

tā **pǎo de gēn** tā dì dì **yí yàng** kuài
他 **跑 得 跟** 他 弟 弟 **一 样** 快 。

Corre tan rápido como su hermano pequeño.

El complemento de estado en estructuras de equivalencia

Cuando lo que se compara es el **modo** en el que se realiza una acción la partícula 得 debe situarse detrás del verbo. En este caso se introduce en la oración un complemento de estado.

Aprenderá a colocar el complemento y otros elementos en esta estructura cuando analicemos con más detalle el complemento de estado y volveremos a tratar como se combina este con las estructuras comparativas en un punto gramatical diferenciado.

Contenidos relacionados

22 El complemento de estado o complemento de manera
22.2.2 El complemento de estado en estructuras de equivalencia con 一样

Verbos modales

Los verbos modales, como 能, 会, etc... al igual que las frases verbales se emplazan normalmente **detrás** de la estructura de equivalencia.

tā **gēn** tā de jiě jiě **yí yàng huì** huà huà
她 **跟** 她 的 姐 姐 **一 样 会** 画 画 。

Puede dibujar tan bien como su hermana.

xiǎo míng **hé** tā mā **yí yàng néng** chī là
小 明 **和** 他 妈 **一 样 能** 吃 辣 。

Xiao Ming puede comer tan picante como su madre.

Omisión de componentes en el segundo objeto

Tenga en cuenta, que al igual que en español, si los dos elementos que se comparan comparten componentes idénticos, se pueden omitir las partes idénticas en el segundo.

zhè liàng chē **hé** nà liàng **chē** de yánsè **yí yàng**
这 辆 车 **和** 那 辆 **车** 的 颜色 一样 。

zhè liàng chē **hé** nà liàng de yánsè **yí yàng**
这 辆 车 **和** 那 辆 的 颜色 一样 。

Este coche es del mismo color que aquel.

wǒ jīnnián kǎoshì de chéngjì **hé** qùnián **kǎoshì de chéngjì** yí yàng
我 今 年 考试 的 成绩 **和** 去年 **考试 的 成绩** 一样 。

wǒ jīnnián kǎoshì de chéngjì **hé** qùnián **yí yàng**
我 今 年 考试 的 成绩 **和** 去年 **一样** 。

En el examen de este año he obtenido el mismo resultado que el año pasado.

nà jiàn xínglǐ **gēn** zhè jiàn **xínglǐ** yí yàng qīng
那 件 行李 **跟** 这件 **行李** 一样 轻 。

nà jiàn xínglǐ **gēn** zhè jiàn **yí yàng** qīng
那 件 行李 **跟** 这件 **一样** 轻 。

Ese equipaje es tan ligero como éste.

tā xué hànyǔ de shíjiān **gēn** wǒ **xué hànyǔ de shíjiān** yí yàng cháng
他 学 汉语 的 时间 **跟** 我 **学 汉语 的 时间** 一样 长 。

tā xué hànyǔ de shíjiān **gēn** wǒ **yí yàng** cháng
他 学 汉语 的 时间 **跟** 我 **一样** 长 。

Lleva aprendiendo chino tanto tiempo como yo.

Si se entiende que en la primera parte de la oración se habla de dos o más objetos no será necesario utilizar ninguna preposición para unirlos:

wǒ men de kànfǎ shì **yí yàng** de
我们 的 看法 是 **一样** 的

Tenemos la misma opinión.

tā men de érzi **yí yàng** dà
他们 的 儿子 **一样** 大

Sus hijos tienen la misma edad.

zhè sān běn shū **yí yàng**
这 三 本 书 **一样**

Estos tres libros son idénticos.

La negación

Para construir la forma negativa se emplaza el adverbio de negación 不 delante de 一样. Esto es válido para todas las estructuras que hemos visto para el caso afirmativo.

duì yú zhè xiē wèn tí   wǒ men de kàn fǎ shì **bù yí yàng** de
对于这些问题，我们的看法是**不一样**的。

Tenemos puntos de vista diferentes sobre estas cuestiones.

hěn duō rén yǐ wéi zhōng guó wén huà shì hěn dān yī de   qí shí zài zhōng guó
很多人以为中国文化是很单一的，其实在中国，
měi ge dì qū de wén huà shì **bù yí yàng de**
每个地区的文化是**不一样的**。

Mucha gente piensa que la cultura china es muy homogénea, pero en realidad, en China, la cultura de cada región es diferente.

Cuando se utiliza su forma negativa ciertos **adverbios de grado** pueden añadirse delante de 不 para enfatizar que todavía hay algunas diferencias, como 很 o 都, dando lugar a 很不一样 o 都不一样...

wǒ men jiā de xí guàn hé lín jū jiā de xí guàn **hěn bù yí yàng**
我们家的习惯和邻居家的习惯**很不一样**。

Los hábitos de nuestra familia son muy diferentes a los de nuestros vecinos.

gè guó rén de gōng zuò xí guàn **hěn bù yí yàng**
各国人的工作习惯**很不一样**。

Los hábitos de trabajo de las personas son muy diferentes de un país a otro.

nà shí hòu cháng chéng de jǐng sè **gēn** xiàn zài **hěn bù yí yàng**
那时候长城的景色跟现在**很不一样**。

La vista de la Gran Muralla era muy diferente entonces que ahora.

wǒ hé tā duì yǐ hòu de dǎ suàn **hěn bù yí yàng** wǒ xiǎng zuò yùn dòng yuán tā xiǎng zuò yī shēng
我和她对以后的打算**很不一样**，我想做运动员，她想做医生

Ella y yo tenemos planes de futuro muy diferentes; yo quería ser atleta y ella quería ser médico.

Observe que 太 se sitúa detrás de 不 dando lugar a 不太一样 mientras que los adverbios anteriores preceden a 一样:

zhè ge cí de yì si gēn nà ge cí de yì si **bù tài yí yàng**
这个词的意思跟那个词的意思**不太一样**。

Esta palabra no tiene el mismo significado que aquella.

Aunque puede parecer gramaticalmente correcto añadir un adjetivo para especificar en que ámbito no se parecen los dos elementos que se comparan, en conversaciones reales esta estructura no suele utilizarse.

~~这座房子跟那座房子不一样贵。~~

Esta casa no es tan cara como aquella.

zhè ge fáng zi hé nà ge fáng zi de jià gé hěn bù yí yàng
这个房子和那个房子的价格很不一样。

El precio de esta casa es muy diferente al de esa casa.

Para indicar la existencia de una gran diferencia utilice en su lugar la estructura vista con anterioridad utilizando 比 y un complemento de grado:

zhè gè fáng zi **bǐ** nà gè fáng zi **guì duō le**
这个房子**比**那个房子**贵多了**。

Esta casa es mucho más cara que aquella.

~~香蕉跟草莓不一样好吃。~~
xiāngjiāohé cǎoméi de wèidào**hěnbù yí yàng**
香蕉和草莓的味道**很不一样**。

Los plátanos y las fresas tienen un sabor muy diferente.

xiāngjiāo**bǐ**cǎoméihǎochī**duō le**
香蕉**比**草莓好吃**多了**。

Los plátanos no son igual de buenos que las fresas.

~~我做饭像阿姨做得不一样快。~~
wǒ hé ā yí de zuòfànsù dù hěnbù yí yàng
我和阿姨的做饭速度很不一样。

Mi tía y yo cocinamos a velocidades muy diferentes.

wǒ zuòfàn**bǐ** ā yí zuò de **kuài de duō**
我做饭**比**阿姨做得**快得多**。

No cocino igual de rápido que la tía.

Contenidos relacionados

20.1.1 Modificadores del resultado de la comparación

Modificando ligeramente el grado de equivalencia con adverbios

Es posible modificar el grado de equivalencia añadiendo ciertos adverbios a la estructura. 一样 puede ir precedido de 差不多 o 几乎, ambos con el significado de **casi** en este contexto, para enfatizar que existen únicamente **pequeñas diferencias**.

nǐ men de yī fú **chā bu duō yí yàng** a
你们的衣服**差不多一样**啊。

Vuestra ropa es casi la misma.

nǐ men de yī fú **jī hū yí yàng** a
你们的衣服**几乎一样**啊。

Vuestra ropa es casi la misma.

duì yú hěn duō zhōng guó rén lái shuō   yì dà lì yǔ hé xī bān yá yǔ tīng qǐ lái **chā bu duō yí yàng**
对于很多中国人来说，意大利语和西班牙语听起来**差不多一样**

Para muchos chinos, el italiano y el español suenan casi iguales.

Contenidos relacionados

33.1.4 Diferencias de uso entre 差不多 y 几乎

Para enfatizar que los objetos son **exactamente iguales** puede añadir 完全 con el significado de **completamente** delante de 一样.

wán quán
完全
Completamente

nǐ de shēng yīn hé tā de shēng yīn **wán quán yí yàng**
你的声音和她的声音**完全一样**。

Tú voz es exactamente igual a la de ella.

zài zhōng guó   méi yǒu nǎ liǎng gè bù tóng chéng shì de wén huà shì **wán quán yí yàng** de
在中国，没有哪两个不同城市的文化是**完全一样**的。

En China, no hay dos ciudades diferentes que tengan exactamente la misma cultura.

nǐ de shēng yīn hé tā de shēng yīn **bù wán quán yí yàng**
你的声音和她的声音**不完全一样**。

Tú voz no es exactamente igual a la de ella.

La interrogación

Las formas interrogativas que se utilizan no deberían sorprenderle a estas alturas de la lectura:

běijīng de qiūtiān 北京的秋天 El otoño de Beijing	gēn 跟	shànghǎi de qiūtiān 上海的秋天 El otoño de Shanghai	yí yàng 一样 Igual	ma 吗
¿El otoño de Beijing y el otoño de Shanghai son iguales?				
Objeto 1	Partícula Comparativa	Objeto 2	一样	Partícula Interrogativa

nǐ de chē gēn tā de chē yí yàng guì ma
你的车跟他的车一样贵吗？

¿Es tu coche tan caro como el suyo?

běijīng de qiūtiān gēn shànghǎi de qiūtiān yí yàng rè ma
北京的秋天跟上海的秋天一样热吗？

¿El otoño de Beijing y el otoño de Shanghai son igual de cálidos?

Contenidos relacionados

9.1 Preguntas con la partícula 吗

Si simplemente desea preguntar **en qué se parecen dos objetos** utilice:

nǐ hé wǒ yǒu shén me yí yàng de dì fāng
你和我有什么一样的地方？

¿En que somos iguales tu y yo?

Contenidos relacionados

56 Ejemplos, paralelismos y estructuras que expresan semejanza, parecido o diferencia

Para formular preguntas con ambas opciones afirmativa y negativa puede hacerlo con la forma afirmativa y negativa tanto del verbo como del adjetivo:

běijīng de qiūtiān 北京的秋天 El otoño de Beijing	gēn 跟	shànghǎi de qiūtiān 上海的秋天 El otoño de Shanghai	shì bù shi 是不是	yíyàng 一样 Igual
¿El otoño de Beijing y el otoño de Shanghai son iguales?				
Objeto 1	跟	*Objeto 2*	*Fórmula Interrogativa*	一样

nà běnshū gēn zhè běnshū shì bù shi yíyàng
那本书跟这本书是不是一样？
¿Ese libro es el mismo que este?

běijīng de qiūtiān 北京的秋天 El otoño de Beijing	gēn 跟	shànghǎi de qiūtiān 上海的秋天 El otoño de Shanghai	yíyàng bù yíyàng 一样不一样
¿El otoño de Beijing y el otoño de Shanghai son iguales?			
Objeto 1	跟	*Objeto 2*	*Fórmula Interrogativa*

běijīng de qiūtiān gēn shànghǎi de qiūtiān yíyàng bù yíyàng rè
北京的秋天跟上海的秋天一样不一样热？
¿Es el otoño de Beijing es igual de cálido que el otoño de Shanghai?

Contenidos relacionados

9.2 Formular preguntas con ambas opciones afirmativa y negativa

yì mú yí yàng
一模一样

Exactamente lo mismo
Sin ninguna diferencia

zhè liǎng jiàn yī fú cóng yán sè dào kuǎn shì **yì mú yí yàng**
这 两 件 衣服从 颜色 到 款式 一模一样。

Estos dos vestidos son idénticos en color y estilo.

Contenidos relacionados

28.3 Uso conjunto de 从 y 到

bú pà shén yí yàng de duì shǒu
不怕神一样的对手，
jiù pà zhū yí yàng de duì yǒu
就怕猪一样的队友

Un compañero de equipo descerebrado puede hacerte más daño que el adversario más formidable.

20.3 EXPRESANDO EL MÁS , LO QUE MÁS CON 最

最 se utiliza para formar expresiones **superlativas**. Se sitúa justo antes del adjetivo o del verbo al que hace referencia.

zuì

最

最 seguido de un **adjetivo** indica el grado superlativo del mismo:

nǐ	shì	zuì	hǎo	xué shēng
你	是	最	好	学生
Tú	ser	el más	bueno	estudiante
Tú eres el mejor estudiante.				
Sujeto	Verbo	Superlativo	Adjetivo	Nombre

tā de yǎnjīng zuì piàoliàng
她的眼睛最漂亮。
Tiene los ojos más hermosos.

nǐ jué de qù nǎ lǐ lǚ yóu zuì hǎo
你觉得去哪里旅游最好?
¿Cuál cree que es el mejor lugar para visitar?

nà ge gōngyuán zuì měilì
那个公园最美丽。
Ese parque es el más hermoso.

zhōngguó zuì cháng de hé shì chángjiāng
中国最长的河是长江。
El río más largo de China es el Yangtze.

wǒ men shén me shí hòu qù zuì hǎo
我们什么时候去最好?
¿Cuándo es el mejor momento para ir?

dōngtiān shì zuì lěng de jì jié
冬天是最冷的季节。
El invierno es la estación más fría del año.

jiǔ yuè qù běijīng zuì hǎo
九月去北京最好。
La mejor época para ir a Beijing es en septiembre.

nǐ zuò de cài zuì hǎo chī
你做的菜最好吃。
Tú haces los platos más buenos.

shì jiè shàng zuì gāo de dì fāng zài nǎ er
世界上最高的地方在哪儿?
¿Dónde está el lugar más alto del mundo?

nǐ zhī dào zuì jìn de chāoshì zài nǎ lǐ ma
你知道最近的超市在哪里吗?
¿Sabes dónde está el supermercado más cercano?

tā shì wǒ kànguò **zuì** shuài de nánshēng
他是我看过**最**帅的男生。

Él es el chico más guapo que he visto.

jīntiān shì jīnnián xiàtiān **zuì** rè de yì tiān
今天是今年夏天**最**热的一天

Hoy es el día más caluroso del verano.

zhōngguó shì shìjiè shàng rénkǒu **zuì** duō de guójiā
中国是世界上人口**最**多的国家。

China es el país más poblado del mundo.

wáng lǎoshī shì wǒ rènshi **zuì** hǎo de hànyǔ lǎoshī
王老师是我认识**最**好的汉语老师。

El profesor Wang es el mejor profesor de chino que conozco.

最 también puede preceder a un **verbo**. En este caso, se suele utilizar una oración subordinada de relativo introducida por **lo que más** para traducir estas oraciones al español.

wǒ 我 Yo	zuì 最 lo que más	hài pà 害怕 tener miedo	shé 蛇 serpiente
Lo que más miedo me da son las serpientes.			
Sujeto	Superlativo	Verbo	Complemento

nǐ **zuì** xǐhuān shénme yùndòng
你**最**喜欢什么运动？

¿Cuál es tu deporte favorito?

tāmen **zuì** kěnéng zài nǎer
他们**最**可能在哪儿？

¿Dónde es más probable que estén?

wǒ **zuì** xǐhuān tī zúqiú
我**最**喜欢踢足球。

Lo que más me gusta es jugar al fútbol.

nǐ shì wǒ **zuì** ài de rén
你是我**最**爱的人。

Tú eres la persona a quien más quiero.

nǐ **zuì** xǐhuān shénme dòngwù
你**最**喜欢什么动物？

¿Qué animal te gusta más?

tā **zuì** xīwàng néng hé nǐ yìqǐ qù lǚyóu
他**最**希望能和你一起去旅游

Lo que más le gustaría es ir de viaje contigo.

Acabamos este punto gramatical con un ejemplo que incluye ambos usos de 最:

xiàtiān **zuì** rè de shíhòu， wǒ **zuì** ài qù wǒ mèimei xiǎoqū de yóuyǒngchí
夏天**最**热的时候，我**最**爱去我妹妹小区的游泳池。

En los días más calurosos del verano, me encanta ir a la piscina del barrio de mi hermana.

20.4 COMPARACIONES CON UN SOLO OBJETO CON 比较

比较 puede actuar como varias categorías gramaticales: adverbio, verbo o nombre.

bǐ jiào
比较
Relativamente, Bastante
Más, Comparar

比较 puede utilizarse para comparar cuando solo se hace referencia a un objeto de la comparación y el segundo objeto se omite. En este caso se utiliza como **adverbio** y se traduce por **relativamente**, **bastante** o simplemente **más** ...

wǒ 我 Yo	bǐ jiào 比较	piàoliàng 漂亮 Guapa
Yo soy más guapa.		
Objeto 1	*Partícula Comparativa*	*Adjetivo*

zhè jiàn yī fú **bǐ jiào** pián yi
这件衣服**比较**便宜。
Esta ropa es más barata.

shù xué duì yú hěn duō rén **bǐ jiào** kùn nán
数学对于很多人**比较**困难。
Para mucha gente las matemáticas son difíciles

fǔ bài wèn tí **bǐ jiào** yán zhòng
腐败问题**比较**严重。
La corrupción es un problema bastante grave.

yīng yǔ duì wǒ lái shuō **bǐ jiào** róng yì
英语对我来说**比较**容易。
Para mi el inglés es relativamente fácil.

比较 puede actuar como **verbo** con el significado de **comparar** o como **nombre** con el significado de **comparación**.

wǒ men lái **bǐ jiào** zhè liǎng gè xué xí fāng fǎ
我们来**比较**这两个学习方法
Nosotros vamos a comparar dos maneras de estudiar.

duì yú zhè liǎng gè xuǎn shǒu wǒ bù néng zuò **bǐ jiào**
对于这两个选手我不能做**比较**。
No puedo hacer una comparación entre estos dos jugadores.

20.5 HACIENDO COMPARACIONES CON 有 Y 没有

La oración con 有 que se presenta en este punto gramatical indica la **similitud** o la **diferencia** entre dos personas o cosas en una oración de comparación. En este tipo de oraciones se usa el segundo objeto como criterio. La cualidad que se compara se expresa como adjetivo y en ocasiones el adjetivo puede ser substituido por una frase verbal completa sin alterar el orden de la estructura.

Forma negativa

Empezamos introduciendo su forma negativa ya que es precisamente esta forma la que se utiliza más a menudo. Se construye simplemente negando el verbo 有 con 没.

jīn tiān 今天 Hoy	méi yǒu 没有	zuó tiān 昨天 Ayer	nà me 那么	rè 热 Alto
Hoy no hace tanto calor como ayer.				
Objeto I	有	*Objeto 2*	*这么-那么*	*Adjetivo*

wǒ de fù qīn **méi yǒu** wǒ de mǔ qīn zhè me nài xīn
我的父亲**没有**我的母亲这么耐心
Mi padre no tiene la misma paciencia que mi madre.

yáo míng **méi yǒu** mèi mèi nà me ǎi
姚明**没有**妹妹那么矮。
Yao Ming no es tan bajo como su hermana

Al igual que en las estructuras comparativas vistas anteriormente la característica expresada con un único adjetivo puede expresarse con una frase verbal completa.

tā **méi yǒu** nǐ nà me xǐ huān shū fǎ
他**没有**你那么**喜欢书法**。
No es tan aficionado a la caligrafía como tú.

wǒ **méi yǒu** nǐ pǎo de zhè me kuài
我**没有**你跑得这么**快**。
No corro tan rápido como tú.

wǒ mā **méi yǒu** wǒ zhè me xǐ huān chī chuān cài
我妈**没有**我这么**喜欢吃川菜**
A mi madre no le gusta la comida de Sichuan tanto como a mí.

xiǎo hóng **méi yǒu** ā lín kǎo de nà me hǎo
小红**没有**阿林**考得那么好**
Xiao Hong no lo hizo tan bien como Lin en sus exámenes.

xiǎo zhāng **méi yǒu** wǒ bà nà me ài diào yú
小张**没有**我爸那么**爱钓鱼**
Xiao Zhang no ama la pesca tanto como mi padre.

xī běi **méi yǒu** shàng hǎi fā zhǎn de nà me kuài
西北**没有**上海**发展得那么快**
El noroeste no se desarrolla tan rápido como Shanghai.

Sobre el uso de 这么 **y** 那么 **en oraciones comparativas**

Habrá observado que tras el segundo objeto de la oración comparativa y antes del adjetivo aparecen 这么 o 那么.

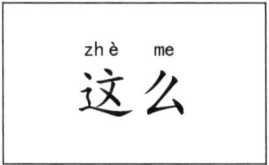

Con 这么 seguido de un adjetivo hacemos referencia a algo que nos es cercano. Esta cercanía puede darse tanto en espacio como en tiempo. En cambio con 那么 hacemos referencia a algo que no está presente o está alejado de nosotros. Si consideramos el tiempo bastará con considerarlo algo que ya no está ocurriendo en el presente o considerarlo algo lejano.

En español podríamos traducir 这么高 o 那么高 por **así de alto** pero perdiendo su matiz diferenciador entre algo cercano y lejano. 这么高 podría ser traducido también por **de esta altura** y 那么高 por **de esa altura**.

Otras lenguas también realizan esta distinción. Aportamos excepcionalmente dos ejemplos en inglés para que aprecie mejor su diferencia.

nǐ méiyǒu tā **zhè me** gāo
你没有她**这么**高。
You are not this tall as her.

nǐ méiyǒu tā **nà me** gāo
你没有她**那么**高。
You are not that tall as her.

Así, por ejemplo, si ambos objetos a los que hacemos referencia en la comparación están presentes utilizamos 这么. Si el segundo objeto al que hacemos referencia se encuentra lejos en el espacio o en el tiempo o simplemente no está entonces se utiliza 那么.

Los ejemplos donde se utiliza 这么 son adecuados para hablar del aquí y ahora. En el primer ejemplo el objeto de la comparación se encuentra presente mientras que en los ejemplos donde se utiliza 那么 parece que la segunda referencia se encuentra ausente.

nǐ méiyǒu tā **zhè me** shuài
你没有他**这么**帅。
No eres tan guapo como él.

nǐ méiyǒu tā **nà me** piàoliàng
你没有她**那么**漂亮。
No eres tan guapa como ella.

Lo mismo sucede con las referencias temporales ... si es algo que consideramos **actual** utilizaremos 这么:

míng tiān 明天 Mañana	méi yǒu 没有	jīn tiān 今天 Hoy	zhè me 这么	rè 热 Alto
		Mañana no hará tanto calor como hoy.		
Objeto 1	有	Objeto 2	这么-那么	Adjetivo

Mientras que si a lo que se hace referencia ya forma parte del **pasado**, siempre de un modo subjetivo, utilizaremos 那么:

jīn tiān 今天 Hoy	méi yǒu 没有	zuó tiān 昨天 Ayer	nà me 那么	rè 热 Alto
		Hoy no hace tanto calor como ayer.		
Objeto 1	有	Objeto 2	这么-那么	Adjetivo

nǐ xiànzài méi yǒu xiǎo de shí hòu **nà me** shuài
你现在没有小的时候**那么** 帅 。
No eres tan guapo ahora como cuando eras pequeño.

En ausencia de expresiones temporales la diferencia puede ser algo más sutil. En el primer ejemplo con 这么 puede que ambos estén corriendo juntos o el hablante este viendo correr mientras que en la segundo caso bien podría estar haciendo referencia a aquella vez que corriste tan rápido.

wǒ méi yǒu nǐ **pǎo de** zhè me kuài
我没有你**跑得**这么**快**。
No corro tan rápido como tú.

nǐ méi yǒu nǐ **pǎo de** nà me kuài
你没有你**跑得**那么**快**。
No corro tan rápido como tú.

Ambas expresiones pueden utilizarse fuera de expresiones comparativas con el significado de **tan** o **tanto**. En este caso se sitúan antes de un adjetivo para indicar un grado alto de ese adjetivo, muchas veces se traduce por **tan**.

zhè shǒu gē nà me làngmàn
这首歌那么浪漫！

¡Esta canción es tan romántica!

nǐ zěn me huà de zhè me hǎo
你怎么画得这么好？

¿Cómo es qué dibujas tan bien?

Contenidos relacionados

27.13 Expresando tan con 这么 *y* 那么

El complemento de estado en estructuras comparativas con 没有

Cuando lo que se compara es el modo en el que se realiza una acción la partícula 得 aparece de nuevo detrás del verbo.

nǐ méiyǒuwǒ men lái **de** zǎo
你没有我们来**得**早。

nǐ lái **de** méiyǒuwǒ menzǎo
你来**得**没有我们早。

No has venido tan temprano como nosotros.

nǐ méiyǒutā chuān **de** piàoliàng
你没有她穿**得**漂亮。

nǐ chuān **de** méiyǒutā piàoliàng
你穿**得**没有她漂亮。

No vistes tan bien como ella.

Analizaremos estas estructuras en un punto gramatical a parte una vez introducido formalmente el complemento de estado.

Contenidos relacionados

22 El complemento de estado o complemento de manera
22.2.3 El complemento de estado y la comparación con 没有

La forma interrogativa

jīn tiān 今天 Hoy	yǒu 有	zuó tiān 昨天 Ayer	nà me 那么	rè 热 Calor	ma 吗
¿Hoy hace tanto calor como ayer?					
Objeto 1	有	Objeto 2	这么-那么	Adjetivo	Partícula Interrogativa

jīn tiān 今天 Hoy	yǒu 有	méi yǒu 没有	zuó tiān 昨天 Ayer	nà me 那么	rè 热 Calor
¿Hoy hace tanto calor como ayer?					
Objeto 1	有	没有	Objeto 2	这么-那么	Adjetivo

mèimèi **yǒu méi yǒu** jiějiě zhè me gāo
妹妹**有没有**姐姐这么高?

¿Es mi hermana menor tan alta como mi hermana mayor?

shànghǎi **yǒu méi yǒu** běijīng nà me dà
上海**有没有**北京那么大?

¿Es Shanghai tan grande como Beijing?

gāotiě **yǒu méi yǒu** fēijī nà me kuài
高铁**有没有**飞机那么快?

¿Es un tren de alta velocidad tan rápido como un avión?

hánguócài **yǒu méi yǒu** rìběncài nà me hǎochī
韩国菜**有没有**日本菜那么好吃?

¿Es la comida coreana tan buena como la japonesa?

mèimèi **yǒu** jiějiě zhè me gāo **ma**
妹妹**有**姐姐这么高**吗**?

¿Es mi hermana menor tan alta como mi hermana mayor?

shànghǎi **yǒu** běijīng nà me dà **ma**
上海**有**北京那么大**吗**?

¿Es Shanghai tan grande como Beijing?

gāotiě **yǒu** fēijī nà me kuài **ma**
高铁**有**飞机那么快**吗**?

¿Es un tren de alta velocidad tan rápido como un avión?

hánguócài **yǒu** rìběncài nà me hǎochī **ma**
韩国菜**有**日本菜那么好吃**吗**?

¿Es la comida coreana tan buena como la japonesa?

Forma afirmativa

Aunque la forma negativa se utiliza más a menudo, la forma afirmativa se utiliza en respuestas si se ha formulado la pregunta con esta misma estructura. Se forma del siguiente modo:

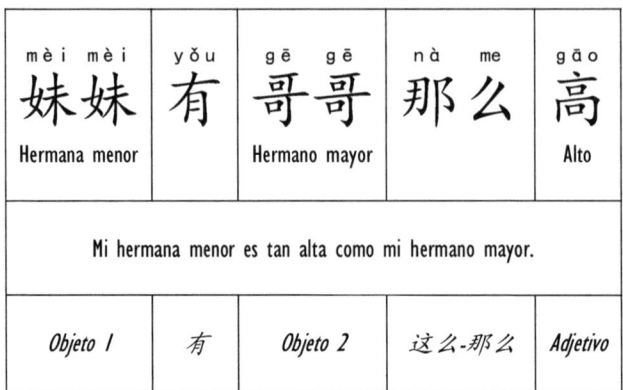

Los resultados de la comparación después de 有 son en su mayoría **adjetivos de significado positivo**, como 高, 大, 长, 厚, 多, 好, 深, 远, 快, etc.

mèimèiyǐ jīngyǒujiějiězhè me gāo le
妹妹已经**有**姐姐**这么**高了。
Mi hermana ya es tan alta como mi hermana.

zhè ge hú yǒuhǎinà me shēn
这个湖**有**海**那么**深。
Este lago es tan profundo como el mar.

Suena extraño utilizar esta estructura con adjetivos de significado negativo. Así, utilizando esta estructura en el siguiente ejemplo, suena como si Yao Ming fuera ya muy bajito y su hermana aún fuera más baja que él:

~~妹妹有姚明那么矮~~

Utilice en su lugar la estructura presentada con anterioridad utilizando 比:

mèimèibǐ yáomíngháiǎi
妹妹**比**姚明还矮。
La hermana es aún más baja que Yao Ming.

Contenidos relacionados

20.1 Haciendo comparaciones con 比

20.6 DIFERENCIAS ENTRE LAS FORMAS NEGATIVAS DE LA COMPARACIÓN 不比 Y 没有

Es importante detenerse ahora para observar la diferencia de significado que existe entre las dos formas de comparación negativa presentadas hasta el momento 不比 y 没有.

méi yǒu
没有
No tan ... como

bù bǐ
不比
No más que

Observe la diferencia de significado entre los siguientes pares de frases:

nǐ **méiyǒu** wǒ shuài
你**没有**我帅。
No eres tan guapo como yo.

nǐ **bù bǐ** wǒ shuài
你**不比**我帅。
No eres más guapo que yo.

mèimèi **méiyǒu** yáomíng gāo
妹妹**没有**姚明高。
La hermana no es tan alta como Yao Ming.

mèimèi **bù bǐ** yáomíng gāo
妹妹**不比**姚明高。
La hermana no es más alta que Yao Ming.

xiǎomíng **méiyǒu** xiǎojūn gāo
小明**没有**小军高。
Xiao Ming no es tan alto como Xiao Jun.

xiǎomíng **bù bǐ** xiǎojūn gāo
小明**不比**小军高。
Xiao Ming no es más alto que Xiao Jun.

qīngdǎo **méiyǒu** běijīng dà
青岛**没有**北京大。
Qingdao no es tan grande como Beijing.

qīngdǎo **bù bǐ** běijīng dà
青岛**不比**北京大。
Qingdao no es tan grande como Beijing.

měiguó de tiānqì **méiyǒu** jiānádà nà me lěng
美国的天气**没有**加拿大那么冷。
El tiempo en Estados Unidos no es tan frío como en Canadá.

měiguó de tiānqì **bù bǐ** jiānádà nà me lěng
美国的天气**不比**加拿大那么冷。
El tiempo en Estados Unidos no es tan frío como en Canadá.

20.7 HACIENDO COMPARACIONES CON 相比 Y 比起

Veamos ahora como se construyen frases utilizando 相比:

相比

En comparación

Tome como estructura básica la que se muestra en la siguiente tabla:

hé 和 Con	xī bān yá rén 西班牙人 Españoles	xiāng bǐ 相比, Comparado	zhōng guó rén 中国人 Chinos	gèng jiā 更加 Más	jié jiǎn 节俭 Ahorrador
En comparación con los españoles, los chinos son más ahorradores.					
Preposición	*Objeto 1*	相比	*Objeto 2*	*Adverbio*	*Adjetivo*

Cuando el adjetivo tiene dos sílabas puede utilizar esta estructura con 更 o 更加 indistintamente. En lugar de 和 para introducir al primer objeto que se compara puede utilizar 跟 o 与 en su lugar.

gēn xī bān yá rén xiāng bǐ   zhōng guó rén gèng jiā jié jiǎn
跟西班牙人相比, 中国人更加节俭。
yǔ xī bān yá rén xiāng bǐ   zhōng guó rén gèng jié jiǎn
与西班牙人相比, 中国人更节俭。
En comparación con los españoles, los chinos son más ahorradores.

gēn běi ōu xiāng bǐ   xī bān yá de qì hòu gèng jiā wēn nuǎn
跟北欧相比, 西班牙的气候更加温暖。
gēn běi ōu xiāng bǐ   xī bān yá de qì hòu gèng wēn nuǎn
跟北欧相比, 西班牙的气候更温暖。
España tiene un clima más cálido que el norte de Europa.

Cuando el adjetivo tiene una sola sílaba no es posible formular la frase con 更加 y debe ser formulada únicamente con 更.

gēn jiā ná dà xiāng bǐ   měi guó rén kǒu gèng duō
跟加拿大相比, 美国人口更多。
Estados Unidos tiene más población que Canadá.

Si desea organizar la frase intercambiando los objetos comparados utilice como segunda cláusula la estructura negativa vista anteriormente con 没有:

gēn měiguó xiāng bǐ　jiā ná dà rénkǒu méiyǒu nà me duō
跟美国 相比，加拿大人口 没有那么多。

Canadá no está tan poblado como Estados Unidos.

gēn xī bānyá xiāng bǐ　běi ōu de qì hòu méiyǒu nà me wēnnuǎn
跟西班牙 相比，北欧的气候 没有那么温暖。

En comparación con España, el clima del norte de Europa no es tan cálido

Contenidos relacionados

20.5 Haciendo comparaciones con 有 y 没有

Con el mismo significado que 相比 y una estructura incluso más sencilla encontramos 比起. En este caso 比起 aparece al inicio de la oración introduciendo al primer objeto comparado.

bǐ qǐ mǐ fàn　xī běi rén yì bān gèng ài chī miàntiáo
比起米饭，西北人一般更爱吃面条。

Los habitantes del noroeste suelen preferir los fideos al arroz.

bǐ qǐ shànghǎi　guǎngzhōu de wù jià pián yi duō le
比起上海，广州的物价便宜多了。

Guangzhou es mucho más barato que Shanghai.

Estas dos oraciones construidas con 相比 tienen exactamente el mismo significado:

gēn mǐ fàn xiāng bǐ　xī běi rén yì bān gèng ài chī miàntiáo
跟米饭 相比，西北人一般更爱吃面条。

Los habitantes del noroeste suelen preferir los fideos al arroz.

gēn shànghǎi xiāng bǐ　guǎngzhōu de wù jià pián yi duō le
跟上海 相比，广州的物价便宜多了。

En comparación con Shanghai, Guangzhou es mucho más barato.

Intercambiando ambos objetos comparados en las frases anteriores resulta:

bǐ qǐ miàntiáo　xī běi rén yì bān méiyǒu nà me ài chī mǐ fàn
比起面条，西北人一般没有那么爱吃米饭。

A los habitantes del noroeste no les gusta tanto el arroz como los fideos.

bǐ qǐ guǎngzhōu　shànghǎi de wù jià méiyǒu nà me pián yi
比起广州，上海的物价没有那么便宜。

En comparación con Guangzhou, los precios en Shanghai no son tan baratos.

gēn miàntiáo xiāng bǐ xī běi rén yì bān méiyǒu nà me ài chī mǐ fàn
跟面条相比，西北人一般没有那么爱吃米饭。

En comparación con los fideos, a los habitantes del noroeste no les gusta tanto el arroz.

gēn guǎngzhōu xiāng bǐ shànghǎi de wù jià méiyǒu nà me pián yi
跟广州相比，上海的物价没有那么便宜。

En comparación con Guangzhou, Shanghai no es tan barato.

20.8 HACIENDO COMPARACIONES CON 如 Y 不如

如, con el significado de **ser igual a** o **como** se usa en el lenguaje formal o escrito para formular comparaciones que en la mayoría de los casos resultan ser **metafóricas**.

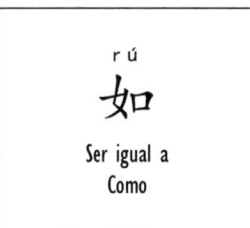

r ú

如

Ser igual a
Como

Normalmente aparece acompañado de 一样

hú shuǐ **rú** jìng zi **yí yàng**
湖水如镜子一样。

El lago es como un espejo.

zhèxiēyún**rú** tù zi **yí yàng**
这些云如兔子一样。

Estas nubes parecen conejos

Si se especifica la cualidad en la que se parecen los dos objetos comparados, el adjetivo aparece detrás de 一样 :

tā **rú** yuèliàng**yí yàng**míngliàng
她如月亮一样明亮。

Ella es luminosa como la luna.

tā **rú** fēijī **yí yàng**kuài
他如飞机一样快。

Él es veloz como un avión.

También puede encontrar el carácter 如 en expresiones como:

rú yī
如一

Igual que antes

rú cǐ
如此

Así

rú jīn
如今

En este momento

rú cháng
如常

Como de costumbre

Al tratarse de un carácter que nos permite expresar metáforas aparece en un gran número de expresiones idiomáticas:

wǎng shì rú yān
往事如烟

Los eventos del pasado (se desvanecen) como una nube de humo

wǎngshì rúyān guò qù de shì qíngwǒ menjiùyàofàngxià
往事如烟，过去的事情我们就要放下。

El pasado es el pasado y tenemos que dejarlo ir.

rénshēng rú mèng

人生如梦

La vida es sueño

rénshēng rú mèng   *zhuǎnyǎnjiānwǒ yǐ jīngbā shí suì le*

人生如梦，转眼间我已经八十岁了。

La vida es como un sueño, ya tengo 80 años en un instante.

---

rú yú dé shuǐ

如鱼得水

Como pez en el agua

tā zhuānyè zhīshí hěnfēngfù   *gōngzuò qǐ láirú yú dé shuǐ*

他专业知识很丰富，工作起来如鱼得水。

Tiene mucha experiencia y se desenvuelve como pez en el agua.

---

rú shǔ jiā zhēn

如数家珍

Conocer como los propios bolsillos

tā duì zì jǐ de zàngpǐnrú shǔ jiā zhēn

他对自己的藏品如数家珍。

Conoce su colección como la palma de su mano.

---

shí jiān rú liú shuǐ

时间如流水

El tiempo fluye como el agua

shí jiān rú liú shuǐ   *tā men yǐ jīngjiéhūnsì shí nián le*

时间如流水，他们已经结婚四十年了。

El tiempo fluye como el agua, ya llevan casados 40 años.

duì dá rú liú

对答如流

Responder con rapidez y fluidez. Tener una respuesta preparada

*xiǎomíngduìmiànshì suǒyǒu de wèntí dōu**duì dá rú liú***

小明对面试所有的问题都**对答如流**。

Ming respondió a todas las preguntas de la entrevista con rapidez y fluidez.

---

rì yuè rú suō

日月如梭

¡Como vuela el tiempo!

rì yuè rú suō *xīnzhōngguó yǐ jīngchéng lì le qīshíduōnián le*

日月如梭，新中国已经成立了七十多年了。

¡Como vuela el tiempo! Ya han pasado más de 70 años desde la fundación de la Nueva China.

---

lèi rú yǔ xià

泪如雨下

Lagrimas cayendo como lluvia

dāng dé zhī qī zi bìngzhòng de xiāoxī shí **tā lèi rú yǔ xià**

当得知妻子病重的消息时，他**泪如雨下**。

Cuando se enteró de que su esposa estaba gravemente enferma, rompió a llorar.

---

fú rú dōnghǎi

福如东海

Que vuestra felicidad sea tan inmensa como el Mar del Este

zhù nǐ **fú rú dōnghǎi** *shòubǐ nánshān*

祝你**福如东海**，寿比南山。

Que vuestra felicidad sea tan inmensa como el Mar del Este y viváis más que la Montaña del Sur.

Forma negativa

Su forma negativa es 不如 con el significado de **ser inferior a** o **no ser como** se utiliza para formar el comparativo de **inferioridad** cuando la característica que se destaca en la comparación es una cualidad **positiva**.

bù rú

不如

Ser inferior a
No ser como

nǐ **bù rú** lǎoshī piàoliàng
你**不如**老师漂亮。

No eres tan guapa como la profesora.

māmā **bù rú** bàbàgāo
妈妈**不如**爸爸高。

Mi madre es menos alta que mi padre.

lǎoshī **bù rú** nǐ cōngmíng
老师**不如**你聪明。

El profesor no es tan inteligente como tú.

niǔyuē **bù rú** huáshèngdùngānjìng
纽约**不如**华盛顿干净。

Nueva York no está tan limpia como Washington

Sin embargo, adjetivos como **bajo** o **pequeño** no se consideran generalmente cualidades positivas, por lo que es preferible usar el comparativo de inferioridad con 没有 en vez de 不如. El criterio y la valoración subjetiva del hablante influirá en la estructura utilizada.

~~爸爸不如妈妈矮~~
bàbà **méiyǒu** māmā nàme ǎi
爸爸**没有**妈妈那么矮。

Mi padre no es tan bajo como mi madre.

~~华盛顿不如纽约脏~~
huáshèngdùn **méiyǒu** niǔyuēzāng
华盛顿**没有**纽约脏。

Washington no es tan sucio como Nueva York.

54

Cuando el adjetivo utilizado en una construcción con 不如 es 好, con el significado de **bueno** o **bien**, 好 se puede omitir.

shuí dōu bù rú tā hǎo
谁都**不如**他**好**。

shuí dōu bù rú tā
谁都**不如**他。

Nadie es mejor que él.

En las siguientes dos oraciones también se ha omitido 好:

zhōngguórén chángshuō   lái de zǎo bù rú lái de qiǎo
中国人常说：来得早**不如**来得巧。

Los chinos suelen decir: llegar antes no es tan (bueno) como llegar puntual.

zé rì bù rú zhuàng rì   jiù jīntiān ba
择日**不如**撞日，就今天吧。

Elegir una fecha no es tan (bueno) como hacerlo al azar, así que ¡hagámoslo hoy!

---

jīnnián de dōngtiān méi yǒu qùnián nà me lěng
今年的冬天没有去年那么冷。

Este invierno no es tan frío como el año pasado.

jīnnián de dōngtiān bù rú qùnián lěng
今年的冬天**不如**去年冷。

El invierno de este año no es tan frío como el del año pasado.

En volúmenes posteriores también podrá encontrar a 不如 formando parte de conjunciones complejas:

yǔ qí zài jiā lǐ   bù rú chūqù zǒuzǒu
与其在家里，**不如**出去走走。

En lugar de estar en casa es mejor salir a pasear.

Contenidos relacionados

50.2.3 Expresando En lugar de .... es mejor con 与其......不如

shòu zhī yǐ yú bù rú shòu zhī yǐ yú

授之以鱼不如授之以渔

Dale a un hombre un pez y lo alimentarás durante un día; enséñale a pescar y lo alimentarás durante toda la vida.

yuǎn qīn bù rú jìn lín

远亲不如近邻

Mejor un vecino cercano que un pariente lejano.

duō yì shì bù rú shǎo yì shì

多一事不如少一事

Es mejor evitar problemas innecesarios.

yán chuán bù rú shēn jiào

言传不如身教

Explicar con palabras no es tan bueno como enseñar con el ejemplo

qiú rén bù rú qiú jǐ

求人不如求己

Si quieres que algo esté bien hecho, hazlo tú mismo.

bǎi wén bù rú yī jiàn

百闻不如一见

Ver una vez es mejor que oír cien veces.
Ver por uno mismo es mejor que escuchar a muchos otros.

21 EL COMPLEMENTO DE GRADO

El complemento de grado sigue a un verbo o adjetivo y aporta información sobre el grado del mismo. A diferencia de los adverbios de grado estos se sitúan **detrás del adjetivo**. En general, los complementos de grado suelen expresar una intensidad mayor que los adverbios de grado.

Aunque en este punto introducimos formalmente el complemento de grado, tres de ellos ya fueron presentados al hablar de la estructura comparativa ya que por su significado resultan perfectos para expresar el **resultado de una comparación**.

de duō 得多 Mucho más	de hěn 得很 Mucho más	duō le 多了 Mucho más

lěng **de hěn**
冷 **得很**
Muy frío

shū fu **de duō**
舒服 **得多**
Mucho más cómodo

xǐ huān **de hěn**
喜欢 **得很**
Gustar mucho más

hǎo **de duō**
好 **得多**
Mucho mejor

máng **de hěn**
忙 **得很**
Muy ocupado

guì **duō le**
贵 **多了**
Mucho más caro

Algunas frases completas donde se utilizan estos complementos de grado siguen a continuación:

jiā ná dà de dōngtiānlěng **de hěn**　nǐ yàoduōchuāndiǎn
加拿大的冬天冷 **得很**，你要多穿点。
Es un invierno frío en Canadá, hay que vestirse bien.

dì zhōnghǎiqì hòubǐ dà lù qì hòushū fu **de duō**
地中海气候比大陆气候舒服 **得多**。
El clima mediterráneo es mucho más confortable que el continental.

zhè ge fáng zi fēichángkuānchǎng　wǒ xǐ huān **de hěn**
这个房子非常宽敞，我喜欢 **得很**。
Esta casa es muy espaciosa, me gusta mucho.

tā jué de āntà bǐ lǐ níng hǎo **de duō**
他觉得安踏比李宁好 **得多**。
Cree que Anta es mucho mejor que Li Ning.

wǒ zhè zhōu máng **de hěn**　wǒ men kě yǐ xià zhōu zài shàng kè ma

我这周忙**得很**，我们可以下周再上课吗?

Estoy ocupado esta semana, ¿podemos tener una clase la próxima semana?

shàng hǎi de fáng zi bǐ tiān jīn de guì **duō le**

上海的房子比天津的贵**多了**。

La vivienda en Shanghai es mucho más cara que en Tianjin

Contenidos relacionados

20.1 Haciendo comparaciones con 比

Recuerde que todos ellos pueden utilizarse como complemento de grado cuando aparecen en una estructura comparativa completa:

dì zhōng hǎi qì hòu **bǐ** dà lù qì hòu shū fu **duō le**

地中海气候**比**大陆气候舒服**多了**。

dì zhōng hǎi qì hòu **bǐ** dà lù qì hòu shū fu **de duō**

地中海气候**比**大陆气候舒服**得多**。

El clima mediterráneo es mucho más confortable que el continental

Además 多了, cuando existe cierto contexto, al igual que hacemos en español, puede usarse sin una estructura de comparación completa.

wǒ de gǎn mào 我的感冒 Mi resfriado	hǎo 好 Bueno	duō le 多了 Mucho más
Mi resfriado ha mejorado mucho.		
Sujeto	*Adjetivo*	*Complemento de grado*

zuì jìn tiān qì nuǎn huo **duō le**

最近天气暖和**多了**。

El tiempo ha sido mucho más cálido recientemente.

zì cóng jié hūn yǐ hòu tā chéng shú **duō le**

自从结婚以后他成熟**多了**。

Ha madurado mucho desde que se casó.

Sin embargo, 得多 y 得很 no pueden utilizarse del mismo modo.

~~地中海气候舒服得多。~~
dì zhōnghǎiqìhòushūfu **duō le**
地 中 海 气 候 舒 服 **多 了** 。
El clima mediterráneo es mucho más confortable.

Otros complementos de grado muy comunes son 极了 y 坏了 o 死了 que serán presentados en puntos gramaticales a parte:

gāoxìng **jí le**
高 兴 **极了**
Extremadamente contento

è **sǐ le**
饿 **死了**
Muerto de hambre

Contenidos relacionados
_____

21.1 Indicando el grado máximo con 极了
21.2 Indicando un mayor grado con 坏了 o 死了

También se pueden encontrar otros complementos de grado como:

shī tòu le
湿透了
Totalmente húmedo

rè de yàomìng
热得要命
Calor insoportable

huài de bù dé liǎo
坏得不得了
El colmo de malo

wàimiànzàixià yǔ　　bà bà xiàbāndàojiā de shíhòudōu**shī tòu le**
外面在下雨，爸爸下班到家的时候都**湿透了**。
Estaba lloviendo fuera y papá llegó a casa del trabajo empapado hasta los huesos.

jīnniánxiàtiān**rè de yàomìng**　xǔ duōréndōumǎi le kōngtiáo
今年夏天**热的要命**，许多人都买了空调。
Este verano ha hecho tanto calor que mucha gente ha comprado aparatos de aire acondicionado.

nà xiēkǒngbù fèn zi dōu**huài de bù dé liǎo**
那些恐怖分子都**坏得不得了**
Esos terroristas son de lo más malo.

Habrá observado que muchos de ellos se forman con la partícula 得. No debe confundir este uso de la partícula 得 con el qué será presentado al hablar del complemento de estado.

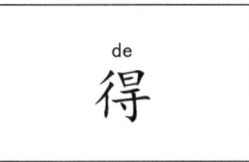

de

得

Otras expresiones con 得 seguidas de un verbo-objeto también pueden constituir un complemento de grado:

liàng **de** cì yǎn
亮 **得** 刺眼

Tan brillante que daña la vista

xiǎng **de** cì ěr
响 **得** 刺耳

Tan ruidoso que daña el oído
Sonar ensordecedor

Algunas frases completas donde se usan:

zhè zhǎn dēng **liàng de cì yǎn**   kě yǐ diào àn diǎn ma
这盏灯 **亮得刺眼**, 可以调暗点吗?

La luz es cegadora, ¿puedes atenuarla?

xǐ yī jī **xiǎng de cì ěr**   nǐ kě yǐ kàn xià tā chū le shén me wèn tí ma
洗衣机 **响得刺耳**, 你可以看下它出了什么问题吗?

La lavadora hace un ruido ensordecedor, ¿puedes ver qué le pasa?

Contenidos relacionados

22 El complemento de estado o complemento de manera
22.3 Complemento de estado complejo y oraciones consecutivas

21.1 INDICANDO EL GRADO MÁXIMO CON 极了

Cuando 极了 aparece **detrás de un adjetivo** indica que alguna cosa es **extrema**, normalmente un grado superlativo de un adjetivo.

jí le
极了

hǎo jí le
好**极了**!
Genial.

wǒ de xiǎogǒu kě ài jí le
我的小狗可爱**极了**。
Mi perrito es extremadamente adorable.

jīntiān rè jí le
今天热**极了**。
Hoy hace un calor espantoso.

zhè ge zhǔ yì hǎo jí le
这个主意好**极了**。
Esta idea es genial.

zhè lǐ ān jìng jí le
这里安静**极了**。
Esto es muy tranquilo.

zhè lǐ de xiàtiān rè jí le
这里的夏天热**极了**。
Aquí hace mucho calor en verano.

zhè duǒ yún měi jí le
这朵云美**极了**。
Esta nube es super hermosa.

tā de lánqiú shuǐpíng gāo jí le
他的篮球水平高**极了**。
Su nivel de baloncesto es extremadamente avanzado.

También puede ser usado junto a **verbos mentales** con la misma función. Se sitúa también justo después del verbo.

zhè běn shū yǒu yì si jí le
这本书有意思**极了**。
Este libro es interesantísimo.

bú yòng huā qián   hái yǒu xīn yī fú chuān   tā mǎn yì jí le
不用花钱，还有新衣服穿，他满意**极了**。
Estaba muy satisfecho por no tener que gastar dinero y tener ropa nueva que ponerse.

wǎnshàng   tā hài pà jí le   bǎ jiā lǐ de dēng dōu dǎ kāi le
晚上，他害怕**极了**，把家里的灯都打开了。
Por la noche, estaba tan asustado que encendía todas las luces de la casa.

tiān biān de cǎi yún měi jí le
天边的彩云美**极了**。
Las nubes del cielo están preciosas.

mā mā mǎi le yì tiáo kù zi   hǎokàn jí le
妈妈买了一条裤子,好看**极了**。
Mama compró unos pantalones super bonitos.

21.2 INDICANDO UN MAYOR GRADO CON 坏了 O 死了

Tanto 死了 como 坏了 se utilizan a menudo para **intensificar adjetivos**, y tiene aplicaciones muy amplias. Basta con añadir 死了 o 坏了 después del adjetivo para intensificar el grado de este. También en algunos casos la oración se puede convertir en una exclamación como sucedía usando 太 ...了

lěng sǐ le
冷死了!
¡Está helado!

bú yào fán wǒ   wǒ máng sǐ le
不要烦我，我忙死了!
¡Déjame en paz, estoy ocupadísimo!

wǒ zhēn shì qì sǐ le
我真是气死了!
¡Estoy muy cabreado!

wà imiàn chǎo sǐ le
外面吵死了!
¡Hay mucho ruido fuera!

Los adjetivos no tienen que ser necesariamente negativos como cansado, enfadado o triste, etc, es igualmente común utilizar 死了 con adjetivos que tienen connotaciones positivas:

jīn tiān nǐ měi sǐ le
今天你美**死了**!
¡Hoy estás preciosa!

tā kě ài sǐ le
他可爱**死了**!
¡Es tan adorable!

tā gāo xìng **huài le**
他高兴**坏了**。
Está encantado.

nǐ zuò de fàn hǎo chī **sǐ le**
你做的饭好吃**死了**!
¡Qué bien cocinas!

nǐ de péng yǒu shuài **sǐ le**
你的朋友帅**死了**!
¡Tu amigo es muy guapo!

zhōng guó de jì shù xiān jìn **sǐ le**
中国的技术先进**死了**!
China está tecnológicamente muy avanzada.

Sin embargo, hay ocasiones donde su uso no resulta adecuado y no todos los adjetivos se pueden enfatizar de este modo. Si no está seguro de si es posible usarlo, utilice 太 ...了 en su lugar. Su uso es más coloquial, de modo que en escritos formales, utilice 极了 o adverbios de grado como 非常 en su lugar:

wǒ zhàng fū kāi xīn **sǐ le**
我丈夫开心**死了**
Mi marido está muy contento.

wǒ zhàng fū **tài** kāi xīn le
我丈夫**太**开心了
Mi marido está muy contento.

wǒ zhàng fū **fēi cháng** kāi xīn
我丈夫**非常**开心
Mi marido está muy contento.

Contenidos relacionados

7.10 Adverbios de grado
7.10.1 Expresando demasiado con 太
21.1 Indicando el grado máximo con 极了

Para **enfatizar** más el tono de la oración puede añadir 可 delante del adjetivo. En los siguientes ejemplos 可 no tiene ningún significado especial y tan solo se utiliza aquí como partícula para enfatizar:

tā **kě** jí **sǐ** **le**
他**可**急**死了**。
Tiene mucha prisa.

zhè jǐ niántā **kě** máng**sǐ** **le**
这几年他**可**忙**死了**。
Ha estado muy ocupado estos últimos años.

zhè jiàngōngzuò **kě** bǎ wǒ lèi**sǐ** **le**
这件工作**可**把我累**死了**。
Estoy agotado de este trabajo.

quánchǎngdǎ wǔ zhé zhè **kě** lè **huài** **le** gù kè
全场打五折, 这**可**乐**坏了**顾客。
Todo tiene un 50% de descuento. Esto hará que los clientes sean extremadamente felices.

Consulte también el punto dedicado a 坏 como complemento de resultado.

Contenidos relacionados

26.3.24 Complemento de resultado 坏

坏 cuando se utiliza como **verbo** tiene el significado de **estropear**. Para acabar, dos variantes de una misma expresión donde se utiliza cambiando el clasificador y el contenido de la olla.

yī lì lǎoshǔ shǐhuài le yī guōzhōu
一粒老鼠屎坏了一锅粥
Un poco de heces de rata estropeó toda la olla de *congee*.

yī kē lǎoshǔ shǐhuài le yī guōtāng
一颗老鼠屎坏了一锅汤
Un poco de heces de rata estropeó toda la olla de sopa.

Recuerde que tanto 粒 como 颗 tienen el significado de **grano**. Aunque 粒 se usa para objetos granulares más pequeños que los que utilizan el clasificador 颗.

Contenidos relacionados

Volumen I. Anexos. Lista de clasificadores más utilizados

22 EL COMPLEMENTO DE ESTADO O COMPLEMENTO DE MANERA

El complemento de estado (情态补语) se construye situando 得 después del verbo seguido de una frase adjetival que normalmente indicará **el modo** en el que se produce una acción.

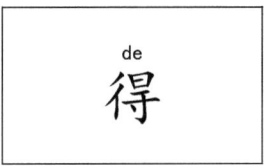

Está delante de quizá la partícula menos intuitiva de la gramática china. Aunque es muy fácil exponer que detrás de cualquier verbo que introduzca el modo en el que se realiza una acción debe aparecer la partícula 得, es un error muy común omitirla al formar sus primeras oraciones.

tā 他 Él	shuō 说 habla	de 得	hěn 很 muy	hǎo 好 bien
Él habla muy bien.				
Sujeto	*Verbo*	*Partícula*	*Adverbio de grado*	*Adjetivo*

En algunas bibliografías puede encontrar la denominación de este complemento como **complemento de manera** ya que, como hemos comentado anteriormente, introduce el **modo** en el que se realiza una acción. Sin embargo, no debe confundirlo con un complemento circunstancial de modo o manera en español ya que una locución adverbial de modo situada delante del verbo podría perfectamente actuar como dicho complemento sin necesidad de formarse con la partícula 得.

Este tipo de locuciones adverbiales de modo se introducirán más adelante y de hecho se construyen utilizando otra partícula, la partícula 地. Podemos avanzarle en este momento que en chino existe una ligera **diferencia de significado** entre locución adverbial de modo y complemento de manera. La **locución adverbial de modo** se sitúa **delante** del verbo y su significado está relacionado con el comportamiento o la **intención** del sujeto que realiza la acción, mientras que el **complemento de estado, manera o modo** se sitúa **detrás** y está más relacionado con la manera en la que se realiza la acción y la **evaluación** del resultado por parte de una tercera persona.

tā hěnkuài **de** pǎozhe
他很快**地**跑着。

El corría muy rápidamente
(Tenia la intención de correr muy rápidamente.)

tā pǎo **de** hěnkuài
他跑**得**很快。

Corrió muy rápido
(Esa fue la impresión que dio desde fuera.)

Contenidos relacionados

36.6 Locución adverbiales de modo y complementos de manera
36.7 Formando locuciones adverbiales añadiendo la partícula 地
49.1 Diferencias de uso entre 的, 得 y 地

Adicionalmente, en el siguiente punto gramatical verá como este complemento aparece en las oraciones que se denominan consecutivas y adquiere el nombre en algunas bibliografías de **complemento de estado complejo**. En este caso, a la partícula 得 le sigue una frase verbal que normalmente indicará **consecuencia**.

tā gāoxìng **de** tiàoqǐ lái le
他高兴**得**跳起来了。

Estaba tan contento que saltaba de alegría.

Contenidos relacionados

22.3 Complemento de estado complejo y oraciones consecutivas

Deténgase un momento y observe que esta misma partícula 得 ya ha sido utilizada para formar diversos complementos de grado. No debe confundir su uso.

Contenidos relacionados

21 El complemento de grado

22.1 ESTRUCTURAS BÁSICAS CON COMPLEMENTO DE ESTADO

Si el verbo lleva otros complementos deberá **duplicar el verbo** añadiendo la partícula 得 antes de introducir el complemento de estado que especificará la manera en la que se realiza la acción. Observe la siguiente estructura:

tā 他 Él	shuō 说 habla	hàn yǔ 汉语 chino	shuō 说 habla	de 得	hěn 很 muy	hǎo 好 bien
Él habla chino, lo habla muy bien.						
Sujeto	Verbo	Objeto	Verbo	Partícula	Adverbio de grado	Adjetivo

tā shuō hàn yǔ shuō **de** bù tài qīngchǔ
他说汉语说**得**不太清楚。
No habla muy claramente

shànghǎi fā zhǎn **de** hěnkuài
上海发展**得**很快。
Shanghai se está desarrollando muy rápido

Esta misma estructura es la que deberá utilizar cuando utilice verbos divisibles, formados por un verbo y un objeto. Estos verbos son tratados en un punto gramatical a parte.

wǒ gē gē pǎobù pǎo **de** fēichángkuài
我哥哥跑步跑**得**非常快。
Mi hermano mayor corre muy rápido.

wǒ mā mā zuòfànzuò **de** hěnhǎochī
我妈妈做饭做**得**很好吃。
Mi madre cocina muy bien.

Contenidos relacionados
_____

25.1.6 El complemento de estado junto a verbos divisibles

En las oraciones con un complemento de grado no se puede utilizar la partícula 了 a no ser que indique un cambio de estado o situación.

~~他去年说了汉语说得很好，今年说的更好了~~
tā qù nián shuō hàn yǔ shuō **de** hěnhǎo   jīn nián shuō **de** gènghǎo **le**
他去年说汉语说**得**很好，今年说**得**更好**了**。
El año pasado hablaba muy bien el chino y este año aún lo habla mejor.

tā yǐ jīng hē **de** hěnduō le
他已经喝**得**很多了。
Él ya ha bebido demasiado.

11.1 Usos de 了

El primer verbo se puede omitir:

他	汉语	说	得	很	好
tā	hàn yǔ	shuō	de	hěn	hǎo
Él	chino	habla		muy	bien
Él, el chino, lo habla muy bien.					
Sujeto	Objeto	Verbo	Nombre	Adverbio de grado	Adjetivo

Si se desea enfatizar el objeto del verbo este puede preceder al sujeto.

汉语	他	说	得	很	好
hàn yǔ	tā	shuō	de	hěn	hǎo
El chino	él	habla		muy	bien
El chino, él lo habla muy bien.					
Objeto	Sujeto	Verbo	Nombre	Adverbio de grado	Adjetivo

Observe como en este caso la oración se asemeja más en estructura a las oraciones tema comentario, donde el tema en este caso es también el objeto del verbo.

Contenidos relacionados

15.2 La estructura tema-comentario

En ocasiones, si el objeto no tiene importancia se puede omitir: En este caso se pierde información que puede ser relevante pero en otros casos el objeto puede ser ya conocido o previsible no produciéndose ninguna perdida de información.

yí gè xīngqī guò **de** hěnkuài
一个星期过**得**很快。
Una semana pasa rápidamente.

wǒ jué de shíjiānguò **de** zhēnshìtàikuài le
我觉得时间过**得**真是太快了
Siento que el tiempo pasa realmente rápido.

lǎoshī jiǎng **de** hěnxiángxì
老师讲**得**很详细。
El profesor habló con detalle.

tā píngshí chuān **de** hěnsuíbiàn
他平时穿**得**很随便。
Normalmente viste muy casual

La negación

En la negación esta estructura no se modifica. El adverbio de grado se sustituye entonces por el adverbio de negación 不. Para dar **énfasis** a la negación podemos combinar los dos adverbios añadiendo 不 **detrás** del adverbio de grado: 很不/非常不

nǐ hànyǔ shuō **de bù** liúlì
你汉语说**得不**流利。
Tú hablas el chino nada fluido

nǐ hànyǔ shuō **de hěnbù** liúlì
你汉语说**得很不**流利。
Tú hablas el chino nada fluido

La interrogación

Las estructuras interrogativas que ya conoce no se ven modificadas por la presencia de un complemento de estado:

nǐ zhù **de** yuǎnma
你住**得**远吗?
¿Vives lejos?

nǐ zhù **de** yuǎnbù yuǎn
你住**得**远不远?
¿Vives lejos?

Es posible añadir la partícula interrogativa 吗 o 怎么样 al final de la frase para formular una pregunta. Observe que 怎么样 substituirá a todo el complemento de manera mientras que con 吗 estaremos esperando una respuesta básica de sí o no.

nǐ hànyǔ shuō **de** zěnme yàng
你汉语说**得**怎么样?
¿Cómo hablas el chino?

nǐ wā yǒngyóu **de** zěnme yàng
你蛙泳游**得**怎么样?
¿Como nadas braza?

22.1.1 MODIFICADORES DEL COMPLEMENTO DE ESTADO

Cuando se usa el complemento de estado, el **adjetivo** debe estar modificado por un modificador adverbial ya sea un adverbio de grado o un adverbio de negación.

tā 他 él	shuō 说 habla	de 得	hěn 很 muy	hǎo 好 bien
Él habla muy bien.				
Sujeto	Verbo	Partícula	Adverbio de grado	Adjetivo

tā chī **de** hěn màn
他吃**得**很慢。
Él come muy rápido.

tā shuō **de** bù tài qīngchǔ
他说**得**不太清楚。
Él no habla muy claro.

nǐ hànyǔ shuō **de** hěn liú lì
你汉语说**得**很流利。
Tú hablas chino muy fluido.

tā chàng **de** bù hǎo tīng
她唱**得**不好听。
Ella no canta bien.

Las oraciones superlativas con 最 y aquellas donde solo aparece un objeto de la comparación construidas con 比较 también pueden constituir un modificador adverbial:

zhè wèi gē shǒu shì chàng **de zuì** hǎo de gē shǒu
这位歌手是唱**得最好**的歌手
Este es el mejor cantante de todos los tiempos.

zhè wèi gē shǒu chàng **de bǐ jiào** hǎo
这位歌手唱**得比较**好
Este cantante canta mejor.

Contenidos relacionados
_____

20.3 Expresando el más, lo que más con 最
20.4 Comparaciones con un solo objeto con 比较

El adjetivo también puede ir seguido de un complemento de grado:

nǐ xiǎng de kuài **jí le**
你想得快**极了**。
Piensas muy rápido

zhè liàng chē pǎo de kuài **duō le**
这辆车跑得快**多了**。
Este coche corre mucho más rápido

Contenidos relacionados
_____

21 El complemento de grado

22.1.2 Posible ambigüedad entre el complemento de estado y frases de relativo

Por último, indicarle que a veces se puede confundir 的 en su uso en frases de relativo con el 得 usado para introducir un complemento de manera.

Observe cómo cambia el significado según la partícula que utilice en los siguientes pares de oraciones:

tā shuō **de** hěn yǒu dào lǐ
他说**的**很有道理。
Lo que dice tiene mucho sentido.

tā xiǎng **de** hěn fù zá
他 想 **的** 很复杂。
Lo que piensa es muy complicado.

tā shuō **de** hěn yǒu dào lǐ
他说**得**很有道理。
Él habla con mucha sensatez.

tā xiǎng **de** hěn fù zá
他 想 **得** 很复杂。
Piensa de manera muy complicada.

Para evitar estos posibles equívocos en el lenguaje oral añada un **nombre tras 的**

tā **shuō de shì qíng** hěn yǒu dào lǐ
他 **说的事情** 很有道理。
Las cosas que dice tienen mucho sentido.

tā **xiǎng de shì qíng** hěn fù zá
他 **想 的事情** 很复杂。
Las cosas que piensa son muy complicadas.

Contenidos relacionados

5.3 Oraciones de relativo con 的

22.2 EL COMPLEMENTO DE ESTADO Y LA COMPARACIÓN

Retomamos en este punto el análisis de las **estructuras comparativas** vistas con anterioridad para analizar como estas se combinan **con un complemento de estado**. El complemento de estado aparecerá en las estructuras comparativas cuando lo que se este comparando sea el modo en el que se realiza una acción.

22.2.1 EL COMPLEMENTO DE ESTADO Y LA COMPARACIÓN CON 比

Ya hemos visto que cuando lo que se compara es la **manera** o el **modo** en la que se realiza una acción la partícula 得 **aparece detrás del verbo**. En este caso existen dos ordenes válidos para las estructuras comparativas vistas anteriormente que se presentan a continuación:

tā	bǐ	wǒ	pǎo	de	kuài
他	比	我	跑	得	快
Él		Yo	Correr		Rápido
Corre más rápido que yo.					
Objeto 1	Partícula Comparativa	Objeto 2	Verbo	Partícula	Adjetivo

Además el verbo y la partícula 得 también pueden situarse delante de 比

tā	pǎo	de	bǐ	wǒ	kuài
他	跑	得	比	我	快
Él	Correr			Yo	Rápido
Corre más rápido que yo.					
Objeto 1	Verbo	Partícula	Partícula Comparativa	Objeto 2	Adjetivo

La negación

En su forma negativa el adverbio de negación se sitúa delante de 比:

tā 他 Él	bù 不 No	bǐ 比	wǒ 我 Yo	pǎo 跑 Correr	de 得	kuài 快 Rápido
No corre más rápido que yo.						
Objeto 1	*Adverbio de Negación*	*Partícula Comparativa*	*Objeto 2*	*Verbo*	*Partícula*	*Adjetivo*

Además el verbo y la partícula 得 también pueden situarse delante de 不 比

tā 他 Él	pǎo 跑 Correr	de 得	bù 不 No	bǐ 比	wǒ 我 Yo	kuài 快 Rápido
No corre más rápido que yo.						
Objeto 1	*Verbo*	*Partícula*	*Adverbio de Negación*	*Partícula Comparativa*	*Objeto 2*	*Adjetivo*

Contenidos relacionados

25.1.6 El complemento de estado en estructuras comparativas con verbos divisibles

22.2.2 EL COMPLEMENTO DE ESTADO EN ESTRUCTURAS DE EQUIVALENCIA CON 一样

Tome la siguiente estructura como patrón para expresar que dos cosas se realizan del mismo modo:

nǐ 你 Tú	shuō 说 hablar	de 得	gēn 跟	nǐ fù qīn 你父亲 tú padre	yí yàng 一样 igual
Hablas como tú padre.					
Objeto I	Verbo	Partícula	跟	Objeto 2	一样

En esta estructura a 一样 también le puede seguir un adjetivo que precise algo más en qué sentido se parece o equivale la acción realizada por ambos objetos:

nǐ 你 Tú	shuō 说 hablar	de 得	gēn 跟	nǐ fù qīn 你父亲 tú padre	yí yàng 一样 igual	liú lì 流利 fluido
Hablas tan fluido como tú padre.						
Objeto I	Verbo	Partícula	跟	Objeto 2	一样	Adjetivo

Cuando se introducen otros complementos, el verbo aparece duplicado y se sitúa delante del complemento y de la partícula 得:

nǐ shuō hàn yǔ gēn nǐ fù qīn shuō de yí yàng liú lì
你说汉语跟你父亲说得一样流利。

nǐ shuō hàn yǔ shuō de gēn nǐ fù qīn yí yàng liú lì
你说汉语说得跟你父亲一样流利。

Hablas chino tan fluido como tú padre.

Encontrará de nuevo la misma estructura al utilizar el complemento de estado en estructuras comparativas con verbos divisibles:

wǒ zuò fàn xiàng ā yí zuò de yí yàng kuài
我做饭像阿姨做得一样快。
Cocino igual de rápido que la tía.

yī shēng zhuàn qián gēn fú wù yuán zhuàn de yí yàng duō
医生赚钱跟服务员赚得一样多。
Los médicos ganan lo mismo que los camareros.

Contenidos relacionados
_____

25.1.6 El complemento de estado en estructuras comparativas con verbos divisibles

22.2.3 EL COMPLEMENTO DE ESTADO Y LA COMPARACIÓN CON 没有

Al igual que vimos anteriormente, existen dos estructuras válidas para realizar comparaciones con 没有:

nǐ 你 Tú	méi yǒu 没有	tā 他 Él	lái 来 Venir	de 得	nà me 那么	zǎo 早 Temprano
No has llegado tan pronto como él.						
Objeto 1	*Verbo*	*Objeto 2*	*Verbo*	*Partícula*	这么-那么	*Adjetivo*

Pudiendo aparecer también delante de 没有

nǐ 你 Tú	lái 来 Venir	de 得	méi yǒu 没有	tā 他 Él	nà me 那么	zǎo 早 Temprano
No has llegado tan pronto como él.						
Objeto 1	*Verbo*	*Partícula*	*Verbo*	*Objeto 2*	这么-那么	*Adjetivo*

wǒ men méi yǒu tā men zhǔn bèi **de** hǎo
我们没有他们准备**得**好。
No estábamos tan bien preparados como estaban ellos.

wǒ méi yǒu nǐ zhè me chī **de** duō
我没有你这么吃**得**多。
No como tanto como tú.

wǒ méi yǒu tā kàn shū kàn **de** duō
我没有他看书看**得**多。
No leo tantos libros como él

zhōng wén méi yǒu nǐ shuō **de** nà me nán
中文没有你说**得**那么难！
El chino no es tan difícil como dices!

zhè ge xué shēng xué **de** gēn nà ge xué shēng yí yàng nǔ lì
这个学生学**得**跟那个学生一样努力。
Este estudiante estudia igual de duro que ese otro.

Cuando el verbo presenta otros complementos, este debe repetirse:

wǒ shuōhànyǔ shuō **de** méiyǒunǐ zhè me liú lì
我说汉语说**得**没有你这么流利。

wǒ shuōhànyǔ méiyǒunǐ shuō **de** zhè me liú lì
我说汉语没有你说**得**这么流利。

No hablo el chino tan fluidamente como tú.

De manera análoga, cuando nos encontramos con un verbo divisible la parte del verbo divisible constituida por el verbo es la que se duplica.

nǐ yóuwā yǒngméiyǒutā yóu **de** nà me hǎo
你游蛙泳没有她游**得**那么好。

nǐ yóuwā yǒngyóu **de** méiyǒutā nà me hǎo
你游蛙泳游**得**没有她那么好。

No nadas braza tan bien como ella.

Contenidos relacionados

25.1 Verbos divisibles, construcciones verbo-objeto
25.1.6 El complemento de estado en estructuras comparativas con verbos divisibles

22.3 COMPLEMENTO DE ESTADO COMPLEJO Y ORACIONES CONSECUTIVAS

El complemento de estado que se denomina **complejo** se utiliza para construir **oraciones consecutivas**. Además de describir el modo en el que se produce un movimiento o una acción también puede describir el estado del sujeto que ha aparecido después de realizar una acción. Así, tras la partícula 得 puede encontrar una frase verbal o una oración completa que normalmente indica la **consecuencia o el nuevo estado que ha surgido**. El complemento de estado también puede utilizarse para expresar el **efecto de una acción** o el **grado de un verbo estático**.

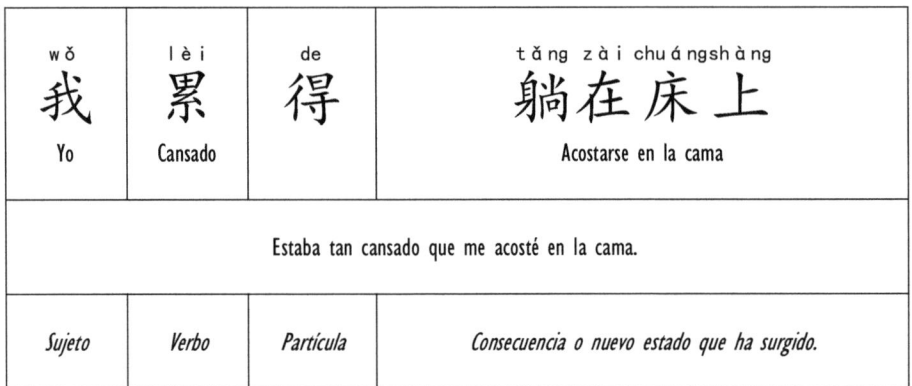

wǒ 我 Yo	lèi 累 Cansado	de 得	tǎng zài chuángshàng 躺在床上 Acostarse en la cama
Estaba tan cansado que me acosté en la cama.			
Sujeto	*Verbo*	*Partícula*	*Consecuencia o nuevo estado que ha surgido.*

tā lěng **de** dōufā dǒu le
他冷**得**都发抖了。
Tenía tanto frío que se puso a temblar。

érzi lèi **de** xià le bānjiùshuìzháo le
儿子累**得**下了班就睡着了。
Mi hijo estaba tan cansado que después de trabajar se quedo dormido.

wǒ kùn **de** yǎnjīngdōuzhēngbù kāi le
我困**得**眼睛都睁不开了。
Tenía tanto sueño que no podía abrir los ojos

tāmenwáner **de** hěngāoxìng
他们玩儿**得**很高兴。
Lo pasaron muy bien.

tā shuō **de** dàjiādōuxiào le
他说**得**大家都笑了。
El habla de manera que todo el mundo se ríe.

tā gāoxìng **de** tiào le qǐ lái
他高兴**得**跳了起来。
Estaba tan contento que se puso a saltar.

nàer ānjìng **de** méiyǒuyì diǎner shēngyīn
那儿安静**得**没有一点儿声音
Había tanto silencio que no se oía nada en ninguna parte.

wǒ yáténg **de** bù néngchīfàn
我牙疼**得**不能吃饭。
Me duelen tanto los dientes que no puedo comer.

jīntiāntiānqì rè **de** wǒ bù xiǎngchū qù
今天天气热**得**我不想出去。
Hoy hace tanto calor que no quiero salir.

tā máng **de** méiyǒushíjiānchīfàn
他忙**得**没有时间吃饭。
Él está tan ocupado que no tiene tiempo para comer.

zhōngwén nán **de** wǒ men dōu bù xiǎng xué le
中文难**得**我们都不想学了。

El chino es tan difícil que nadie de nosotros quiere estudiarlo.

kàn le zhè ge diànyǐng tā xiào **de** dù zi téng
看了这个电影,她笑**得**肚子疼。

Viendo esta película, se reía tanto que le dolió la barriga.

xiànzài rén máng **de** méi yǒu shí jiān gēn bié rén jiàn miàn lèi **de** bù yuàn yì hé bié rén duō shuō huà
现在人忙**得**没有时间跟别人见面,累**得**不愿意和别人多说话

Hoy en día la gente está demasiado ocupada para reunirse con los demás y demasiado cansada para hablar con ellos.

Para añadir énfasis a estas oraciones es común añadir los **adverbios** 都 o 也. Además 连 con el significado de **incluso** puede preceder al sujeto de la oración.

wǒ kùn **de** yǎn jīng dōu zhēng bù kāi le
我困**得**眼睛都睁不开了。

Tenía tanto sueño que no podía abrir los ojos.

wǒ kùn **de** **lián** yǎn jīng **yě** zhēng bù kāi le
我困**得连**眼睛**也**睁不开了。

Tenía tanto sueño que incluso no podía abrir los ojos.

Contenidos relacionados

7.2 Expresando también con 也
7.4 Expresando todo, todos y ambos con 都
48.4.8 Expresando incluso con 连

23 EXPRESANDO LA DURACIÓN Y FRECUENCIA

Vimos en un punto gramatical anterior dedicado a las expresiones temporales que cuando estas se sitúan al inicio de la oración especifican cuando ocurre una acción. El tiempo queda especificado antes de mencionar la acción misma otorgando el contexto necesario al oyente antes de que este escuche el verbo, que por otro lado, sabemos carece de indicativo de tiempo verbal propio.

xīngqīyī wǒ qù běijīng
星期一我去北京。

El lunes voy a Beijing

nǐ xiàwǔ wǔ diǎn zuò shén me
你下午五点做什么?

¿Qué haces a las cinco de la tarde?

Contenidos relacionados

_____

14.1 Indicando cuando ocurre una acción

En los siguientes puntos gramaticales veremos como **la duración y la frecuencia** de las acciones se sitúan **detrás de la acción del verbo**. Encontrará una introducción a todos los conceptos introducidos en los siguientes puntos gramaticales:

tā gēn wǒ jiǎng le **liǎng gè xiǎoshí** tā de wèntí le
她跟我 讲 了 **两个小时**他的问题了。

Ella me ha contado sus problemas durante dos horas.

Contenidos relacionados

_____

23.1 Expresando la duración de una acción

Los distintos **complementos de cantidad** y varios **adverbios** que nos facilitarán expresar la frecuencia de una acción también serán introducidos aquí:

wǒ yǐ qián lái guò zhè er sān **cì**
我以前来过这儿三**次**

Ya he estado aquí tres veces.

dōngtiān rén men **chángcháng** gǎnmào le
冬天人们 **常 常** 感冒了。

Normalmente la gente se constipa en invierno.

Contenidos relacionados

_____

23.2 Expresando la frecuencia de una acción

También hemos incluido en este punto gramatical todo lo referido al **aspecto puntual** de las acciones. Como verá, este aspecto verbal se expresa duplicando el verbo o añadiendo otras palabras detrás del mismo como 一下 o 一会儿.

wǒ bù xiǎng mǎi dōngxī jiùsuíbiàn **kànkàn**
我不 想 买东西,就随便**看看**。

No quiero comprar nada, sólo echar un vistazo.

Contenidos relacionados

_____

11 Partículas de aspecto
23.1.1 El aspecto puntual o acciones de duración breve

23.1 Expresando la duración de una acción

Las expresiones de duración se forman con un **numeral** seguido de un término temporal. Algunos de estos términos temporales deben ir acompañados de **clasificador** mientras que otros van precedidos únicamente de un numeral. Esta situación quedo expuesta en otro punto gramatical anterior. Recuerde:

wǔ gè xīngqī
五个星期
Cinco semanas

liǎng gè yuè
两个月
Dos meses

yì nián
一年
Un año

sān wǎn
三晚
Tres noches

Contenidos relacionados

14.12 Expresiones temporales y los clasificadores

Como ya hemos avanzado en la introducción, el complemento de **duración temporal** se sitúa **detrás del verbo**.

nǐ 你 Tú	chí dào 迟到 Llegar tarde	le 了	yì kè zhōng 一刻钟 Un cuarto de hora
Llegas tarde un cuarto de hora.			
Sujeto	*Verbo*	*Partícula*	*Complemento Duración*

wǒ yǐ jīng gōngzuò le jiǔ gè xiǎoshí
我已经工作了九个小时。
Ya he trabajado nueve horas.

wǒ jiāng zài zhōngguó xuéxí liǎng nián
我将在中国学习两年。
Me quedaré estudiando en China dos años.

wǒ yǐ jīng zài tàiguó shēnghuó le sān nián
我已经在泰国生活了三年。
He vivido en Tailandia tres años.

huǒchē wǎndiǎn èr shí fēnzhōng
火车晚点二十分钟。
El tren se ha retrasado veinte minutos.

Si el verbo lleva **objeto directo** este se sitúa detrás de la expresión duración. La estructura más utilizada es la siguiente:

tā 他 Él	xiě 写 ha escrito	le 了	liǎng gè xiǎo shí 两个小时 Dos horas	hàn zì 汉字 Caracteres
Ha escrito caracteres durante dos horas.				
Sujeto	Verbo	Partícula	Complemento Duración	Objeto

wǒ xué xí le **yī nián** hàn yǔ le
我学习了**一年**汉语了。
Llevo un año estudiando chino.

wǒ yǐ jīng chī le **yī zhōu** kàng shēng sù le
我已经吃了**一周**抗生素了
Llevo una semana tomando antibióticos.

Es posible también añadir la partícula 的 entre el complemento de duración y el nombre pero su uso es opcional.

tā xiě le **liǎng gè xiǎo shí de** hàn zì
他写了**两个小时的**汉字。
Escribió caracteres chinos durante dos horas.

tā xué xí le **yī nián de** hàn yǔ le
他学习了**一年的**汉语了。
Lleva un año estudiando chino.

Existe una excepción a lo expuesto anteriormente: Si el objeto es un **pronombre**, la duración siempre se especifica **detrás** del pronombre.

wǒ 我 Yo	děng 等 esperar	le 了	nǐ 你 a ti	liǎng gè xiǎo shí 两个小时 Dos horas
Te he esperado dos horas.				
Sujeto	Verbo	Partícula	Complemento Directo (Pronombre)	Complemento Duración

En oraciones en las que está presente un **objeto indirecto**, como es el caso de las construcciones dativas y otros verbos que siguen su mismo patrón, el complemento de duración se sitúa **tras el objeto indirecto** y precediendo al objeto directo si este aparece.

lǎoshī jiào le **nǐ yí gè xiǎoshí hànyǔ** le
老师教了**你一个小时汉语**了
El profesor te ha enseñado chino durante una hora.

tā dīng le **wǒ shí jǐ fēnzhōng** le
他盯了**我十几分钟**了
Lleva diez minutos mirándome fijamente.

Contenidos relacionados

25.2 Verbos con complemento directo e indirecto. Verbos dativos

Una estructura menos habitual que se puede utilizar para **enfatizar el objeto** es la siguiente:

tā 他 Él	hàn zì 汉字 caracteres	xiě 写 ha escrito	le 了	liǎng gè xiǎo shí 两个小时 Dos horas
Ha escrito caracteres durante dos horas.				
Sujeto	Objeto	Verbo	Partícula	Complemento Duración

Una estructura alternativa se forma repitiendo el verbo tras el objeto y a continuación precisando la duración de la acción. En este caso **el objeto debe ser directo y no debe tratarse de un pronombre**.

tā 他 Él	xiě 写 escribe	hàn zì 汉字 caracteres	xiě 写 ha escrito	le 了	liǎng gè xiǎo shí 两个小时 Dos horas
Ha escrito caracteres durante dos horas.					
Sujeto	Verbo	Objeto	Verbo	Partícula	Complemento Duración

wǒ xué xí hànyǔ xué xí le **yì nián**
我学习汉语学习了**一年**。
Estudié chino durante un año.

tā kàn diànshì kàn le **bàngè xiǎoshí**
她看电视看了**半个小时**。
Ha estado viendo la televisión durante media hora.

Los verbos que expresan una **acción puntual no se repiten** porque no indican duración sino el tiempo que ha pasado desde que se realizó esa acción. Es decir, la acción que se relata no ha persistido en el tiempo:

我来北京来了一个星期子

wǒ lái le běijīng yí gè xīngqī le
我**来**了北京一个星期**了**。

Hace una semana llegué a Beijing.

Uso de la partícula 了 en oraciones que indican duración

Si 了 aparece después del verbo y se repite al final de la frase, nos indica que la acción **continua hasta el presente**. Si 了 no aparece al final de la frase no indica si continua o no.

tā xué le liǎng nián hànyǔ
他学**了两年**汉语。

tā xué le liǎng nián de hànyǔ
他学**了两年**的汉语。

tā xué le liǎng nián hànyǔ le
他学**了两年**汉语**了**。

tā xué le liǎng nián de hànyǔ le
他学**了两年**的汉语**了**。

tā xué hànyǔ xué le liǎng nián le
他学汉语学**了两年了**。

Lleva dos años estudiando chino.

xiǎo péngyǒu dǎ lánqiú dǎ le bàntiān
小朋友打篮球打**了半天**。

xiǎo péngyǒu dǎ le bàntiān lánqiú le
小朋友打**了半天**篮球**了**。

xiǎo péngyǒu dǎ le bàntiān de lánqiú le
小朋友打**了半天**的篮球**了**。

xiǎo péngyǒu dǎ lánqiú dǎ le bàntiān le
小朋友打篮球打**了半天了**。

Los niños llevan medio día jugando a baloncesto.

wǒ dōu zài zhè er zuò le bàn gè xiǎoshí le
我都在这儿坐**了半个小时了**

Llevo media hora sentado aquí.

wǒ yǐ jīng huà le shí **wǔ nián le**
我已经画**了**十**五年了**。

Ya llevo quince años pintando.

---

huǒchē wǎndiǎn le **èr shí fēnzhōng**
火车晚点了二十分钟。

El tren se ha retrasado veinte minutos.

huǒchē wǎndiǎn le **èr shí fēnzhōng** le
火车晚点了二十分钟了。

El tren se está retrasando veinte minutos.

Contenidos relacionados

11.1 Usos de 了

Con verbos que indican una **acción puntual** la oración suena extraña si se añade un complemento de duración y no se formula con 了:

他去图书馆已经两个小时 ~~他去图书馆已经两个小时~~

tā qù tú shūguǎn yǐ jīng liǎng gè xiǎoshí le
他去图书馆已经 两个小时了。

Ha ido a la biblioteca dos horas.

Sin embargo si se puede utilizar cuando se indica el **momento puntual** en el que ha ocurrido la acción. En este caso no se trata de un complemento de duración temporal y debemos emplazar el momento puntual en el que ha ocurrido la acción al **inicio de la oración**:

liǎng gè xiǎoshí qián tā qù le tú shūguǎn
两个小时前他去了图书馆。

liǎng gè xiǎoshí qián tā qù le tú shūguǎn le
两个小时前他去了图书馆了。

Hace dos horas ha ido a la biblioteca

Contenidos relacionados

14.13 Expresando hace y antes con 前 y 以前

tā yǐ jīng shuì le liǎng gè xiǎoshí
他已经睡了 两个小时。

tā yǐ jīng shuì le liǎng gè xiǎoshí le
他已经睡了 两个小时了。

Ya ha dormido dos horas.

liǎng gè xiǎoshí qián tā qù le shuì jiào le
两个小时前他去了睡觉了

liǎng gè xiǎoshí qián tā qù shuì jiào le
两个小时前他去睡觉了。

Hace dos horas se ha ido a dormir.

Observe la diferencia entre estos dos ejemplos. En este caso las diferencias de uso de la partícula 了 son debidas a la diferencia de significado del verbo utilizado. En el caso de 下班, con el significado de **salir del trabajo**, la acción a la que se hace referencia es una acción puntual y se utiliza del mismo modo que verbos como 去 o 来, mientras que la acción de 工作 se extiende en el tiempo. Con verbos que indican una **acción puntual** la oración con un complemento de duración es incorrecta si no se formula con 了:

~~我下班了两个小时。~~

wǒ xiàbān liǎng gè xiǎoshí le
我下班 两个小时了。

wǒ xiàbān le liǎng gè xiǎoshí le
我下班了 两个小时了。

Hace dos horas que terminé el trabajo.

wǒ yǐ jīng gōng zuò shí gè xiǎoshí le
我已经工作十个小时了。

wǒ yǐ jīng gōng zuò le shí gè xiǎoshí
我已经工作了十个小时。

wǒ yǐ jīng gōng zuò le shí gè xiǎoshí le
我已经工作了十个小时了。

Ya he estado trabajando durante diez horas

Observe por último como quedan construidas las oraciones que expresan conceptos similares utilizando 前 para definir el momento puntual en el que ha ocurrido la acción prescindiendo del complemento de duración:

liǎng gè xiǎoshí qián wǒ jiù xiàbān le
两个小时前我就下班了

Hace dos horas que terminé el trabajo.

yí gè xīngqī qián wǒ jiù lái le běijīng le
一个星期前我就来了北京了

Hace una semana llegue a Beijing.

十个小时前我已经工作了

shí gè xiǎoshí **qián** wǒ yǐ jīngzài gōngzuò le
十个小时**前**我已经在工作了

Hace diez horas ya estaba trabajando.

shí gè xiǎoshí **qián** wǒ jiù kāishǐ le gōngzuò
十个小时**前**我就开始了工作

shí gè xiǎoshí **qián** wǒ jiù kāishǐ gōngzuò le
十个小时**前**我就开始工作了

Ya hace diez horas que empecé a trabajar.

Cuando se utiliza un **verbo divisible**, el complemento de duración se sitúa en medio de la construcción verbo-objeto. Observe estos ejemplos con 游泳 y 唱歌.

tā men **yóu** le **èr shí fēn** zhōng **yǒng** le
他们**游**了**二十分钟泳**了。

Llevan veinte minutos nadando.

wǒ men **chàng** le **liǎng gè xiǎoshí gē**
我们**唱**了**两个小时歌**。

Cantamos durante dos horas.

Contenidos relacionados

25.1 Verbos divisibles, construcciones verbo-objeto
25.1.4 El complemento de duración y los verbos divisibles

23.1.1 EL ASPECTO PUNTUAL O ACCIONES DE DURACIÓN BREVE

Dedicamos los siguientes puntos gramaticales a exponer varias maneras que existen en chino de indicar que una acción ha ocurrido de **manera breve**.

Contenidos relacionados

23.1.2 Expresando acciones cortas con 一下 o 一会儿
23.1.4 Expresando acciones cortas mediante la duplicación del verbo
37.3 La reduplicación del verbo

23.1.2 EXPRESANDO ACCIONES CORTAS CON 一下 o 一会儿

Tanto 一下 como 一会儿, cuando aparecen **detrás del verbo** indican que la acción se ha realizado durante un **breve periodo de tiempo**:

yí xià
一下

yí huì er
一会儿

tài lèi le   wǒ men xiū xī **yí xià** ba
太累了，我们休息**一下**吧。

Estoy muy cansado, descansemos un poco.

hǎo   qǐng děng **yí xià**   zhèng lǎoshī zhǎo nín de diànhuà
-好，请等**一下**。郑老师找您的电话。

-Sí, espere un segundo. Profesor Zheng, una llamada para usted.

En ocasiones, su presencia no indica una duración breve sino que es un **modo cortés** de decir las cosas. Tenga en cuenta que, aunque en chino no se utiliza **por favor** muy habitualmente, existen otras maneras de **suavizar el tono de las oraciones**. Añadir 一下 tras el verbo es una de ellas.

nǐ qù gěi mā ma sòng **yí xià** niú nǎi
你去给妈妈送**一下**牛奶。
Ve y dale a mamá leche.

wǒ xiàn zài bǎ cái liào zhěng lǐ **yí xià**
我现在把材料整理**一下**。
Voy a reunir los materiales ahora.

wǒ bù tài shū fu   wǒ xiǎng qù yī yuàn jiǎn chá **yí xià**
我不太舒服，我想去医院检查**一下**。
No me encuentro demasiado bien, quiero ir al hospital a examinarme.

En este caso la expresión tiene el mismo significado que la forma reduplicada del verbo.

wǒ xiǎng qù yī yuàn jiǎn chá **yí xià**
我想去医院检查**一下**。

wǒ xiǎng qù yī yuàn **jiǎn chá jiǎn chá**
我想去医院**检查检查**。

Quiero ir al hospital a examinarme.

tài lèi le   wǒ men **xiū xi yí xià** ba
太累了，我们**休息一下**吧。

tài lèi le   wǒ men **xiū xi xiū xi** ba
太累了，我们**休息休息**吧。

Estoy muy cansado, descansemos un poco.

Contenidos relacionados

23.1.4 Expresando acciones cortas mediante la duplicación del verbo

Sin embargo no es posible intercambiar ambas formas con todos los verbos. Resulta incorrecto decir, por ejemplo:

你去给妈妈送送牛奶
Ve y dale a mamá leche.

Cuando aparecen junto a verbos divisibles estas expresiones se sitúan detrás del verbo y delante del objeto:

wǒ jīn tiān **shàng** le **yí huǐ er bān** jiù lèi le
我今天**上**了**一会儿班**就累了
Hoy ya estoy cansado después de un turno corto.

tā měi tiān zǎo chén dōu qù **pǎo yí huǐ er bù**
他每天早晨都去**跑一会儿步**
Sale a correr todas las mañanas.

wǒ men qù **guàng yí xià jiē** ba
我们去**逛一下街**吧。
Vamos de compras un rato.

nǐ shāo děng   wǒ **huà yí xià zhuāng**
你稍等，我**化一下妆**。
Un momento, me voy a maquillar.

Contenidos relacionados

25.1 Verbos divisibles, construcciones verbo-objeto

23.1.3 BREVES PERIODOS DE TIEMPO CON 一下子, 一下

Generalmente usados con acciones completadas 一下子 e 一下 indican que la acción se ha realizado en un **breve periodo de tiempo** o que ha ocurrido de una manera **súbita** o **inesperada**. Observe que su significado difiere ligeramente del uso expuesto en el punto anterior y que en este caso estas expresiones no complementan al verbo sino que **funcionan como expresiones temporales**.

tiān yí xià jiù hēi le
天一下就黑了。
De repente se hizo de noche.

diànnǎo yí xià jiù xiū hǎo le
电脑一下就修好了。
El ordenador se arregló en poco tiempo.

tā yí xià jiù xiǎng qǐ lái le
他一下就想起来了。
Recordó en un instante.

chūntiān de shíhòu cǎo yí xià jiù biàn lǜ le
春天的时候草一下就变绿了
La hierba se vuelve verde en primavera muy rápidamente.

xìngkuī wǒ yǐ qián yǒu guò lèi sì de gōngzuò jīng lì fǒu zé yí xià zi hái zhēn shì yìng bù liǎo
幸亏我以前有过类似的工作经历, 否则一下子还真适应不了
Menos mal que ya he trabajado en un puesto similar, de lo contrario no habría sido capaz de adaptarme enseguida.

En la mayoría de ocasiones son intercambiables, siendo 一下子 más utilizada en el lenguaje oral del norte de China.

Contenidos relacionados

27.6 Usos de 就

23.1.4 EXPRESANDO ACCIONES CORTAS MEDIANTE LA DUPLICACIÓN DEL VERBO

Los verbos cuando aparecen de manera duplicada indican que la acción es muy breve en el tiempo o que apenas se ha realizado. En algunos casos también puede indicar que la **intensidad** de la misma **disminuye**. Si la acción no ha ocurrido todavía o se produce frecuentemente la aparición del verbo duplicado implica frecuentemente que esta se ha **llevado a cabo sin esfuerzo** o bien que se realiza solo **para probar** algo. Muchas veces se utiliza para **suavizar el tono** y resultar educado, es solo un modo de decir las cosas y comunicarlas pero no tiene nada que ver con el aspecto puntual de la acción o su intensidad.

Verbos monosilábicos

吃, que significa comer al reduplicarse se convierte en **degustar**, **probar** un poco o **dar un mordisco**.
Cuando el verbo que se duplica es monosilábico se pueden utilizar dos estructuras:

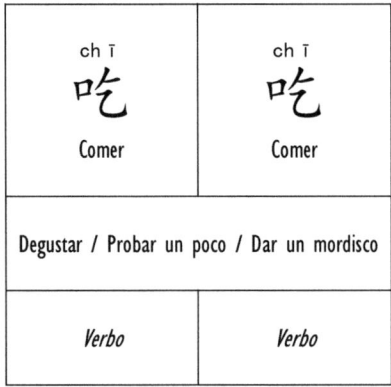

ch ī 吃 Comer	ch ī 吃 Comer
Degustar / Probar un poco / Dar un mordisco	
Verbo	*Verbo*

wènwèn
问问
Preguntar brevemente.

shìshì
试试
Probar un poco.
Probar un momento.

tīngtīng
听听
Escuchar un poco.
Escuchar un momento

Ejemplos con oraciones completas:

wǒ de shǒujī ne   nǐ bāng wǒ **zhǎozhǎo** ba
我的手机呢? 你帮我**找找**吧
¿Dónde está mi teléfono? Ayúdame a buscarlo.

wǒ xiǎng gēn nǐ suíbiàn **tántán**
我 想 跟你随便**谈谈**。
Quiero hablar contigo informalmente

wǒ xiǎng **shìshì** nà liàng xīn chē
我 想 **试试**那辆新车。
Quiero probar ese coche nuevo.

También es posible separar los dos verbos mediante el carácter 一

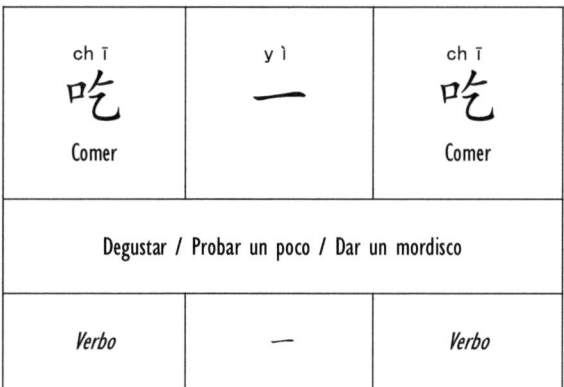

ch ī 吃 Comer	y ì 一	ch ī 吃 Comer
Degustar / Probar un poco / Dar un mordisco		
Verbo	*一*	*Verbo*

Usando esta segunda estructura el significado es exactamente el mismo que usando la primera.

wènyí wèn
问一问
Preguntar brevemente

shì yí shì
试一试
Probar un poco
Probar un momento

tīngyì tīng
听一听
Escuchar un poco.
Escuchar un momento

zhè jiànyī fú hěnpiàoliàng   nǐ **shì yí shì**
这件衣服很漂亮，你**试一试**。
Es un vestido precioso, pruébatelo.

wǒ bù xiǎngmǎidōngxī   jiùsuíbiàn**kànyī kàn**
我不想买东西，就随便**看一看**。
No quiero comprar nada, sólo echar un vistazo.

La duplicación del verbo y las partículas de aspecto

Cuando queremos reduplicar un verbo que aparece con la partícula 了, esta se sitúa entre el verbo y su duplicado, en lugar de 一. Esta estructura no puede ser usada con acciones en progreso que emplean 在 en su construcción o junto a verbos seguidos de las partículas 过 o 着.

wèn le wèn
问了问
Preguntar brevemente

shì le shì
试了试
Probar un poco
Probar un momento

tīng le tīng
听了听
Escuchar un poco.
Escuchar un momento

tā **kàn le kàn**tā shuō   nǐ tàibàng le
他**看了看**他说："你太棒了"
Le miró y le dijo "estuviste genial".

tā **xiào le xiào** méiyǒuwènrènhé wèntí
他**笑了笑**，没有问任何问题。
Sonrió, sin hacer preguntas.

Verbos bisilábicos

Si el verbo esta formado por **dos sílabas** pero **no** se trata de un verbo **divisible** este aparece duplicado en su totalidad. Además, los verbos con dos sílabas **no admiten el uso de** 一 .

xi ū	x ī	xi ū	x ī
休	息	休	息
Descansar un poco.			
Verbo		Verbo	
Carácter 1	Carácter 2	Carácter 1	Carácter 2

wǒ men qù àn fā xiàn chǎng dìàochá dìàochá
我们去案发现场 **调查调查**

Vamos a la escena del crimen para investigar.

tài lèi le   wǒ men xiūxī xiūxī ba
太累了，我们 **休息休息** 吧。

Estoy muy cansado, descansemos un poco.

fángjiān bù tài gānjìng   wǒ men dǎsǎo dǎsǎo ba
房间不太干净，我们 **打扫打扫** 吧。

El apartamento no está demasiado limpio, barremos un poco.

zài zuò juédìng qián   nǐ yào duō kǎolù kǎolù
在做决定前，你要多 **考虑考虑**。

Piénselo antes de tomar una decisión

La forma reduplicada de los verbos divisibles

Si se trata de un verbo divisible solo debe reduplicar el carácter del verbo. El objeto, permanece inalterado y cierra la construcción:

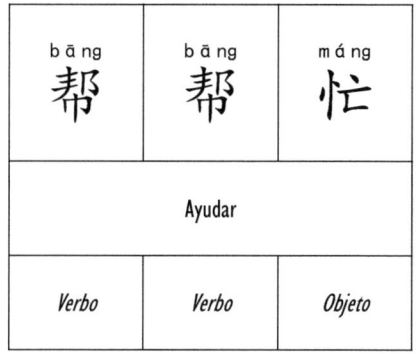

bāng	bāng	máng
帮	帮	忙
Ayudar		
Verbo	Verbo	Objeto

nǐ duō hé nǐ de wàipó **shuō shuō huà**
你多和你的外婆**说 说话**
Habla con tu abuela más a menudo

qǐng nǐ duō gěi tā **bāng bāng máng**
请你多给他**帮 帮 忙**。
Por favor, dale más ayuda.

wèi le jiànkāng nǐ děi měitiān duō **zǒu zǒu lù**
为了健康，你得每天多**走走路**。
Necesitas caminar más cada día por tu salud.

wǒ men míngtiān yì qǐ qù **guàng guàng jiē** ba
我们明天一起去**逛 逛街**吧。
Vayamos juntos de compras mañana.

También es posible añadir 一 entre el verbo y su duplicado:

liáo	yì	liáo	tiān
聊	一	聊	天
Charlar un poco			
Verbo	一	Verbo	Objeto

qǐng nǐ duō gěi tā **bāng yì bāng máng**
请你多给他**帮一帮忙**。
Por favor, dale más ayuda.

nǐ duō hé nǐ de wàipó **shuō yì shuō huà**
你多和你的外婆**说一说话**
Habla con tu abuela más a menudo.

wǒ lèi le wǒ yào qù **shuì yì jiào**
我累了，我要去**睡一觉**。
Estoy cansado, voy a dormir un poco.

jīntiān tàirè le wǒ děi **xǐ yì zǎo**
今天太热了，我得**洗一澡**。
Hoy hace demasiado calor, necesito una ducha.

La duplicación del verbo en construcciones verbo-objeto y las partículas de aspecto

Aunque no es de uso común, la partícula 了 aparece en lugar de 一 cuando es requerida:

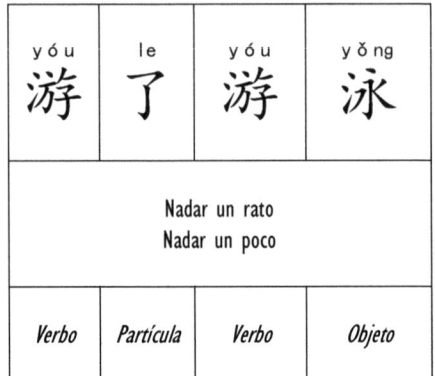

yóu	le	yóu	yǒng
游	了	游	泳
Nadar un rato Nadar un poco			
Verbo	*Partícula*	*Verbo*	*Objeto*

wǒ men zuó tiān guàng le guàng jiē
我们昨天逛了逛街。

Ayer hicimos algunas compras

jīn tiān zǎo chén wǒ yóu le yóu yǒng
今天早晨我游了游泳。

He nadado esta mañana.

Aunque en su lugar se prefiere:

wǒ men zuó tiān guàng le huìr jiē
我们昨天逛了会儿街。

Ayer hicimos algunas compras.

jīn tiān zǎo chén wǒ yóu le huìr yǒng
今天早晨我游了会儿泳。

He nadado esta mañana.

Contenidos relacionados

23.1.1 *El aspecto puntual o acciones de duración breve*
23.1.2 *Expresando acciones cortas con* 一下 *o* 一会儿
23.1.4 *Expresando acciones cortas mediante la duplicación del verbo*

23.1.5 EXPRESANDO DURANTE O DENTRO DE CON 之内 O 里 Y DESDE CON 以来

Para indicar que el momento actual está dentro del cierto **periodo de tiempo** se utiliza 之内 . Cuando se trata de cierto rango temporal ocurrido en el pasado la expresión temporal se sitúa delante del verbo. Normalmente se utiliza con acciones puntuales.

zhī nèi
之内

jīnnián**zhīnèi**tā bùhuí láizhōngguó le
今年**之内**他不回来中国了。

No regresará a China durante este año.

En este contexto 之内 y 里 son equivalentes:

jīngjì bù hǎo   **jīnnián zhīnèi**nǐ kěnéngzhǎobú dàogōngzuò le
经济不好，**今年之内**你可能找不到工作了。

La economía está mal, puede que no consigas trabajo este año.

jīnnián lǐ zuìràngnǐ kāixīn de yí jiànshì shì shén me
今年里最让你开心的一件事是什么？

¿Qué es lo mejor que le ha pasado este año?

Tenga en cuenta que aunque hemos emplazado 之内 en esta sección dedicada a expresiones que indican duración, 之内 o 内 en su forma abreviada puede hacer referencia a cierto rango, ya sea de tiempo como hemos visto, o bien un hacer referencia a un rango de **cantidad o espacio**.

zhèxiēbàochóubù zàigōngzī **zhīnèi**
这些报酬不在工资**之内**。

Estas remuneraciones no están incluidas en el salario.

xiǎoqū **zhīnèi**bù néngtíngfàngqì chē
小区**之内**不能停放汽车。

No se pueden estacionar autos en la comunidad.

---

hǎi nèi cún zhī jǐ   tiān yá ruò bǐ lín
海内存知己，天涯若比邻

Amigo cercano en una tierra lejana, reinos lejanos como la puerta de al lado
Cercano en espíritu aunque lejano

Para expresar **desde**, basta con poner 以来 después de un acontecimiento o tiempo concreto. Expresa lo que ha sucedido desde el acontecimiento enunciado hasta el momento al que el hablante se refiere, es decir, hace referencia a un determinado período de tiempo continuo que persiste **hasta el presente**.

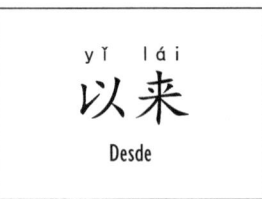

yǐ jīngliǎngniánméijiànwǒ zhàngfū le
我已经 两 年没见我丈夫了
Ya llevo dos años sin ver a mi marido.

zhèliǎngnián**yǐ lái**wǒ dōuméijiànguò wǒ zhàngfū
这 两 年 **以来**我都没见过我丈夫
No he visto a mi marido desde hace dos años.

wǒ yǐ jīngxiězhèběnyǔ fǎshūxiě le yì nián le
我已经写这本语法书写了一年了
He estado trabajando en este libro de gramática el último año.

zhè yì nián**yǐ lái**wǒ yì zhízàixiěyǔ fǎshū
这一年 **以来**我一直在写语法书
He estado trabajando en este libro de gramática desde hace un año.

23.2 EXPRESANDO LA FRECUENCIA DE UNA ACCIÓN

Los **complemento de cantidad verbal** combinados con un numeral aparecen en la oración e indican el número de **veces** que una acción se ha **repetido**.

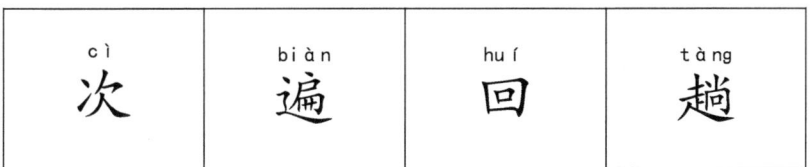

cì	biàn	huí	tàng
次	遍	回	趟

Aunque todos ellos expresan el significado de **vez**, a lo largo de esta sección veremos que cada uno de ellos se utiliza en circunstancias diversas.

qùnián wǒ qù le yí **cì** zhōngguó
去年我去了一**次**中国。
El año pasado fui a China una vez.

wǒ qù guò yì **huí** fǎ guó
我去过一**回**法国。
He estado una vez en Francia.

Contenidos relacionados

23.2.4 Indicando el número de veces con 次 y 遍
23.2.5 Indicando el número de veces con 回 y 趟

Para indicar con que frecuencia se realiza una acción también es posible utilizar 每, con el significado de **cada** o **todos**.

wǒ **měi** tiān dōu àn shí dào jiào shì   wǒ cóng lái bù chí dào
我**每**天都按时到教室。我从来不迟到。
Llego a clase a tiempo todos los días. Nunca llego tarde.

Contenidos relacionados

23.2.6 Expresando frecuencia con 每

Encontrará también varios puntos dedicados a varios **adverbios** que hacen referencia a la frecuencia con la que se realizan las acciones.

Contenidos relacionados

23.2.1 Expresando frecuentemente, a menudo y normalmente
23.2.2 Expresando ocasionalmente, de vez en cuando 偶尔
23.2.3 Expresando a veces son 有时候。。。。。。有时候
23.2.7 Expresando no muy a menudo con 不怎么 y 没怎么
23.2.8 Expresando siempre y nunca

23.2.1 EXPRESANDO FRECUENTEMENTE, A MENUDO Y NORMALMENTE

Todas las expresiones que siguen a continuación le ayudarán a expresar la frecuencia de una acción. Tienen el significado de **a menudo, frecuentemente** o **con regularidad**.

jīng cháng 经常	wǎng wǎng 往往	cháng cháng 常常

wǒ **jīngcháng** qù tā jiā wánr
我 **经常** 去他家玩儿。
A menudo voy a su casa a jugar.

wǎnshàng nǐ **chángcháng** zuò xiē shénme
晚上你 **常常** 做些什么?
¿Qué sueles hacer por la noche?

dōngtiān rénmen **chángcháng** gǎnmào le
冬天人们 **常常** 感冒了。
Normalmente la gente se constipa en invierno.

chūntiān zhèlǐ **wǎngwǎng** xià yǔ
春天这里 **往往** 下雨。
Aquí suele llover en primavera.

tā hěnrè àiyuè dú   **jīngcháng** suíshǒu dàizhe yī běnshū
他很热爱阅读，**经常** 随手带着一本书。
Le encanta leer y suele llevar un libro consigo.

wǒ **jīngcháng** wàngjì zìjǐ shèzhì de mì mǎ
我 **经常** 忘记自己设置的密码。
A menudo me olvido de las contraseñas que establezco.

Existen, sin embargo, pequeñas diferencias en su uso y algunas restricciones en la posición donde aparecen en las oraciones que veremos a continuación. 经常 se utiliza como adjetivo o como adverbio mientras que 常常 se utiliza como un adverbio. Su distinta categoría gramatical hace que se emplacen en distintos lugares dentro de la oración. 经常/常 o su forma duplicada 常常 se usa normalmente delante de un adjetivo o un verbo.

wǒ **chángcháng** gēn tā lái zhèr
我 **常 常** 跟他来这儿
A menudo vengo aquí con él.

wǒ **jīngcháng** qù niǔyuē
我 **经常** 去纽约
Voy mucho a Nueva York.

tā **jīngcháng** lái bālí
他 **经常** 来巴黎
Viene a París a menudo

Sin embargo, 经常 situado delante de un pronombre suena un tanto extraño.

经常他来

往往 es menos restrictivo y su posición en la frase mucho más flexible. Los dos ejemplos que siguen a continuación son ambos correctos:

niǔ yuē shí dài guǎngchǎng **wǎngwǎng** rén hěn duō
纽约时代广场**往往**人很多

wǎngwǎng niǔ yuē shí dài guǎngchǎng rén hěn duō
往往纽约时代广场人很多

Times Square suele estar llena de gente

shàng hǎi nán jīng lù shàng rén **wǎngwǎng** hěn duō
上海南京路上人**往往**很多

wǎngwǎng shàng hǎi nán jīng lù shàng rén hěn duō
往往上海南京路上人很多

La calle Nanjing de Shanghai suele estar abarrotada

yào shì quē shǎo diàochá bù tīng biérén shuō míngqíngkuàng wù jiě **wǎngwǎng** jiù kě néng fā shēng
要是缺少调查,不听别人说明情况误解**往往**就可能发生。

Si no se investiga y no se escucha a los demás para explicar la situación, a menudo puede ocurrir que no se entienda.

一般 tiene el significado de **normalmente** o **generalmente**:

要点
y ì   b ā n
一般
Normalmente
Generalmente
Común

wǒ **yì bān** měi tiān gōng zuò shí xiǎo shí
我**一般**每天工作十小时。

Suelo trabajar diez horas al día.

yì bān rénmen bù xǐ huān chī tā men bù shú xī de shí wù
一般人们不喜欢吃他们不熟悉的食物。

Por lo general, a la gente no le gusta comer alimentos con los que no está familiarizada.

También puede utilizarse como **nombre** con el significado de **común**:

yì bān de réndōu xiǎngzhù dà fáng zi
一般的人都想住大房子。

La persona media quiere vivir en una casa grande.

En oraciones negativas

Cuando aparecen en oraciones negativas lo hacen precedidas del adverbio de negación 不. Excluyendo las formas 不往 y 不往往 que son incorrectas:

tā men **bù jīngcháng** kàn diànshì
他们**不经常**看电视。

No ven mucha televisión

dà wèi de mèimèi **bù cháng** zuò gōngjiāochē
大卫的妹妹**不常**坐公交车。

La hermana de David nunca coge el autobús.

wǒ men **bù cháng** liànxí hànyǔ kǒuyǔ
我们**不常**练习汉语口语。

No practicamos a menudo chino oral.

fǎ guó rén **bù cháng** chī là
法国人**不常**吃辣。

Los franceses no comen comida picante a menudo

---

zhī zú cháng lè
知足常乐

Estar satisfecho con lo que uno tiene

rén men yào dǒng dé zhī zú cháng lè
人们要懂得知足常乐

La gente tiene que saber cómo contentarse con lo que tiene.

---

yī fǎn cháng tài
一反常态

Cambio completo respecto al estado normal, bastante inusual

jīn nián de tiānqì **yī fǎn cháng tài**, shíyuè le hái hěn rè
今年的天气**一反常态**，十月了还很热。

Este año el tiempo ha sido inusualmente caluroso para el mes de octubre.

---

yī rú jì wǎng
一如既往

Como en el pasado, como siempre

suīrán tā shībài le hěn duō cì tā háishì **yī rú jì wǎng** de jiānqiáng
虽然他失败了很多次，他还是**一如既往**的坚强

Aunque fracasó muchas veces, aún es tan fuerte como siempre.

23.2.2 EXPRESANDO OCASIONALMENTE, DE VEZ EN CUANDO 偶尔

Para expresar que algo se realiza **ocasionalmente** o **de vez en cuando** se utiliza el adverbio 偶尔. Es normalmente intercambiable por 有时候 con el significado de **a veces**.

ǒu   ěr

偶尔

Ocasionalmente

De vez en cuando

wǒ **ǒu ěr** huìláiběijīngchūchāi
我偶尔会来北京出差。
De vez en cuando vengo a Beijing por negocios.

wǒ zhǐshì **ǒu ěr** kànzhōngwéndiànyǐng
我只是偶尔看中文电影。
Sólo veo películas chinas de vez en cuando.

wǒ **ǒu ěr** kànzhōngwéndiànyǐng
我偶尔看中文电影。
Ocasionalmente veo películas chinas.

wǒ **ǒu ěr** qùkànhuàjù
我偶尔去看话剧。
Voy al teatro de vez en cuando.

tāmen xiāngchǔ de hěnhǎo   dàn **ǒu ěr** yě huì chǎojià
他们相处得很好，但偶尔也会吵架。
Se llevan bien, pero a veces se pelean.

Contenidos relacionados
_____

23.2.1 Expresando frecuentemente, a menudo y normalmente
23.2.3 Expresando a veces son 有时候。。。。。。有时候

有时候 tiene el significado de **a veces** o **en algunas ocasiones**:

yǒu shí hòu

有时候

A veces

wǒ **yǒushíhòu** kànzhōngwéndiànyǐng

我**有时候**看中文电影。

A veces veo películas chinas.

wǒ **yǒushíhòu** huìláiběijīngchūchāi

我**有时候**会来北京出差。

A veces vengo a Beijing por negocios.

zàidōngtiān zhège dìqū **yǒushíhòu** hěnlěng

在冬天，这个地区**有时候**很冷。

Esta región es a veces muy fría en los meses de invierno.

Al igual que en español también es posible **duplicarla** y utilizarla en dos oraciones consecutivas. De este modo indica que algo sucede de **forma alternativa**.

nǐměitiānzěnme qù shàngxué

你每天怎么去上学?

¿Cómo llegas a la escuela todos los días?

yǒushíhòu zuògōnggòngqìchē **yǒushíhòu** zǒulù qù

有时候坐公共汽车，**有时候**走路去。

A veces en autobús, a veces a pie.

wǒ **yǒushíhòu** hěnxǐhuānchīlà **yǒushíhòu** bù xǐhuānchī

我**有时候**很喜欢吃辣，**有时候**不喜欢吃。

A veces me gusta la comida picante y a veces no.

tāmenzàiyì qǐ de shíhòu**yǒushíhòu** hěnkāixīn **yǒushíhòu** huìchǎojià

他们在一起的时候**有时候**很开心，**有时候**会吵架。

Cuando están juntos a veces son felices, a veces se pelean.

Contenidos relacionados

38 Conjunciones paralelas
38.4 Expresando unos ... los otros... con 有的......有的

Complemento de cantidad verbal

Los complementos de cantidad verbal indican el **número de veces** que se ha repetido una acción. Para ello, se combinan a menudo con un numeral y se sitúan detrás del verbo. Aunque todos ellos tienen el significado de **vez** existen ciertas diferencias entre ellos. Mientras 次 se utiliza de forma general para expresar vez, 遍 denota un proceso completo, de principio a fin.

Cuando el objeto del verbo es un **nombre propio de persona o lugar**, el mismo puede ir delante o detrás del complemento de cantidad verbal.

lǐ jiàn qù guò shànghǎi **liǎng cì**
李健去过上海**两次**。

lǐ jiàn qù guò **liǎng cì** shànghǎi
李健去过**两次**上海。

Li Jian ha estado dos veces en Shanghai.

zuótiān wǒ zhǎo le **sān cì** wáng lǎoshī
昨天我找了**三次**王老师。

zuótiān wǒ zhǎo le wáng lǎoshī **sān cì**
昨天我找了王老师**三次**。

Ayer busqué al profesor Wang 3 veces.

Si el objeto es un **pronombre**, este suele colocarse antes del complemento de cantidad verbal:

lǐ jiàn dào shànghǎi yǐ hòu zhǎo guò wǒ **jǐ cì**
李健到上海以后找过我**几次**

Li Jian se ha acercado a mi varias veces desde que llegó a Shanghai.

wǒ yǐ qián lái guò zhè er **sān cì**
我以前来过这儿**三次**。

Ya he estado aquí tres veces.

wǒ zuótiān zhǎo le tā **liǎng cì**   tā dōu bù zài
我昨天找了他**两次**，他都不在。

Ayer le busqué tres veces y no estaba ninguna.

Si el objeto es un **sustantivo** que se refiere a **cosas**, debe colocarse después del complemento de frecuencia.

shàngwǔ wǒ dǎ le **liǎng cì** diànhuà
上午我打了**两次**电话。

Por la mañana he llamado dos veces.

zuótiān wǒ chī le **sān cì** yào
昨天我吃了**三次**药。

Ayer tomé tres veces pastillas.

lái zhōngguó yǐ hòu   wǒ tīng guò **liǎng cì** yīnyuè huì   kàn guò **yí cì** jīng jù
来中国以后，我听过**两次**音乐会，看过**一次**京剧。

Desde que llegué a China, he asistido a dos conciertos y he visto una ópera de Beijing.

次 también puede usarse como **nombre**

zhè **cì** chū qù lǚ yóu   wǒ yí gòng qù le   gè chéng shì   huā le yí wàn duō kuài qián
这**次**出去旅游，我一共去了8个城市，花了一万多块钱。
Esta vez me fui de viaje a ocho ciudades y gasté más de 10.000 yuanes.

---

sān fān wǔ cì
三番五次
Una y otra vez

nǐ **sān fān wǔ cì** dì wèn wǒ yí yàng de wèn tí   fán sǐ le
你**三番五次**地问我一样的问题，烦死了
Me haces la misma pregunta una y otra vez, es molesto.

A continuación tiene más ejemplos con 遍. Recuerde que en este caso se añade al discurso la idea de que el proceso se ha realizado de **principio a fin**.

tā dú le hǎo **jǐ biàn**
他读了好**几遍**。
Lo ha leído varias veces.

zhè ge diàn yǐng wǒ kàn guò **yì piān**   shì yòng xī bān yá yǔ fān yì de
这个电影我看过**一篇**，是用西班牙语翻译的。
He visto esta película una vez, está traducida al español.

zuó tiān nà jié zhōng wén kè wǒ méi yǒu tīng dǒng   wǒ xiǎng zài tīng **yí biàn**
昨天那节中文课我没有听懂，我想再听**一遍**。
No entendí la lección de chino de ayer, quiero volver a escucharla.

dà wèi jīn tiān xià wǔ yòu xiě le **yí biàn** kè běn shàng de shēng cí
大卫今天下午又写了**一遍**课本上的生词。
Esta tarde David ha vuelto a escribir otra vez las palabras nuevas del libro de texto.

Uso de 次 como clasificador

次 se usa habitualmente como clasificador para trenes o después del número que los identifica.

zhè **cì** huǒ chē kāi wǎng guì lín
这**次**火车开往桂林。
Este tren sale hacia Guilin.

cóng shàng hǎi dào běi jīng de   **cì** bā diǎn bàn dào   xiàn zài bā diǎn   kuài dào le
从上海到北京的T23**次**八点半到，现在八点，快到了。
El tren T23 de Shanghai a Beijing llega a las ocho y media. Son las ocho, ya casi llega.

Preguntando sobre la frecuencia

En español se deja que la persona que responde a la pregunta decida tanto la duración como el número de veces que se realiza una acción dentro del plazo por el que se pregunta. Así, si preguntamos **cuán a menudo**, es posible obtener como respuesta dos veces a la semana o tres veces al mes. Sin embargo, en chino, la pregunta se formula utilizando **una vez** como parte de la pregunta. Tome como patrón la siguiente estructura:

nǐ	duō cháng shí jiān	guā	yì cì	hú zi
你	多长时间	刮	一次	胡子
Tú	Cuanto tiempo	Afeitar	Una vez	Barba
¿Cuán a menudo te afeitas?				
Sujeto	多长时间	Verbo	一次	Objeto

nǐ duōchángshí jiāntī **yì cì** qiú
你多长时间踢**一次**球?
¿Con qué frecuencia juegas al fútbol?

nǐ duōchángshí jiānjiǎn**yì cì** tóufà
你多长时间剪**一次**头发?
¿Cada cuánto tiempo te cortas el pelo?

Si desea delimitar el plazo algo más y formular preguntas como **cuántas veces a la semana**, o **cuántas veces al mes** ...

nǐ **měiyuè** tī **jī cì** qiú
你**每月**踢**几次**球?
¿Cuantas veces al mes juegas a fútbol?

nǐ **měizhōu** tán **jī cì** gāngqín
你**每周**弹**几次**钢琴?
¿Cuántas veces a la semana tocas el piano?

nǐ **měinián** jiǎn **jī cì** tóufà
你**每年**剪**几次**头发?
¿Cuantas veces al año te cortas el pelo?

nǐ **měiyuè** yóu **jī cì** yǒng
你**每月**游**几次**泳?
¿Cuántas veces al mes nadas?

Contenidos relacionados

9.3.13 Preguntando durante cuánto tiempo con 多长时间
23.2.6 Expresando frecuencia con 每

Del mismo modo que 次 y 遍, los complementos de repetición 回 y 趟 indican las veces y el modo en que se ha repetido una acción. 回 se utiliza para indicar una **vuelta completa**, mientras que 趟 indica una repetición de **ida y vuelta**.

wǒ qù guò yì **huí** tiān ānmén
我去过一**回**天安门。
He estado una vez en la Plaza de Tiananmen.

wǒ qù guò yì **huí** fǎ guó
我去过一**回**法国。
He estado una vez en Francia

Siempre es posible utilizar 次 en su lugar pero la frase pierde su significado de ir y volver.

qùniánwǒ qù le yì **tàng** běijīng
去年我去了一**趟**北京
Fui a Beijing el año pasado.

qùniánwǒ qù le yì **cì** běijīng
去年我去了一**次**北京
Fui a Beijing una vez el año pasado.

Los complementos de repetición se sitúan detrás del verbo seguidos del número de repeticiones. Si se trata solo de una vez no es necesario indicarlo en el caso de 趟. Si al verbo lo acompaña una partícula de aspecto, el complemento de repetición aparece detrás de esta:

wǒ dǎ suàn **qù tàng** tài iguó
我打算**去趟**泰国。
Estoy planeando un viaje a Tailandia.

tā gāng **qù le tàng** xiàmén nà lǐ fēichángrè
他刚**去了趟**厦门,那里非常热
Acaba de estar en Xiamen donde hace mucho calor.

tā zhōumò **qù le tàng** huáshān
他周末**去了趟**华山。
Se fue al Monte Hua a pasar el fin de semana.

tā yào péi nǎinǎi **qù tàng** yī yuàn
他要陪奶奶**去趟**医院。
Tiene que acompañar a su abuela al hospital.

Cuando acompaña a **verbos divisibles** aparece entre el verbo y el objeto.

tā qù xīnjiāpō **chū** le tàng**chāi**
他去新加坡**出**了趟**差**。
Se fue de viaje de negocios a Singapur.

tā wèi le bànqiānzhèngyǐ jīngqù le dà shǐguǎnháojǐ **tàng** le
他为了办签证已经去了大使馆好几**趟**了。
Ya había hecho varios viajes a la embajada para conseguir un visado.

Uso de 趟 como clasificador

趟 también aparece como clasificador para **transporte público** como trenes o autobuses.

fù jìn yǒu hǎo jǐ **tàng** gōng gòng qì chē dōu néng dào nǐ jiā
附近有好几**趟**公共汽车都能到你家。
Hay varios autobuses cercanos que van a su casa.

zhè **tàng** chē shì kāi wǎng guǎngzhōu de
这**趟**车是开往广州的。
Este tren va hacia Guangzhou.

wǒ men děng xià yí **tàng** chē ba
我们等下一**趟**车吧。
Esperemos el próximo autobús.

---

yì huí shēng èr huí shú
一回生二回熟
Desconocido al principio, pero acostumbrado pronto

yì huí shēng èr huí shú　xiǎng jiāo péng yǒu de huà jiù yào duō hé tā men zuò zuò
一回生二回熟，想交朋友的话就要多和他们坐坐。
Si quieres hacer amigos, queda con ellos más a menudo.

---

hǎo mǎ bù chī huí tóu cǎo
好马不吃回头草
Un buen caballo no vuelve al mismo pasto.

---

shuō shì yì huí shì　zuò yòu shì lìng wài yì huí shì
说是一回事，做又是另外一回事
Es muy fácil decirlo pero hacerlo es otra cosa.

huí xīn zhuǎn yì

回心 转 意

Cambiar de opinión

xiǎo zhāng gāng hé tā nǚ yǒu fēn shǒu　dàn tā xī wàng tā kě yǐ huí xīn zhuǎn yì

小 张 刚 和他女 友 分 手，但他希望她可以回心 转 意

Xiao Zhang acaba de romper con su novia, pero espera que ella cambie de opinión.

---

fēng huí lù zhuǎn

峰 回 路 转

La carretera de la montaña se retuerce alrededor de cada nuevo pico

wǒ yǐ wéi zhè jiàn shì méi yǒu jiě jué bàn fǎ le

我以为这件事没有解决办法了，

dàn fēng huí lù zhuǎn　tā bèi shùn lì jiě jué le

但峰 回 路 转，它被顺利解决了

Pensé que no había solución al problema, pero en un giro de los acontecimientos, se resolvió.

---

yǒu qù wú huí

有去无回

Irse para siempre

hěn duō tàn xiǎn zhě dōu xǐ huān qù pān dēng zhū mù lǎng mǎ fēng　dàn yǒu xiē rén yǒu qù wú huí

很多探险者都喜欢去攀登珠穆朗玛峰，但有些人有去无回

A muchos exploradores les gusta subir al Monte Everest, pero algunos nunca logran regresar.

23.2.6 EXPRESANDO FRECUENCIA CON 每

Para indicar con que frecuencia se realiza una acción también es posible utilizar 每, con el significado de **cada** o **todos**, y formar expresiones como por ejemplo, **cada viernes**, **cada vez**, **todas las semanas**, **todos los años**...

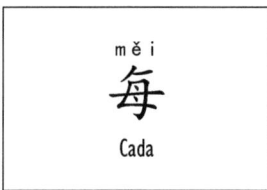

měi
每
Cada

Puede aparecer antes o después del sujeto y normalmente se utiliza combinado con el adverbio 都:

měi ge xīng qī wǔ wǒ **dōu** qù chāo shì mǎi dōng xī
每个星期五我**都**去超市买东西。
Cada viernes voy al supermercado a comprar.

Observe que a 每 le sigue normalmente un **clasificador**, pero tenga en cuenta que algunas expresiones temporales actúan como un clasificador por sí mismas.

wǒ **měi tiān dōu** àn shí dào jiào shì   cóng lái bù chí dào
我**每天都**按时到教室，从来不迟到。
Llego a clase a tiempo todos los días. Nunca llego tarde.

yīn wèi huái yùn le   tā **měi cì** wén dào fàn cài **dōu** xiǎng tù
因为怀孕了，她**每次**闻到饭菜**都** 想吐。
Como está embarazada, quiere vomitar cada vez que huele la comida.

Contenidos relacionados
_____

14.12 Expresiones temporales y los clasificadores

Observe que 每 no solo puede ser usado con expresiones que indiquen cierta **frecuencia temporal** sino con cualquier nombre conservando su significado de **cada.** Esta circunstancia ya se comentó en un punto gramatical anterior.

zhè xiē yī fú **měi jiàn dōu** hěn piào liàng
这些衣服**每件都**很漂亮。
Estos vestidos son todos muy bonitos.

nà lǐ de **měi** jiā fàn diàn wǒ **dōu** qù guò
那里的**每**家饭店我**都**去过。
He ido a todos los restaurantes de esa zona.

Contenidos relacionados
_____

7.7 Expresando cada y todo con 每

23.2.7 EXPRESANDO *NO MUY A MENUDO* CON 不怎么 Y 没怎么

Cuando se utiliza 不怎么 seguido de un **verbo** se expresa que no se dedica mucho tiempo o energía a hacer algo. Podemos traducirlo por **no muy a menudo**. Cuando el verbo se usa con un objeto, también significa que el número o la cantidad a la que nos referimos es realmente pequeña.

bù zěn me	méi zěn me
不怎么	没怎么
No muy a menudo	No muy a menudo

tā **bù zěn me** ài shuō huà
他**不怎么**爱说话。
No le gusta hablar mucho.

lǎo bǎn **bù zěn me** lái bàn gōng shì
老板**不怎么**来办公室。
Mi jefe no viene a la oficina muy a menudo.

wǒ men zài jiā **bù zěn me** kàn diàn shì
我们在家**不怎么**看电视。
En casa no vemos mucha televisión.

wǒ **bù zěn me** zài wǎng shàng mǎi dōng xī
我**不怎么**在网上买东西。
No suelo comprar por Internet

wǒ ér zi **bù zěn me** yùn dòng
我儿子**不怎么**运动。
Mi hijo no hace mucho deporte.

tā men **bù zěn me** gēn péng yǒu chū qù wán
他们**不怎么**跟朋友出去玩。
No salen muy a menudo con amigos.

Tenga en cuenta que combinado con un **adjetivo** la expresión adquiere el significado de **no mucho**:

zuì jìn **bù zěn me** máng
最近**不怎么**忙。
No ha estado muy ocupado últimamente.

zhè lǐ de dōng tiān **bù zěn me** lěng
这里的冬天**不怎么**冷。
Aquí no hace mucho frío en invierno.

También es posible utilizar 没怎么 con el mismo significado. Para distinguir cuando usar una fórmula u otra tenga en cuenta las mismas reglas expuestas en:

Contenidos relacionados

27.1 Diferencias de uso entre 不 y 没有

wǒ **méi zěn me** xué xí
我**没怎么**学习。
No he estudiado mucho.

wǒ **méi zěn me** xiǎng guò zhè ge wèn tí
我**没怎么** 想过这个问题。
No había pensado mucho en esto antes.

zuó tiān wǒ dù zi bù shū fu **méi zěn me** chī dōng xī
昨天我肚子不舒服，**没怎么**吃东西。
Ayer no me se sentía bien del estomago, así que no comí mucho.

23.2.8 EXPRESANDO SIEMPRE Y NUNCA

总是 se utiliza para expresar el significado de **siempre**:

zǒng shì

总是

Siempre

wǒ mā ma **zǒngshì** jué de zì jǐ yǒubìng
我妈妈**总是**觉得自己有病。
Mi madre siempre se siente mal.

tā zuìjìn**zǒngshì**hěnjiāolù
他最近**总是**很焦虑。
Ha estado muy ansioso últimamente.

tā **zǒngshì** hěnshēngqì de yàng zi
她**总是**很生气的样子。
Siempre parece enfadada.

mǎ láixī yà **zǒngshì**hěnrè
马来西亚**总是**很热。
En Malasia siempre hace calor.

Para expresar **nunca** utilice 从来 seguido de la forma negativa de un verbo. Formada con 不 o 没 según corresponda.

cóng lái bù

从来不

Nunca

cóng lái méi

从来没

Nunca

wǒ mā ma **cónglái bù** jué de zì jǐ yǒubìng
我妈妈**从来不**觉得自己有病。
Mi madre nunca se siente mal

wǒ zhōngwǔ **cónglái bù** shuì jiào
我中午**从来不**睡觉。
Por las tardes nunca duermo.

wǒ **cónglái bù** qù kā fēiguǎnxué xí   tàinào le
我**从来不**去咖啡馆学习，太闹了。
Nunca voy a la cafeteria a estudiar, demasiado ruidoso.

Cuando se utiliza la forma negativa con 没 la partícula 过 aparece detrás del verbo:

wǒ **cónglái bù** chí dào
我**从来不**迟到。
Nunca llego tarde.

wǒ **cónglái méi**chí dào**guò**
我**从来没**迟到过。
Nunca he llegado tarde.

Contenidos relacionados

24.1 Hablando en pasado con 过

24 MÁS SOBRE LAS PARTÍCULAS DE ASPECTO

En esta sección vamos a exponer los usos de las partículas de aspecto 过 y 着.

Contenidos relacionados
_____

24.1 Hablando en pasado con 过
24.2 Usos de la partícula auxiliar 着
11 Partículas de aspecto

24.1 HABLANDO EN PASADO CON 过

过 es una partícula de aspecto que denota que una acción ha tenido lugar en el **pasado**.

Se sitúa justo **detrás del verbo**, antes del complemento directo o de cualquier otro complemento que pueda seguir al verbo.

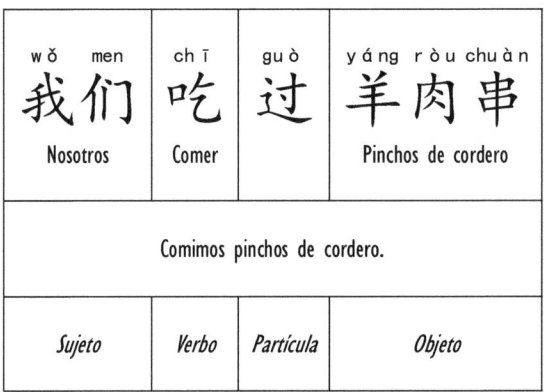

wǒ men 我们 Nosotros	chī 吃 Comer	guò 过	yáng ròu chuàn 羊肉串 Pinchos de cordero
Comimos pinchos de cordero.			
Sujeto	*Verbo*	*Partícula*	*Objeto*

Cuando se utiliza la partícula 过 siempre se hace referencia a una acción que ya ha sucedido y aunque no haya ninguna palabra o frase que haga referencia un tiempo específico debe entenderse que **la acción ha sucedido en el pasado**.

wǒ rènshi lù wǒ qù **guò** tā jiā
我认识路。我去**过**他家。
Conozco el camino. He estado en su casa antes.

wǒ dú **guò** sān běn xī bān yá yǔ xiǎoshuō
我读**过**三本西班牙语小说。
He leído tres novelas en español.

Un adverbio que habitualmente suele aparecer junto a 过 es 曾经. Tiene el significado de **antes** o **una vez** en el sentido de **algo ocurrido anteriormente en un momento indeterminado**. Aparece delante del verbo principal de la oración.

céng jīng

曾经

Antes
Anteriormente
Una vez

Presentamos aquí este adverbio porque su simbiosis con 过 es muy parecida a la existente entre 已经 con la partícula 了, y aunque resulta superfluo en muchas ocasiones puede ayudarle a recordar cuando usar la partícula 过 adecuadamente.

tā céng jīng jié guò sān cì hūn
他**曾经**结**过**三次婚。
Se ha casado tres veces.

tā men céng jīng lái guò wǒ jiā
他们**曾经**来**过**我家。
Vinieron a mi casa.

wǒ céng jīng xǐ huān guò nà gè rén
我**曾经**喜欢**过**那个人。
Antes me gustaba esa persona.

tā céng jīng zài xī ān xué guò shū fǎ
他**曾经**在西安学**过**书法。
Estudió caligrafía en Xi'an.

过 y los verbos modales

过 no se utiliza con verbos modales como 要, 能 o 会:

我要过去泰国
céng jīng wǒ xiǎng qù tà ì guó
曾经我想去泰国
Una vez quise ir a Tailandia.

我能过弹钢琴
wǒ céng jīng néng tán gāng qín
我**曾经**能弹钢琴
Solía ser capaz de tocar el piano.

我会过说中文
wǒ céng jīng huì shuō zhōng wén
我**曾经**会说中文
Solía poder hablar en chino.

Sin embargo con 想 si es posible su uso:

wǒ céng jīng xiǎng qù rì běn shēng huó
我**曾经**想去日本生活。
wǒ céng jīng xiǎng guò qù rì běn shēng huó
我**曾经**想**过**去日本生活。
wǒ xiǎng guò qù rì běn shēng huó
我**想过**去日本生活。
Quería vivir en Japón.

Contenidos relacionados

10 Verbos auxiliares modales

114

过 en construcciones de verbos en serie

Al igual que 了 cuando la oración este constituida por dos verbos en serie, la partícula 过 debe situarse **detrás del segundo verbo**.

qù nián　　wǒ **qù** zhōngguó **lǚ yóuguò**
去年，我**去**中国**旅游过**。
El año pasado, visité China.

tā **qù** xī ān **cānguānguò** bīng mǎ yǒng
他**去**西安**参观过**兵马俑。
Fue a Xi'an a visitar los Guerreros de Terracota.

wǒ qù nián **dào** bā lí **lǚ yóuguò**
我去年**到**巴黎**旅游过**。
El año pasado viajé a París.

wǒ men **qù** chóngqìng **kànguò** tā de xīnfáng zi
我们**去**重庆**看过**他的新房子
Fuimos a ver su nueva casa en Chongqing.

Contenidos relacionados

---

12 Construcciones de verbos en serie

过 y las expresiones de tiempo

El uso de 过 junto a expresiones de tiempo es otro debate aún no resuelto en la gramática china. Existen varias bibliografías que ofrecen normas contradictorias e incluso es posible que estas cambien con el tiempo o la región. Luego está la gente que lo utiliza como mejor le suena. A continuación le ofrecemos ciertas normas de carácter general ampliamente aceptadas:

Expresiones indefinidas con un sentido amplio como 去年 o 以前 pueden emplearse con 过.

qù nián wǒ qù zhōngguó lǚ xíng **guò**
去年我去中国旅行**过**。
El año pasado, visité China.

yǐ qián wǒ men jiàn**guò** miàn
以前我们见**过**面。
Nos habíamos visto antes.

También es posible utilizar 过 con expresiones como 三天前, 从前, 刚 o 刚才

wǒ **sān tiān qián** jiàn**guò** lǐ jiàoshòu
我**三天前**见**过**李教授。
Conocí al profesor Li hace tres días.

wǒ **gāng** chī**guò** wǎnfàn
我**刚**吃**过**晚饭。
Acabo de cenar

wǒ **cóng qián** yě xiǎng**guò** dāng yǔ hángyuán
我**从前**也想**过**当宇航员。
Yo también quería ser astronauta

wǒ **gāng cái** kàn**guò** yí biàn nà piàn wénzhāng
我**刚才**看**过**一遍那篇文章
Acabo de leer el artículo.

Contenidos relacionados

---

14 Expresiones de tiempo

En oraciones que indican la frecuencia de una acción y que contienen expresiones como **a menudo**, **cada semana**, **cada día** ... no es posible utilizar 过.

Contenidos relacionados

23.2 Expresando la frecuencia de una acción

Con expresiones indefinidas como por ejemplo 有一年 o 有一天 no existe mucho consenso sobre su uso. Sin embargo parece que la construcción con 了 es acertada en la mayoría de ocasiones. Mientras que en algunos casos puede sonar realmente extraña si se utiliza 过.

yǒuyìnián　　　wǒ qù guò hěnduō cì dé guó
有一年，我去过很多次德国
yǒuyìnián　　　wǒ qù le hěnduō cì dé guó
有一年，我去了很多次德国
Un año fui a Alemania muchas veces.

~~有一天，我买过很多件新衣服~~
yǒuyìtiān　　　wǒ mǎi le hěnduō jiàn xīn yī fú
有一天，我买了很多件新衣服
Un día, compré un montón de ropa nueva.

Contenidos relacionados

15.1.1 Referencias definidas e indefinidas como sujeto

Con referencias de tiempo específicas como, por ejemplo 昨天 o 上个星期五, deberá de nuevo, arriesgarse un poco más. En este caso las segundas frases, formuladas con 了, nos suenan algo mejor.

zuótiān wǒ qù guò péngyǒujiā
昨天我去过朋友家。
zuótiān wǒ qù le péngyǒujiā
昨天我去了朋友家。
Ayer fui a casa de un amigo.

tā shàng gè xīngqī èr mǎi guò yì liàng qì chē
他上个星期二买过一辆汽车。
tā shàng gè xīngqī èr mǎi le yì liàng qì chē
他上个星期二买了一辆汽车。
El martes pasado compró un coche.

Sin embargo no es posible construir la siguiente oración con 过 y debe formularse con 了:

~~昨天我买过很多件衣服~~
zuótiān wǒ mǎi le hěnduō jiàn yī fú
昨天我买了很多件衣服。
Ayer compré un montón de ropa.

Forma negativa

Para la forma negativa se forma, al igual que con 了, anteponiendo 没有 o 没 al verbo. En este caso 过, a diferencia de lo que ocurre con 了 debe mantenerse.

wǒ 我 Yo	méi yǒu 没有 No	kāi 开 Conducir	guò 过	chē 车 Coche
No he conducido (nunca)				
Sujeto	*Adverbio de Negación*	*Verbo*	*Partícula*	*Objeto*

wǒ **méi** qù **guò** zhōngguó
我**没**去**过**中国。

wǒ **méiyǒu** qù **guò** zhōngguó
我**没有**去**过**中国。

Yo (nunca) he ido a China

tā **méi** chī **guò** xībānyácài
他**没**吃**过**西班牙菜。

tā **méiyǒu** chī **guò** xībānyácài
他**没有**吃**过**西班牙菜。

Él no ha comido comida española (nunca).

zhè bù diànyǐng wǒ **méi** kàn **guò**
这部电影我**没**看**过**。

zhè bù diànyǐng wǒ **méiyǒu** kàn **guò**
这部电影我**没有**看**过**。

No he visto esta película (nunca).

tāmen **méi** lái **guò** wǒ jiā
他们**没**来**过**我家。

tāmen **méiyǒu** lái **guò** wǒ jiā
他们**没有**来**过**我家。

No han venido a mi casa.

Recuerde formar la negación con 没有 o 没 ya que la forma 不过 constituye una conjunción que expresa contraste y tiene el significado de **sin embargo** o **pero**.

yǐqián wǒmen jiànguòmiàn **búguò** méishuōguòhuà
以前我们见过面,**不过**没说过话。

Nos habíamos visto antes, sin embargo no habíamos hablado.

Contenidos relacionados

31.2 Conjunciones que expresan contraste
31.2.2 Expresando sin embargo con 不过

Suele aparecer junto a 从来 o en su forma abreviada 从 con el significado de **nunca** combinado con 没有 o su forma abreviada 没.

_{wǒ **méiqùguò** yì dà lì}
我**没去过**意大利。
No he estado en Italia

_{wǒ **méijiànguò** tā}
我**没见过**他。
No he visto antes

_{wǒ **cóngméi** qù **guò** yì dà lì}
我**从没去过**意大利。
Nunca he estado en Italia

_{wǒ **cóngláiméi** jiàn **guò** tā}
我**从来没见过**他。
Nunca lo he visto antes

_{tā **cóngláiméi** yòng **guò** diàn nǎo}
他**从来没有用过**电脑。
Nunca ha utilizado un ordenador.

_{tā **cóngláiméi** kàn **guò** zhè me gǎn rén de xì}
他**从来没看过**这么感人的戏
Nunca había visto una obra tan conmovedora.

Contenidos relacionados

23.2.8 Expresando siempre y nunca
57.1.4 Expresando nunca con 从来不 o 从来没

El adverbio 曾经 no puede ser negado de modo que las formas 不曾经 y 没曾经 son incorrectas. Puede utilizar 从来没 para indicar que algo no ha ocurrido nunca.

_{wǒ men **céngjīng** jiàn **guò** miàn}
我们**曾经**见**过**面。
Ya nos hemos visto antes.

~~我们没曾经见过面~~
_{wǒ men **cóngláiméi** jiàn **guò** miàn}
我们**从来没**见**过**面。
Nunca nos hemos visto.

La forma interrogativa

nǐ	qù	guò	yì dà lì	ma
你	去	过	意大利	吗
Tú	Ir		Italia	
¿Has estado en Italia?				
Sujeto	Verbo	Partícula	Objeto	Partícula Interrogativa

_{nǐ yǒu **guò** māo **ma**}
你有**过**猫**吗**?
¿Has tenido gato?

_{nǐ kàn **guò** zhè bù diàn yǐng **ma**}
你看**过**这部电影**吗**?
¿Has visto esta película?

_{tā lái **guò** běi jīng **ma**}
她来**过**北京**吗**?
¿Ha venido alguna vez a Beijing?

También es posible realizar una pregunta con **ambas opciones** de respuesta incluidas formando la parte negativa con el adverbio de negación 没, acompañada del verbo 有 como ya hemos visto en varias ocasiones.

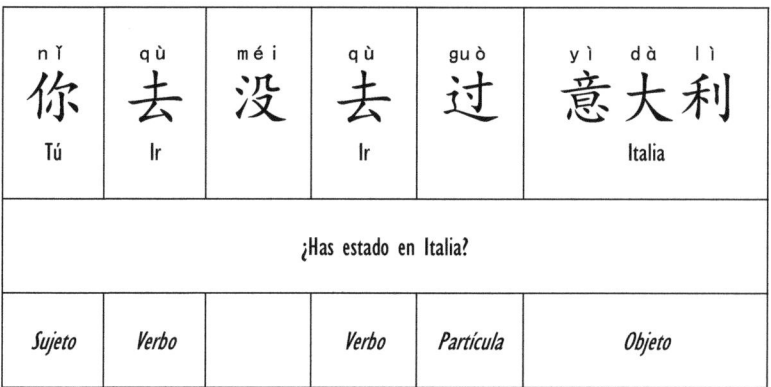

nǐ 你 Tú	qù 去 Ir	méi 没	qù 去 Ir	guò 过	yì dà lì 意大利 Italia
¿Has estado en Italia?					
Sujeto	Verbo		Verbo	Partícula	Objeto

tā men láiméiláiguò wǒ jiā
他们来**没**来**过**我家?

¿Han estado alguna vez en mi casa?

nǐ cānméicānjiāguò bǐ sài
你参**没**参加**过**比赛?

¿Has participado en la competición?

O añadir al final de la estructura 没有:

nǐ 你 Tú	qù 去 Ir	guò 过	yì dà lì 意大利 Italia	méi yǒu 没有
¿Has estado en Italia?				
Sujeto	Verbo	Partícula	Objeto	Fórmula Interrogativa

En entornos informales bastará con un simple 没:

nǐ cānjiāguò bǐ sàiméi
你参加**过**比赛**没**?

nǐ cānjiāguò bǐ sàiméiyǒu
你参加**过**比赛**没有**?

¿Has participado en la competición?

tā men láiguò nǐ jiāméi
他们来**过**你家**没**?

tā men láiguò nǐ jiāméiyǒu
他们来**过**你家**没有**?

¿Vinieron a tu casa?

shì guò jìng qiān
事过境迁

La cuestión está en el pasado, y la situación ha cambiado

zhè céng jīng shì quán zhèn zuì háo huá de fáng zi   dàn shì guò jìng qiān
这曾经是全镇最豪华的房子，但**事过境迁**，

xiàn zài zhè lǐ yǐ jīng chéng le yí piàn fèi xū
现在这里已经成了一片废墟。

Esta solía ser la casa más lujosa de la ciudad, pero las cosas han cambiado y ahora está en ruinas

---

rén shuí wú guò
人谁无过

Todo el mundo comete errores

rén shuí wú guò   wǒ men yào xué huì yuán liàng bié rén de cuò wù
人谁无过，我们要学会原谅别人的错误。

Nadie está libre de culpa, debemos aprender a perdonar a los demás por sus errores

---

cái shí guò rén
才识过人

Un talento excepcional

yīn wèi tā cái shí guò rén   hěn duō gōng sī dōu qiǎng zhe yào tā
因为他**才识过人**，很多公司都抢着要他。

Debido a su talento, muchas empresas están deseando contratarlo.

24.1.1 Diferencias de uso entre 了 y 过

En este artículo vamos a ver en que se diferencian ambas partículas después de haber discutido en puntos anteriores el modo de uso de cada una de ellas. Al tener ambos un **aspecto perfectivo** es posible que en ocasiones encuentre dificultades para decidir cual usar.

Recuerde que la partícula 了 puede tener conexión con asuntos o acciones pasadas o recientemente acabadas, así como con el futuro. Junto a 要 también puede indicar una acción futura pero inmediata.

zuó tiān wǒ mǎi **le** yì běn shū
昨 天 我 买 **了** 一 本 书
Ayer compré un libro.

gāng cái wǒ chī **le** jiǎo zi
刚 才 我 吃 **了** 饺 子
Acabo de comer jiaozi.

fēi jī kuài yào qǐ fēi **le**
飞 机 快 要 起 飞 **了**
El avión va a despegar.

En cambio 过 siempre tiene relación con el pasado.

yǐ qián wǒ gēn péng yǒu chī **guò** kǎo yā
以 前 我 跟 朋 友 吃 **过** 烤 鸭。
Anteriormente he comido pato asado con los amigos.

qù nián wǒ zài běi jīng de shí hòu,   yóu lǎn **guò** yí hé yuán
去 年 我 在 北 京 的 时 候, 游 览 **过** 颐 和 园。
Cuando el año pasado estuve en Beijing, visité el Palacio de Verano (Jardín de la Salud y la Armonía).

Las oraciones con 了 pueden expresar que la acción continúa en el tiempo hasta el momento presente. Mientras que con la partícula 过 la acción no puede perdurar en el tiempo y siempre forma parte de una experiencia pasada. Compare los siguientes pares de oraciones y observe el cambio de significado de la oración teniendo esto en cuenta.

tā qù **le** chóng qìng
他 去 **了** 重 庆。
Ha ido a Chongqing.

tā qù **guò** chóng qìng
他 去 **过** 重 庆。
Ha estado en Chongqing (ya no está).

tā xué **le** hàn yǔ
他 学 **了** 汉 语。
Ha estudiado chino.

tā xué **guò** hàn yǔ
他 学 **过** 汉 语。
Ha estudiado chino (ya no lo estudia).

tā men jīn nián qù **le** zhōng guó
他 们 今 年 去 **了** 中 国。
Este año fueron a China (y aún están allí.)

tā men jīn nián qù **guò** zhōng guó
他 们 今 年 去 **过** 中 国。
Este año fueron a China (ya han vuelto.)

tā shí nián qián qù **le** měi guó
他 十 年 前 去 **了** 美 国。
Fue a Estados Unidos hace diez años.

tā shí nián qián qù **guò** měi guó
他 十 年 前 去 **过** 美 国。
Estuvo en Estados Unidos hace diez años.

zhè běn shū wǒ zhǐ kàn **le** yí bàn **le**
这 本 书 我 只 看 **了** 一 半 **了**。
Sólo voy por la mitad de este libro.

zhè běn shū wǒ zhǐ kàn **guò** yí bàn
这 本 书 我 只 看 **过** 一 半。
Sólo he leído la mitad de este libro.

Veamos un ejemplo concreto. En esta primera oración la experiencia ya forma parte del pasado. El hablante ya no vive donde indica.

wǒ duì nà ér hěn shú   wǒ zài nà ér zhù guò wǔ nián
我对那儿很熟，我在那儿住**过**五年。

Conozco mucho ese sitio, estuve viviendo allí cinco años.

Puede reforzar la idea añadiendo de modo opcional 曾经, con el significado de **antes** o **anteriormente** a la oración:

wǒ duì nà er hěn shú   wǒ **céng jīng** zài nà er zhù guò wǔ nián
我对那儿很熟，我**曾经**在那儿住**过**五年。

Conozco mucho ese sitio, antes estuve viviendo allí cinco años.

En la siguiente oración sabemos que ha vivido en el lugar cinco años, pero no sabemos si forma parte del pasado y ya no vive allí o si todavía continua viviendo.

wǒ duì nà er hěn shú   wǒ zài nà er zhù **le** wǔ nián
我对那儿很熟，我在那儿住**了**五年。

Conozco mucho ese sitio, he estado viviendo allí cinco años.

Sin embargo, añadiendo un 了 se está indicando que la acción continua:

wǒ duì nà er hěn shú   wǒ zài nà er zhù **le** wǔ nián **le**
我对那儿很熟，我在那儿住**了**五年**了**。

Conozco mucho ese sitio, he estado viviendo allí cinco años.

Puede reforzar la última idea añadiendo un **ya** a la oración:

wǒ duì nà er hěn shú   wǒ zài nà er **yǐ jīng** zhù **le** wǔ nián **le**
我对那儿很熟，我在那儿**已经**住**了**五年**了**。

Conozco mucho ese sitio, ya he estado viviendo allí cinco años.

De modo que, mientras 过 remarca que una experiencia ha ocurrido en el pasado, forma ya parte de él, la partícula 了 pone énfasis en la realización de una acción y en que esta ya ha sido completada.

Otro ejemplo que puede ayudarle a acabar de discernir entre cómo usar ambas partículas. En las oraciones construidas con 了 todavía nos encontramos en vacaciones de verano y todavía es posible leer algo más, mientras que con 过 las vacaciones ya han concluido y el número de libros leídos es ya una cifra definitiva.

zhè ge shǔ jià nǐ dú **le** jǐ běn shū le
—这个暑假你读**了**几本书了?

¿Cuántos libros llevas leídos este verano?

wǒ yǐ jīng dú **le** sān běn shū le
—我已经读**了**三本书了。

Ya he leído tres libros.

zhè ge shǔ jià nǐ dú **guò** jǐ běn shū
—这个暑假你读**过**几本书?

¿Cuántos libros has leído durante el verano?

wǒ dú **guò** sān běn shū
—我读**过**三本书。

He leído tres libros.

Otra diferencia entre ambas partículas es que las oraciones con 了 implican un **resultado determinado** mientras que con 过 no significa necesariamente que se logre un resultado. En la primera oración que sigue, formada con la partícula 了, se indica que ha estudiado chino y como consecuencia lo habla, lo domina o lo ha mejorado mientras que con la oración con 过 no se deduce ningún resultado en concreto. Puedo que lo haya estudiado y ya lo haya olvidado.

tā xué **le** hànyǔ
他学**了**汉语。

Ha estudiado chino.
Ha aprendido chino.

tā xué **guò** hànyǔ
他学**过**汉语。

Ha estudiado chino.

En las siguientes dos oraciones se expresa la idea de que la persona ha conseguido grandes logros.

tā **qǔ dé le** bù xiǎo de chéngjiù
他**取得了**不小的成就。

Ha conseguido grandes logros.

tā **qǔ dé guò** bù xiǎo de chéngjiù
他**取得过**不小的成就。

Ha conseguido grandes logros.

Sin embargo, en la primera oración, construida con 了 se da a entender que o bien aún está consiguiendo muchas cosas o que sus logros anteriores aún tienen efectos sobre su vida actual. En la segunda oración, construida con 过, estos logros o bien ya no tienen efecto alguno en su vida o actualmente ya no está consiguiendo muchos avances. Aunque ambas oraciones son gramaticalmente correctas, su uso no es en absoluto intercambiable y sí existe cierto contexto debe utilizar adecuadamente una u otra partícula de aspecto.

suīrán tā zàishì yè shàng **qǔ dé guò** bù xiǎo de chéngjiù
虽然他在事业上**取得过**不小的成就，
dàn tā xiànzài lián fàn dōu chī bù shàng le
但他现在连饭都吃不上了。

Aunque ha tenido una carrera modesta, ahora no puede ni comer.

tā zàishì yè shàng **qǔ dé le** bù xiǎo de chéngjiù
他在事业上**取得了**不小的成就，
hái gāng mǎi le yì liàng fǎ lā lì
还刚买了一辆法拉利。

Ha tenido un notable éxito en su carrera y acaba de comprarse un Ferrari.

24.1.2 USO CONJUNTO DE 了 Y 过

Aunque en el apartado anterior hemos visto las diferencias de uso entre ambas partículas existe un caso donde puede encontrar la partícula 了 y la partícula 过 en la misma frase.

Cuando la acción **ya ha ocurrido** y se quiere enfatizar la idea de que no es necesario hacerla de nuevo es posible utilizar ambas partículas simultáneamente. No es necesario que la acción no deba realizarse nunca más, será suficiente que **no tenga que realizarse de nuevo durante un periodo de tiempo determinado**. De hecho esta estructura es utilizada con muchas acciones que se realizan diariamente, tales como, comer, beber, llamar por teléfono, tomar una ducha, cepillarse los dientes ... Cuando esto ocurre ambas partículas siguen al verbo en el siguiente orden:

wǒ 我 Nosotros	shuā 刷 Cepillar	guò 过 Partícula	yá 牙 Dientes	le 了
Me he cepillado los dientes.				
Sujeto	*Verbo*	*Partícula*	*Objeto*	*Partícula*

Faltaría añadir una referencia temporal que otorgue cierto contexto a la estructura:

wǒ jīntiān yǐ jīngshuā guò yá le
我今天已经刷过牙了。
Hoy ya me he lavado los dientes.

El **objeto directo** del verbo sigue a 过 y cierra la estructura la partícula 了. El resto de complementos se introducen en la estructura en el orden habitual. Cuando se trata de un verbo divisible se utiliza el mismo orden.

wǒ 我 Yo	gěi tā 给他 A él	dǎ 打 Hacer	guò 过	diàn huà 电话 Llamada	le 了
Lo he llamado.					
Sujeto	*Objeto Indirecto*	*Verbo*	*Partícula*	*Objeto*	*Partícula*

wǒ chī **guò** fàn le

我吃**过**饭了。

He comido.

wǔ fàn wǒ chī **guò** le

午饭我吃**过**了

Ya he almorzado.

tā xǐ **guò** zǎo le

他洗**过**澡了。

Se ha duchado.

zhè běn xiǎo shuō wǒ kàn **guò** le

这本小说我看**过**了。

He leído esta novela.

wǔ fàn wǒ chī **guò** le　nǐ diǎn nǐ zì jǐ de nà fèn jiù hǎo

午饭我吃过了，你点你自己的那份就好。

Yo ya he almorzado, pide lo tuyo.

Además, para enfatizar la idea de que la acción no debe repetirse de nuevo es muy común utilizar esta estructura con el adverbio 已经 , con el significado de **ya**, situado delante del verbo.

wǒ men **yǐ jīng** jiàn **guò** le

我们**已经** 见**过**了。

Ya nos hemos visto.

tā **yǐ jīng** xǐ **guò** zǎo **le**

他**已经**洗**过**澡了。

Ya se ha duchado.

wǒ **yǐ jīng** chī **guò** fàn **le**

我**已经**吃**过**饭**了**。

Ya he comido.

wǒ gěi tā **yǐ jīng** dǎ guò diàn huà le

我给他**已经**打过电话了。

Ya lo he llamado.

wǒ **yǐ jīng** shuā guò **yá** le

我**已经刷**过**牙**了。

Ya me he cepillado los dientes.

wǒ **yǐ jīng** chī **guò** fàn le　jiù bù qù hé nǐ men chī huǒ guō le

我**已经**吃**过**饭了，就不去和你们吃火锅了。

Ya he comido, así que no voy a comer olla caliente con vosotros.

xiǎo lín hái shì hěn chòu　suī rán tā **yǐ jīng** xǐ **guò** zǎo le

小林还是很臭，虽然他**已经**洗**过**澡了。

Lin sigue apestando, aunque ya se ha bañado.

Contenidos relacionados

27.4 Expresando ya con 已经

125

24.2 Usos de la partícula auxiliar 着

La partícula 着, cuenta con cuatro pronunciaciones diferentes, además cada una de ellas corresponde con uso gramatical totalmente diferente.

zhe	zhuó	zhāo	zháo
着	着	着	着

Contenidos relacionados

24.2.1 着 como indicador de tiempo o estado continuo
24.2.2 Expresando acciones simultaneas con la partícula 着¡**Error! Marcador no definido.**
24.2.3 Expresando un estado continuo con la partícula 着
24.2.4 着 en el discurso coloquial
24.2.5 着 como unidad léxica

Además de su función como partícula de aspecto, la partícula 着, también puede aparecer detrás de un verbo o de una oración añadiendo entonces matices de información sobre el resultado o la posibilidad de realizar una acción formando parte de una estructura que constituye un **complemento de potencia o de resultado**. El uso de 着 como complemento de potencia y como complemento de resultado del verbo será discutido una vez introducidos estos dos tipos de complementos.

Contenidos relacionados

26 El complemento de resultado
26.2.2 Introducción al complemento de potencia
26.3.8 Complemento de resultado 着
34 El complemento de dirección
39.2 Complemento de potencia 着

24.2.1 着 *COMO INDICADOR DE TIEMPO O ESTADO CONTINUO*

Una de las funciones principales de la partícula 着 es modificar al verbo para indicar que **la acción se está realizando**, es decir, indica el **aspecto continuo** del verbo de la oración. En este caso es equivalente a nuestro **presente continuo** y habitualmente podemos traducir el verbo que marca utilizando nuestro **gerundio**. Por ejemplo:

lǎoshī hé tóngxué dōu zài děng zhe wǒ men ne
老师和同学都在等着我们呢。
El profesor y los alumnos nos estaban esperando.

Para ello, como ya vimos al tratar la partícula 在, suele aparecer junto a la estructura 正在 y a la partícula modal final 呢.

wǒ zhèngzài tīng zhe yīnyuè ne
我正在听着音乐呢。
Estoy escuchando música.

Contenidos relacionados

11.2 Expresando acciones continuas con 在

Cualquiera de las cuatro partículas 正, 在, 着 o 呢 puede ser omitida sin que la oración sufra un cambio de significado importante:

wàimiàn yǔ zhèngxià zhe ne   xiànzàijiùbié chū qù le
外面雨正下着呢，现在就别出去了。
wàimiàn yǔ zhèngxià zhe   xiànzàijiùbié chū qù le
外面雨正下着，现在就别出去了。
Está lloviendo, no salgamos ahora.

Las siguientes dos oraciones significan lo mismo pero en cada una de ellas se enfatiza un aspecto diferente de la acción. En la primera, donde se usa 着 se enfatiza el estado continuo de la acción mientras que con 在 se resalta que se trata de una acción en progreso.

tā men gāogāoxìngxìng de chàng zhe gē
他们高高兴兴地唱着歌。
tā men gāogāoxìngxìng de zài chàng gē
他们高高兴兴地在唱歌。
Cantaban con mucho ánimo.
Cantan con mucho ánimo.

bié dǎ rǎo tā　tā shuì **zhe** jiào ne
别打扰他，他睡**着**觉呢。

No le molestes, está durmiendo.

nǐ jìn lái de shí hòu　　tā **zhèng** kàn **zhe** diàn shì
你进来的时候，他**正**看**着**电视。

Cuando viniste, él estaba viendo la televisión.

tā **zhèng zài** tīng **zhe** guǎng bō
他**正在**听**着**广播。

Él está escuchando la radio.

wǒ qù zhǎo tā de shí hòu　　tā **zhèng** zuò **zhe** liàn xí ne
我去找他的时候，她**正**做**着**练习呢

Estaba haciendo sus ejercicios cuando fui a verlo

24.2.2 *EXPRESANDO ACCIONES SIMULTANEAS CON LA PARTÍCULA* 着

En este caso, la partícula 着 aparece como el sufijo de un verbo de una oración subordinada para indicar que dicha acción ocurre al mismo tiempo que la acción descrita por el verbo de la oración principal. Así pues, realiza la función de **nexo** entre verbos en oraciones subordinadas e indica **simultaneidad**. Existen tres tipos de oraciones en las que 着 adquiere esta función:

Tiempo simultáneo entre los verbos

La primera de ellas expresa **tiempo simultáneo** entre los verbos, sin añadir ningún otro significado a la oración.

dì dì **chī zhe** píng guǒ **zuò** zuò yè
弟弟**吃着**苹果**做**作业。

Mi hermano está comiendo una manzana y haciendo los deberes.

wǒ men bù néng **dǎ zhe** diàn huà **kāi chē**
我们不能**打着**电话**开车**。

No podemos llamar por teléfono mientras estamos conduciendo.

mèi mèi **xiào zhe** duì wǒ **shuō** zài jiàn
妹妹**笑着**对我**说**再见。

Mi hermana sonríe y se despide de mí.

Describe cómo se desarrolla la acción o el método o medio como se produce la acción principal

Mediante el uso de la partícula 着 se puede expresar que el primer verbo sirve como **método** o **medio** para cumplir el segundo. En algunos casos esta misma construcción describe cómo se desarrolla la acción principal.

tā men	zhàn	zhe	liáotiān
他们	站	着	聊天
Ellos	Estar de pie		Charlar
Están de pie charlando.			
Sujeto	Verbo	Partícula	Verbo

Lo único que debe tener en cuenta es que el **primer verbo** es el que describe cómo se desarrolla la acción y realiza una función **descriptiva** y es el segundo verbo el que menciona la acción principal. En muchos casos el primer verbo queda así modificado para pasar a ser el equivalente de nuestro **participio**.

tā zuò **zhe** kànshū
她坐**着**看书。
Está sentado leyendo.

tā píngshí **zuò zhe** chī fàn
他平时**坐着**吃饭。
Él suele comer sentado.

wǒ men de lǎoshī **zhàn zhe** shàng kè
我们的老师**站着**上课。
Nuestros profesores dan clases de pie.

tā **tǎng zhe kàn** diànshì
他**躺着看**电视。
Ve la televisión acostado.

Haciendo uso de la misma estructura se puede expresar que el **primer verbo sirve como método o medio para cumplir el segundo**, que es el objetivo de la oración. Por ejemplo:

tā	máng	zhe	zhǔn bèi	chī fàn
他	忙	着	准备	吃饭
Él	Ocupado		Preparar	Comida
Está ocupado preparándose la comida				
Sujeto	Verbo	Partícula	Verbo	Complemento

tā xiànzài méi shíjiān tā zhèngzài mángzhe zhǔnbèi chī fàn
他现在没时间，他正在忙着准备吃饭。

Ahora no tiene tiempo, está ocupado preparándose la comida.

wǒmen qí zhe zìxíngchē huí xuéxiào
我们骑着自行车回学校。

Volvimos en bicicleta a la escuela.

tāmen kāi zhe chē chū qù le
他们开着车出去了。

Salieron conduciendo.

Indicar que una acción se ha repetido a lo largo del tiempo

En la tercera de ellas se utiliza la partícula 着 siguiendo la siguiente estructura para indicar que una **acción se ha repetido** a lo largo del tiempo y, como **consecuencia** de ello, ha dado paso posteriormente a una nueva o a un cambio en el estado del sujeto vinculado a la acción que describe el verbo.

zǒu	zhe	zǒu	zhe	jiù	lèi	le
走	着	走	着	就	累	了
Andar		Andar			Cansado	
Andando andando acabé cansado. / Estaba cansado por la caminata.						
Verbo	Partícula	Verbo	Partícula	Adverbio	Acción / Estado	Partícula

Con los siguientes ejemplos quedará más claro su uso:

wǒ kàn zhe kàn zhe jiù shuì zháo le
我看着看着就睡着了。

Me quedé dormido mirando.

liáo zhe liáo zhe hěn kuài jiù dào le
聊着聊着很快就到了。

Charlando charlando, llegamos muy pronto.

wǒmen yí lù zhèyàng zǒu zhe zǒu zhe tiānsè jiù àn le xià lái
我们一路这样走着走着天色就暗了下来。

Tras tanto caminar y caminar, se ha hecho de noche.

Contenidos relacionados

27.6 Usos de 就

130

La negación

Su forma negativa se construye anteponiendo 没有 al verbo principal:

tā 他 Él	méi yǒu 没有 No	zuò 坐 Sentarse	zhe 着	kàn 看 Ver	diàn shì 电视 Televisión
No se sentó a ver la televisión					
Sujeto		Verbo	Partícula	Verbo	Objeto

La interrogación

Mientras que en la forma interrogativa 没有 sigue a 着:

tā 他 Él	zuò 坐 Sentarse	zhe 着	kàn 看 Ver	diàn shì 电视 Televisión	méi yǒu 没有 No
¿Se sentó a ver la televisión?					
Sujeto	Verbo	Partícula	Verbo	Objeto	Fórmula interrogativa

24.2.3 EXPRESANDO UN ESTADO CONTINUO CON LA PARTÍCULA 着

着 además de indicar **continuidad** también puede señalar que el verbo permanece en un **estado continuo tras la acción**, es decir nos indica que el verbo marcado con 着 presenta un **estado que se mantiene en el tiempo**. Con un ejemplo quedará algo más claro. El verbo 开, significa **abrir**, pero al añadir la partícula 着 nos indica que el verbo presenta un **estado que se va a mantener en el tiempo**, es decir nos indica que la puerta está abierta. Observe también que al utilizar 开着, estamos convirtiendo al verbo en un **adjetivo** para indicar que algo **está abierto**, que sigue en cierto estado (abierta) debido a una acción previa.

| k ā i
开
Abrir
Acción | k ā i   zhe
开着
Está abierta
Estado |

ménkāizhe
门开着。
La puerta está abierta

méngūanzhe
门关着。
La puerta está cerrada

Observe la diferencia entre estas dos frases para acabar de comprender la sutileza que introduce la partícula 着 en las oraciones de este tipo.

chuāngkāizheméiyǒu
窗 开着没有?
¿Está la ventana abierta?

chuāngkāi le ma
窗 开了吗?
¿Se ha abierto la ventana?

Sin embargo, no todos los verbos pueden utilizarse de este modo. Solo aquellos que indican un **cambio de estado** o describen una **postura**, tales como:

zhà n 站 Estar de pie	tǎng 躺 Tumbarse	zuò 坐 Sentarse	cún 存 Guardar	fà ng 放 Poner	guà 挂 Colgar	tī ng 听 Escuchar

A menudo, esta estructura se complementa con el uso de la partícula 呢 al final de la oración.

jìnláiba   ménkāi**zhe ne**
进来吧, 门开**着呢**。
Entra, la puerta está abierta.

zhè me wǎn le wū zi lǐ de dēng hái liàng zhe ne
这么晚了屋子里的灯还亮着呢。

Con lo tarde que es y la luz de la habitación sigue encendida.

Contenidos relacionados

30.7 Uso de 着 junto a 呢

De manera muy similar a lo expuesto anteriormente en este punto, 着 indica **persistencia en una oración imperativa**. Indica de manera sutil que tras realizar la acción, esta debe continuar en el tiempo.

qǐng bǎ shǒu diàn ná zhe
请，把手电拿着。

Coge la lampara. (y no la sueltes.)

bǎ cài liú zhe
把菜留着。

Guarda la comida (No la tires ni te la comas.)

Por este motivo 着 también se usa en la mayoría de verbos que expresan la idea de **llevar puesto algo.**

chuān zhe pí xié
穿着皮鞋

Llevar zapatos de cuero

dài zhe mào zi
戴着帽子

Llevar un sombrero

tā zhèng zài chuān dà yī
他正在穿大衣。

Se esta poniendo el abrigo.

tā chuān zhe dà yī
他穿着大衣。

Lleva puesto un abrigo.

Contenidos relacionados

25.6 Diferencias de uso entre 穿 y 戴

Su forma negativa y su forma interrogativa se construyen como en los siguientes ejemplos:

diàn shì kāi zhe méi yǒu
电视开着没有？

¿La televisión está encendida?

nǐ dài zhe hù zhào méi yǒu
你带着护照没有？

¿Has traído tu pasaporte?

diàn shì méi yǒu kāi zhe
电视没有开着。

La televisión no está encendida.

wǒ méi yǒu dài zhe hù zhào
我没有带着护照。

No he traído mi pasaporte.

24.2.4 着 EN EL DISCURSO COLOQUIAL

En el discurso coloquial, 着 también aparece en ciertas estructuras.

Suavizar el tono imperativo

Hay una serie de verbos que tienden a aparecer seguidos de 着 para suavizar el imperativo en el lenguaje coloquial. Así pues, cuando queremos decirle a un amigo **escucha** en un tono suave, es posible utilizar 着 tras el verbo:

nǐ tīng zhe
你听着

Escucha

nǐ kàn zhe　　wǒ gěi nǐ yǎn shì yí biàn
你看着，我给你演示一遍。

Mírame, te lo voy a mostrar.

Sufijo de adjetivos y verbos para construir el grado superlativo

La partícula 着 aparece en la estructura 着呢 como sufijo de adjetivos y verbos para expresar que el adjetivo adquiere un grado **superlativo** o que la acción del verbo se ejecuta con todas sus consecuencias. Este uso se discute más extensamente en el punto gramatical dedicado a los usos de la partícula 呢.

wǒ jiàn yì nǐ xià tiān bié qù nà er　　nà er de rén duō zhe ne
我建议你夏天别去那儿，那儿的人多着呢！

Te recomiendo que no vayas allí en verano, ¡hay muchísima gente!

Contenidos relacionados
___

30.7 Uso de 着 junto a 呢

24.2.5 着 COMO UNIDAD LÉXICA

着 también aparece en numerosas palabras preestablecidas. En muchos de estos casos, 着 cuenta con un significado parecido a **sentir** o **sufrir**.

zháo liáng	zháo huǒ	zháo jí	zháo mí
着凉	着火	着急	着迷
Resfriarse	Prender fuego	Estar preocupado	Aficionarse a

xiàtiānkāikōngtiáoyàoxiǎoxīn**zháoliáng**
夏天开空调要小心**着凉**。
Cuidado con coger un resfriado en verano cuando el aire acondicionado está encendido.

yīnwèitàirè měiniánxiàtiāndōuyǒuhěnduōsēnlín**zháohuǒ**
因为太热，每年夏天都有很多森林**着火**。
Todos los veranos se producen muchos incendios forestales a causa del calor.

tā liánxì bú dàotā de érzi tā hěn**zháojí**
她联系不到她的儿子，她很**着急**。
No puede comunicarse con su hijo y está muy ansiosa.

hěnduōréndōu**zháomí** hánguódiànshì jù
很多人都**着迷**韩国电视剧。
Mucha gente es aficionada a los dramas coreanos.

25 VERBOS

25.1 VERBOS DIVISIBLES, CONSTRUCCIONES VERBO-OBJETO

Debe tener en cuenta que no todos los verbos con más de una sílaba son divisibles. Los verbos divisibles son aquellos que están formados por la union de un verbo y un objeto. Normalmente aparecen en las frases sin un objeto adicional ya que el segundo carácter de los mismos funciona como objeto del primero. En la siguiente tabla puede encontrar los más habituales:

chī fàn 吃饭 Comer	shuì jiào 睡觉 Dormir	táng āng qín 弹钢琴 Tocar el piano	kāi chē 开车 Conducir	pǎo bù 跑步 Correr
yóu yǒng 游泳 Nadar	fā shāo 发烧 Tener fiebre	kàn bìng 看病 Acudir al médico	kāi xué 开学 Empezar la escuela	zhù yuàn 住院 Hospitalizar
pái duì 排队 Hacer cola	dǎ dī 打的 Coger un taxi	dǎ lánqiú 打篮球 Jugar a Baloncesto	shuō huà 说话 Hablar	liáo tiān 聊天 Charlar
bāng máng 帮忙 Ayudar	sàn bù 散步 Pasear	dǎ diàn huà 打电话 Llamar por teléfono	tiào wǔ 跳舞 Bailar	zuò fàn 做饭 Hacer la comida
shēng qì 生气 Enfadarse	guàng jiē 逛街 Ir de compras	tī zú qiú 踢足球 Jugar a Fútbol	jiàn miàn 见面 Encontrarse	zǒu lù 走路 Caminar

chàng gē 唱歌 Cantar	dǔ chē 堵车 Estar en un atasco de tráfico	chū chāi 出差 Ir de viaje de negocios	dǎ zhé 打折 Rebajar Hacer un descuento	guò qī 过期 Expirar
xià yǔ 下雨 Llover	xià xuě 下雪 Nevar	huà zhuāng 化妆 Maquillarse	diǎn cài 点菜 Pedir platos	dǎ jià 打架 Pelearse
shàng kè 上课 Asistir a clase	xià kè 下课 Salir de clase	shàng bān 上班 Ir al trabajo	xià bān 下班 Salir del trabajo	jiā bān 加班 Trabajar horas extras

En muchos casos el objeto resulta superfluo cuando se traduce la oración al español.

chī 吃 Comer	fàn 饭 Comida
Comer	
Verbo	*Objeto*

shuì 睡 Dormir	jiào 觉 Sueño
Dormir	
Verbo	*Objeto*

El verbo comer, está compuesto por 吃 con el significado de **comer** y 饭 abreviatura de 米饭 que tiene el significado de **arroz**. De un modo similar 睡觉 se compone de 睡 **dormir** y 觉, **sueño**.

wǒ chī le yí dùn měi wèi de fàn
我吃了一顿美味的饭。
Comí una comida deliciosa.

nǐ zhēn de xū yào shuì gè hǎo jiào
你真的需要睡个好觉。
Realmente necesitas tener una buena noche de sueño.

生气 tiene el significado de **enfadarse**. Está compuesto por 生 que significa aquí **producir** y 气 que aquí adquiere el significado de **rabia**.

En general, las estructuras básicas que ya conoce pueden seguir aplicándose con los verbos divisibles. Solo deberá emplazar el objeto de la estructura divisible donde normalmente se emplaza el objeto. Además, como ya hemos mencionado antes, estos verbos aparecen en oraciones que no tienen ningún otro objeto. Observe como los siguientes dos ejemplos con 唱歌 y 下雨 siguen la misma ordenación que la sencilla frase : 我喝很多水

我唱歌很多

wǒ **chàng**hěnduō **gē**
我 **唱** 很多**歌**。

Canto un montón de canciones.

下雨很多

xià hěnduō **yǔ**
下 很多**雨**。

Llueve mucho.

También es importante tener claro de que tipo de verbo se trata para formar correctamente estructuras donde intervenga un complemento de estado:

nǐ **kāichē**kāi de hěnkuài
你**开车开**得很快。

nǐ **chē**kāi de hěnkuài
你**车**开得很快。

Conduces muy rápido

tā **chīfàn**chī de hěnduō
他**吃饭吃**得很多。

tā **fàn**chī de hěnduō
他**饭**吃得很多。

Come mucho

Contenidos relacionados
_____

25.1.6 El complemento de estado junto a verbos divisibles

25.1.1 LA FORMA REDUPLICADA DE LOS VERBOS DIVISIBLES

Hemos elegido en este caso verbos donde los caracteres por separado no tienen el mismo significado que cuando forman parte de la combinación que constituye el verbo divisible. Cuando aprenda un nuevo verbo de más de una sílaba pregúntese si es o no divisible y adecue las estructuras que construya a su categorización.

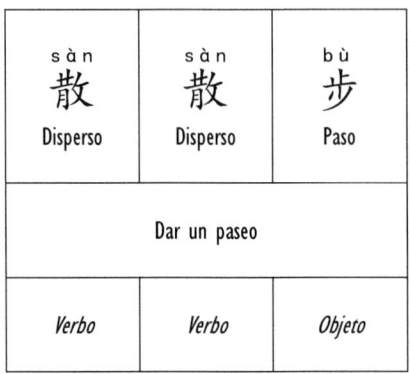

sàn 散 Disperso	sàn 散 Disperso	bù 步 Paso
Dar un paseo		
Verbo	*Verbo*	*Objeto*

chī wán wǎn fàn hòu wǒ men qù **sàn sàn bù** ba
吃完晚饭后我们去**散散步**吧。

Vamos a dar un paseo después de la cena

liáo 聊 Conversación	yì 一	liáo 聊 Conversación	tiān 天 Cielo Día
Charlar			
Verbo	*—*	*Verbo*	*Objeto*

nǐ yīng gāi duō hé nǐ lǎo lao **liáo yì liáo tiān**
你应该多和你姥姥**聊一聊天**

Deberías hablar con tu abuela más a menudo

xiǎo míng xiǎng hé tā mā ma **shuō yì shuō huà**
小明想和他妈妈**说一说话**

Ming quiere hablar con su madre

25.1.2 VERBOS INDIVISIBLES

Aunque algunos verbos de dos sílabas pueden parecerle verbos divisibles, en realidad constituyen una sola palabra que no debe ser separada. En los casos que siguen el segundo carácter no funciona como objeto del primero.

xǐ huān 喜欢 Gustar	xiū xī 休息 Descansar	gōng zuò 工作 Trabajar	lǚ xíng 旅行 Viajar	xué xí 学习 Estudiar
fù xí 复习 Repasar	duàn liàn 锻炼 Hacer ejercicio	bāng zhù 帮助 Ayudar	kǎo lǜ 考虑 Reflexionar	zhǔn bèi 准备 Preparar

Pocos son los verbos de la tabla anterior que aceptan una **reduplicación completa**:

jīn tiān gōng zuò le shí jǐ gè xiǎo shí le　wǒ xiān qù xiū xī xiū xī
今天工作了十几个小时了，我先去休息休息。

Hoy he trabajado más de diez horas, así que voy a tomarme un descanso.

wǒ zài **kǎo lǜ kǎo lǜ** wǒ men zuó tiān huì shàng tǎo lùn de nèi róng
我再**考虑考虑**我们昨天会上讨论的内容。

Voy a pensar en lo que discutimos en la reunión de ayer.

nǐ zài bǎ zuó tiān xué xí de nèi róng **fù xí fù xí**
你再把昨天学习的内容**复习复习**。

Vuelves a repasar lo que estudiaste ayer y lo repasas.

Para el resto de verbos que aparecen en la tabla se prefiere 一下.

Contenidos relacionados
_____

23.1.2 Expresando acciones cortas con 一下 o 一会儿
23.1.4 Expresando acciones cortas mediante la duplicación del verbo

Observe que 帮助 es un verbo indivisible mientras que 帮忙 es un verbo divisible.

nǐ bāng le wǒ hěn dà de máng
你帮了我很大的忙。

Me diste una gran ayuda.

Contenidos relacionados
_____

25.5 Diferencias de uso entre 帮忙, 帮助 y 帮

25.1.3 PARTÍCULAS Y VERBOS DIVISIBLES

La partícula 过 y los verbos divisibles

过 se sitúa detrás del carácter que actúa como verbo y delante del objeto. Siguen a continuación algunos ejemplos. Léalos con atención y acostúmbrese a emplazar la partícula correctamente en estos casos.

wǒ méi yǒu fā **guò** shāo
我没有发**过**烧。
No he tenido fiebre.

nǐ méi kāi **guò** chē
你没开**过**车。
No has conducido un coche.

wǒ méi fā **guò** shāo
我没发**过**烧。
No he tenido fiebre.

nǐ méi yǒu yóu **guò** yǒng
你没有游**过**泳。
No has nadado.

nǐ méi cānjiā **guò** bǐ sài
你没参加**过**比赛。
No has participado en la competición.

tā cóng lái méi chōu **guò** yān
他从来没抽**过**烟。
Nunca ha fumado un cigarrillo.

nǐ méi yǒu kāi **guò** chē
你没有开**过**车。
No has conducido un coche.

wǒ yǐ jīng gēn tā jiàn **guò** miàn le
我已经跟她见**过**面了。
Ya la conocí.

La partícula 了 y los verbos divisibles

No se utiliza muy a menudo y no puede generalizarse a los demás verbos divisibles.

yóu	le	yóu	yǒng
游	了	游	泳
Viaje Excursión		Viaje Excursión	Natación Piscina
Nadar			
Verbo	Partícula	Verbo	Objeto

Sin embargo, de manera muy informal podría escuchar:

wǒ men chī le chī fàn   chàng le chàng gē   tiào le tiào wǔ
我们吃了吃饭， 唱了唱歌， 跳了跳舞。
Comimos, cantamos y bailamos.

25.1.4 *EL COMPLEMENTO DE DURACIÓN Y LOS VERBOS DIVISIBLES*

El complemento de duración temporal también se sitúa entre las dos partes del verbo.

lǎoshī shuō le **hěncháng shíjiān** de huà
老师说了**很长时间**的话。
El profesor habló durante mucho tiempo.

dàwèi zhù le **liǎng gè xīngqī** yuàn
大卫住了**两个星期**院。
David ha estado en el hospital durante dos semanas.

dàwèi yǐjīng zhù le **liǎng gè xīngqī** yuàn le
大卫已经住了**两个星期**院了。
David ya lleva ingresado dos semanas en el hospital.

wǒmen dǔ le **yì xiǎoshí** chē
我们堵了**一小时**车。
Estuvimos en un atasco durante una hora.

tā jiā le **hěncháng shíjiān** bān suǒyǐ tā hěnlèi
他加了**很长时间**班，所以他很累。
Trabajaba muchas horas, así que estaba muy cansado.

wǒ xiǎngxiū **liǎng gè yuè** jiā
我想休**两个月**假。
Quiero tomarme dos meses de descanso.

wǒ bàba dàoshànghǎi chū le **liǎng tiān** chāi
我爸爸到上海出了**两天**差。
Mi padre ha ido de viaje de negocios a Shanghai dos días.

měitiān guàng **yí gè xiǎoshí** de jiē yě shì yì zhǒng hěnhǎo de yùndòng
每天逛**一个小时**的街也是一种很好的运动。
Una hora de compras al día también es un buen ejercicio.

nǐ měitiān **shuì** duō chángshíjiān **jiào**
你每天**睡**多长时间**觉**？
¿Cuánto duerme al día?

Contenidos relacionados
───────────

23.1 Expresando la duración de una acción

25.1.5 EL COMPLEMENTO DE REPETICIÓN Y LOS VERBOS DIVISIBLES

tā zài yínháng **pái** le liǎng cì **duì**
他在银行**排**了两次**队**。
Esperó en la cola del banco dos veces.

nǐ **dǎ** le jǐ cì **zhēn**
你**打**了几次**针**?
¿Cuántas inyecciones has tomado?

xiǎo míng měi zhōu dōu **pǎo** sān cì **bù**
小明每周都**跑**三次**步**。
Xiao Ming corre tres veces por semana.

línlín de wàipó jīnnián yǐjīng **zhù** le hǎo jǐ cì **yuàn** le
林林的外婆今年已经**住**了好几次**院**了。
La abuela de Lin Lin ha sido hospitalizada varias veces este año.

tā měitiān dōu hé tā jiārén **shuō** jǐ gè xiǎoshí de **huà**
他每天都和他家人**说**几个小时的**话**。
Habla con su familia durante horas todos los días.

yù dào fánxīnshì de shíhòu nǐ yīnggāi hé nǐ péngyǒu **liáo** yīhuìer **tiān**
遇到烦心事的时候你应该和你朋友**聊**一会儿**天**。
Deberías hablar con tu amigo cuando las cosas te molestan.

tā zuìjìn **zuò** le hěnduō zhǒng bùtóng de **fàn**
他最近**做**了很多种不同的**饭**。
Últimamente ha estado cocinando muchos tipos de comidas diferentes.

Contenidos relacionados
___

23.2 Expresando la frecuencia de una acción
23.2.4 Indicando el número de veces con 次 *y* 遍
23.2.5 Indicando el número de veces con 回 *y* 趟

25.1.6 EL COMPLEMENTO DE ESTADO JUNTO A VERBOS DIVISIBLES

Para construir una oración comparativa con un verbo divisible debe considerar que el objeto que acompaña al verbo siempre esta presente por su condición de asociado al verbo. Así, el verbo aparece duplicado para introducir el complemento y de nuevo junto a la partícula 得 antes de introducir al complemento de estado que especifica la manera en la que se realiza la acción. Observe la siguiente estructura:

wǒ mā mā 我妈妈 Mi madre	zuò 做 Hacer	fàn 饭 Comida	zuò 做 Hacer	de 得 	hěn 很 muy	hǎo chī 好吃 Sabroso
Mi madre cocina muy bien.						
Sujeto	Verbo	Objeto	Verbo	Partícula	Adverbio de grado	Adjetivo

wǒ gē gē **pǎobù pǎo de** fēichángkuài
我哥哥**跑步跑得**非常 快。
Mi hermano mayor corre muy rápido.

nǐ **kǎnjià kǎn de** tài lìhài le
你**砍价砍得**太厉害了。
Regateas fenomenal.

Contenidos relacionados
_____

25.1 Verbos divisibles, construcciones verbo-objeto
22 El complemento de estado

El primer verbo se puede omitir:

wǒ mā mā 我妈妈 Mi madre	fàn 饭 Comida	zuò 做 Hacer	de 得 	hěn 很 muy	hǎo chī 好吃 Sabroso
Mi madre, la comida, la hace muy sabrosa.					
Sujeto	Objeto	Verbo	Nombre	Adverbio de grado	Adjetivo

Si se desea enfatizar el objeto del verbo este puede preceder al sujeto:

fàn	wǒ mā mā	zuò	de	hěn	hǎo chī
饭	我妈妈	做	得	很	好吃
Comida	Mi madre	Hacer		muy	Sabroso
La comida, mi madre la hace muy sabrosa.					
Objeto	*Sujeto*	*Verbo*	*Nombre*	*Adverbio de grado*	*Adjetivo*

Observe como en este caso la oración se asemeja más en estructura a las oraciones tema - comentario, donde el tema en este caso es también el objeto del verbo.

Contenidos relacionados

15.2 La estructura tema-comentario

Observe como en el caso que nos ocupa sí se produce cierta perdida de información cuando omitimos el objeto. Sin embargo, la estructura es gramaticalmente correcta y puede ser usada cuando el objeto resulta conocido o previsible o bien existe cierto contexto previo.

wǒ mā mā	zuò	de	hěn	hǎo chī
我妈妈	做	得	很	好吃
Mi madre	Hacer		muy	Sabroso
Mi madre (la) hace muy sabrosa				
Sujeto	*Verbo*	*Partícula*	*Adverbio de grado*	*Adjetivo*

En algunos casos cuando se utiliza un verbo divisible donde el objeto resulta conocido, previsible o existe cierto contexto previo no se produce ninguna pérdida de información al omitir el objeto. En las siguientes oraciones se han omitido los objetos de los verbos divisibles 觉, 饭 y 歌 respectivamente.

wǒ **shuì de** hěnhǎo
我**睡得**很好。
He dormido bien.

tā **chī de** hěn
他**吃得**很。
Él come muy rápido.

tā **chàng de** hěnhǎotīng
她**唱得**很好听。
Ella canta muy bien.

La negación

En la negación la estructura verbo-objeto no se modifica. El adverbio de grado (很 / 非常) se sustituye por el adverbio de negación 不.

wǒ mā mā **zuò fàn zuò de** bù hǎo chī
我妈妈**做饭做得**不好吃。
Mi mamá no cocina bien.

wǒ gē gē **pǎo bù pǎo de** bú kuài
我哥哥**跑步跑得**不快。
Mi hermano no corre rápido.

La interrogación

En las preguntas la estructura verbo-objeto no se modifica. Es posible añadir la partícula interrogativa 吗 o 怎么样 al final de la frase para formular la pregunta. Observe que 怎么样 substituirá a todo el complemento de manera mientras que con 吗 debe incluirlo y estará esperando una respuesta básica de sí o no.

tā **chī de** màn ma
他**吃得**慢吗？
¿Come lento él?

tā **chàng de** bù hǎo tīng ma
她**唱得**不好听吗？
¿Ella no canta bien?

mā mā **zuò fàn zuò de** zěn me yàng
妈妈**做饭做得**怎么样？
¿Cómo cocina mi mamá?

wǒ gē gē **pǎo bù pǎo de** kuài ma
我哥哥**跑步跑得**快吗？
¿Mi hermano corre rápido?

25.1.7 EL COMPLEMENTO DE ESTADO EN ESTRUCTURAS COMPARATIVAS CON VERBOS DIVISIBLES

Retomamos en este punto el análisis de las estructuras comparativas vistas con anterioridad para analizar como estas se combinan con un complemento de estado cuando se utiliza un verbo divisible. En esta primera oración se compara la lluvia que ha caído durante el año, pero la oración no describe ninguna acción en concreto.

jīn nián xià de yǔ bǐ qù nián duō
今年下的雨比去年多。
La lluvia que ha caído este año ha sido más que la del año pasado.

En estas dos oraciones 下 actúa como verbo y 雨 es su objeto de modo que la partícula 得 aparece tras el verbo:

jīn nián de **yǔ xià de bǐ** qù nián duō
今年的**雨下得比**去年多。
jīn nián de **yǔ bǐ** qù nián **xià de** duō
今年的**雨比**去年**下得**多。
Este año ha llovido más que el año pasado

Contenidos relacionados

22.2 El complemento de estado y la comparación

25.1.7.1 EL COMPLEMENTO DE ESTADO Y LA COMPARACIÓN CON 比

Ya hemos visto que cuando lo que se compara es la manera o el modo en la que se realiza una acción la partícula **得 aparece detrás del verbo**. En este caso existen dos ordenes válidos que se presentan a continuación.

Forma afirmativa

tā 他 Él	tiào 跳 Bailar	wǔ 舞	bǐ 比	wǒ 我 Yo	tiào 跳 Bailar	de 得	hǎo 好 Bien
Él baila mejor que yo.							
Objeto 1	*Verbo*	*Objeto*	*Partícula Comparativa*	*Objeto 2*	*Verbo*	*Partícula*	*Adjetivo*

xiǎohóng**chàng gē bǐ** xiǎomíng**chàng de** chà
小 红 唱 歌 比 小 明 唱 得 差。
Xiao Hong canta peor que Xiaoming.

nǐ **tiàowǔ bǐ** míngxīng**tiào de** lìhài
你 跳 舞 比 明 星 跳 得 厉害。
Bailas mejor que una estrella.

tā **shuìjiàobǐ** wǒ **shuì de** duō
他 睡 觉 比 我 睡 得 多。
Duerme más que yo

tā **suànshù bǐ** jìsuànqì **suàn de** háikuài
他 算 数 比 计 算 器 算 得 还 快。
Puede contar más rápido que una calculadora

xiǎolín hěnshòu dàn tā **chī fàn bǐ** biérén**chī de** duō
小 林 很 瘦, 但 她 吃 饭 比 别 人 吃 得 多。
Xiao Lin es delgada, pero come más que los demás.

También es posible utilizar esta estructura:

tā 他 Él	tiào 跳 Bailar	wǔ 舞	tiào 跳 Bailar	de 得	bǐ 比	wǒ 我 Yo	hǎo 好 Bien
El baila mejor que yo							
Objeto I	Verbo	Objeto	Adverbio de Negación	Partícula Comparativa	Verbo	Partícula	Adjetivo

xiǎohóng chàng gē chàng de bǐ xiǎomíng chà
小 红 唱 歌 唱 得 比 小 明 差 。
Xiao Hong canta peor que Xiaoming.

nǐ tiàowǔ tiào de bǐ míng xīng lì hài
你 跳 舞 跳 得 比 明 星 厉 害 。
Bailas mejor que una estrella.

tā shuì jiào shuì de bǐ wǒ duō
他 睡 觉 睡 得 比 我 多 。
Duerme más que yo.

tā suàn shù suàn de bǐ jì suàn qì hái kuài
他 算 数 算 得 比 计 算 器 还 快 。
Puede contar más rápido que una calculadora.

xiǎo lín hěn shòu   dàn tā chī fàn chī de bǐ bié rén duō
小 林 很 瘦 ， 但 她 吃 饭 吃 得 比 别 人 多 。
Xiao Lin es delgada, pero come más que los demás.

Forma negativa

他 tā Él	跳 tiào Bailar	舞 wǔ	不 bù No	比 bǐ	我 wǒ Yo	跳 tiào Bailar	得 de	好 hǎo Bien
			Él no baila mejor que yo.					
Objeto 1	Verbo	Objeto	Adverbio de Negación	Partícula Comparativa	Objeto 2	Verbo	Partícula	Adjetivo

xiǎohóng **chàng gē bù bǐ** xiǎomíng **chàng de** chà

小红 唱歌不比小 明 唱 得差

Xiao Hong no canta peor que Xiaoming.

nǐ **tiàowǔ bù bǐ** míngxīng **tiào de** chà

你跳舞不比明 星 跳 得差。

Eres un buen bailarín, no bailas peor que una estrella.

tā **shuì jiào bù bǐ** wǒ **shuì de** duō

他睡 觉不比我睡得多。

No duerme más que yo.

tā **suànshù bù bǐ** jì suànqì **suàn de** kuài

他算数不比计算器算得快。

No puede contar más rápido que una calculadora.

xiǎolín hěn pàng dàn tā **chī fàn bù bǐ** biérén **chī de** duō

小林很胖, 但她吃饭不比别人吃得多。

Xiao Lin es gorda, pero no come más que los demás.

150

De nuevo, la siguiente estructura resulta equivalente:

tā	tiào	wǔ	tiào	de	bù	bǐ	wǒ	hǎo
他	跳	舞	跳	得	不	比	我	好
Él	Bailar		Bailar		No		Yo	Bien
Él no baila mejor que yo.								
Objeto 1	Verbo	Objeto	Adverbio de Negación	Partícula Comparativa	Objeto 2	Verbo	Partícula	Adjetivo

xiǎohóng chàng gē chàng de bù bǐ xiǎomíng chà
小红 唱歌唱得不比 小 明差。
Xiao Hong no canta peor que Xiaoming.

nǐ tiàowǔ tiào de bù bǐ míngxīng chà
你跳舞跳得不比明星差。
Eres un buen bailarín, no bailas peor que una estrella.

tā shuì jiàoshuì de bù bǐ wǒ duō
他睡觉睡得不比我多。
No duerme más que yo.

tā suànshù suàn de bù bǐ jì suànqì kuài
他算数算得不比计算器快。
No puede contar más rápido que una calculadora.

xiǎolín hěn pàng dàn tā chī fàn chī de bù bǐ biérén duō
小林很胖,但她吃饭吃得不比别人多。
Xiao Lin es gorda, pero no come más que los demás.

Contenidos relacionados

22.2.1 El complemento de estado y la comparación con 比

151

25.1.7.2 EL COMPLEMENTO DE ESTADO EN ESTRUCTURAS DE EQUIVALENCIA CON 一样

Observe como en este caso el verbo aparece duplicado

nǐ 你 Tú	gēn 跟	ā yí 阿姨 Tía	zuò 做 Hacer	fàn 饭 Comida	zuò 做 Hacer	de 得	yí yàng 一样 Igual	kuài 快
Cocinas igual de rápido que la tía.								
Objeto 1	跟	Objeto 2	Verbo	Objeto	Verbo	Partícula	一样	Adjetivo

nǐ gēn yáo míng dǎ lánqiú dǎ de yí yàng lì hài
你跟姚明打篮球打得一样厉害。
Eres tan bueno como Yao Ming jugando a baloncesto.

En esta estructura a 一样 también le puede seguir un **adjetivo** que precise algo más en que sentido se parece la acción que se comprara.

nǐ 你 Tú	zuò 做 Hacer	fàn 饭 Comida	gēn 跟	ā yí 阿姨 Tía	zuò 做 Hacer	de 得	yí yàng 一样 Igual	kuài 快
Cocinas igual de rápido que la tía.								
Objeto 1	Verbo	Objeto	跟	Objeto 2	Verbo	Partícula	一样	Adjetivo

nǐ dǎ lánqiú gēn yáo míng dǎ de yí yàng lì hài
你打篮球跟姚明打得一样厉害。
Eres tan bueno como Yao Ming jugando a baloncesto.

Contenidos relacionados

22.2.2 El complemento de estado en estructuras de equivalencia con 一样

25.1.7.3 EL COMPLEMENTO DE ESTADO Y LA COMPARACIÓN CON 没有

Observe que en el caso de verbos divisibles la estructura comparativa con 没有 es análoga a la estructura comparativa cuando el verbo aparece con complemento. En este caso el carácter que actúa como objeto del verbo divisible se sitúa en el mismo lugar que el complemento del verbo indivisible. Veamos un ejemplo concreto con el verbo divisible 加班 que tiene el significado de **trabajar horas extras**.

nǐ	jiā	bān	méi yǒu	wǒ	jiā	de	nà me	duō
你	加	班	没有	我	加	得	那么	多
Tú				Yo				más
No trabajas tantas horas extras como yo.								
Objeto 1	Verbo	Objeto	Verbo	Objeto 2	Verbo	Partícula	这么-那么	Adjetivo

xiǎohóng **jiéhūn méiyǒu** tā mèimèi **jié de** nà me zǎo

小红**结婚没有**她妹妹**结得**那么早。

Xiao Hong no se casó tan pronto como su hermana.

La siguiente estructura también es válida:

nǐ	jiā	bān	jiā	de	méi yǒu	wǒ	nà me	duō
你	加	班	加	得	没有	我	那么	多
Tú						Yo		más
No trabajas tantas horas extras como yo.								
Objeto 1	Verbo	Objeto	Verbo	Partícula	Verbo	Objeto 2	这么-那么	Adjetivo

xiǎohóng **jiéhūn jié de méiyǒu** tā mèimèi nà me zǎo

小红**结婚结得没有**她妹妹那么早。

Xiao Hong no se casó tan pronto como su hermana

Contenidos relacionados

22.2.3 El complemento de estado y la comparación con 没有

25.1.7.4 COMPLEMENTO DE ESTADO COMPLEJO Y ORACIONES CONSECUTIVAS

Del mismo modo que vimos en un punto gramatical anterior también es posible formar **oraciones consecutivas** con verbos divisibles. En este caso el verbo aparece acompañado de su objeto seguido del verbo duplicado y la partícula 得. Tras ella se introduce la **consecuencia**.

wǒ **pǎobù pǎo de** jī hū lèi sǐ le
我跑步跑得几乎累死了。
Corrí tanto que estoy casi agotado.

tā **dǎ diànhuà dǎ de** shǒu jī méi diàn le
他打电话打得手机没电了。
Tanto llamó que su teléfono se quedó sin batería.

tā **fā shāo fā de** bú huì shuō huà le
他发烧发得不会说话了。
Tiene tanta fiebre que no puede hablar.

wàimiàn **xià xuě xià de** bǎ chē dōu mái zhù le
外面下雪下得把车都埋住了
Está nevando tanto que el coche está enterrado.

tā **chàng gē chàng de** sǎng zi dōu yǎ le
她唱歌唱得嗓子都哑了。
Canta hasta que su voz (garganta) está ronca.

wǒ **páiduì pái de** tiān dōu yǐ jīng hēi le
我排队排得天都已经黑了。
He estado haciendo tanta cola que ya ha oscurecido.

xiǎomíng **zǒu lù zǒu de** jiǎo dōu zhǒng le
小明走路走得脚都肿了。
Xiao Ming ha caminado tanto que sus pies se han hinchado.

tā **jiābānjiā de** yǎn jīng dōu zhǒng le
他加班加得眼睛都肿了。
Está haciendo tantas horas extras que sus ojos están hinchados.

Contenidos relacionados

22.3 Complemento de estado complejo y oraciones consecutivas

25.1.8 EL COMPLEMENTO DE RESULTADO Y LOS VERBOS DIVISIBLES

Consulte el punto gramatical dedicado al complemento de resultado para ver como este se emplaza junto a un verbo divisible.

dāng tā **xǐ wán zǎo** hòu   tā xùnsù de chuān shàng le yī fú
当 他 **洗完澡** 后，他 迅速地 穿 上 了衣服。
Cuando acabó de ducharse, se vistió rápidamente.

tā gāng **chàng wán gē**   méi dǎ zhāohū jiù qù le hòutái
他 刚 **唱完歌**，没打 招呼 就去 了后台。
Acabó de cantar y se retiró al backstage sin saludar.

děng wǒ **chī bǎo fàn** wǒ jiù qù shàng kè
等 我 **吃饱饭** 我就去 上 课。
Iré a clase en cuanto haya comido.

děng nǐ men **liáo wán tiān** qǐng nǐ dǎ sǎo yí xià wèi shēng
等 你们 **聊完天** 请你打扫一下卫生 。
Por favor, limpiad cuando hayáis terminado de hablar.

wǒ hái yǒu shí fēn zhōng jiù **zuò hǎo fàn** le
我还有十分 钟 就 **做好饭** 了。
Acabaré de cocinar en diez minutos.

Contenidos relacionados

---

26 El complemento de resultado

25.1.9 OTROS COMPLEMENTOS

El complemento de **cantidad verbal** puede ser usado entre las dos partes del verbo.

wǒ zài zhè er **liáo yí huì er tiān**
我在这儿 **聊一会儿天**。
Estoy aquí para hablar un rato.

má fán nǐ qù bāng wǒ **pái yí xià duì**
麻烦你去 帮 我 **排一下队**。
Por favor, ve y ayúdame a hacer cola.

wǒ xiǎng qù **dǎ yí huì er lánqiú**
我 想 去 **打一会儿篮球**。
Quiero ir a jugar al baloncesto un rato.

tā měi tiān chī wán wǎn fàn dōu **zǒu yí huì er lù**
他每天吃完晚饭都 **走一会儿路**
Camina un rato todos los días después de cenar.

Contenidos relacionados

23.1.2 Expresando acciones cortas con 一下 o 一会儿

25.2 VERBOS CON COMPLEMENTO DIRECTO E INDIRECTO. VERBOS DATIVOS

Como se mencionó en uno de los primeros puntos gramaticales, el mandarín es a menudo clasificado como una lengua de tipo SVO, donde S representa al sujeto, V al verbo y O al objeto, porque **el verbo precede al objeto** en oraciones simples.

El **complemento directo** es el sustantivo que sufre un efecto por parte del verbo o que es creado por la acción de un verbo y este suele seguir al verbo del que depende o por el que se crea:

nǐ 你 Tú	mǎi 买 compras	táng guǒ 糖果 caramelos
Sujeto	*Verbo*	*Complemento Directo*

wǒ chī píngguǒ
我吃苹果。
Como la manzana.

tā kànbàozhǐ
她看报纸。
Ella lee el periódico.

gǒu yǎo māo
狗咬猫。
Los perros muerden a los gatos.

Contenidos relacionados

1.1 Estructura básica de la oración

También vimos en una primera aproximación que cuando la oración lleva **complemento indirecto** este es introducido muchas veces por 给 y dábamos por buenas dos posiciones para el complemento indirecto.

nǐ mǎi táng guǒ **gěi tā**
你买糖果**给他**。
Le compras caramelos.

nǐ **gěi tā** mǎi táng guǒ
你**给他**买糖果。
Le compras caramelos.

El **dativo**, en lenguas como el alemán o el latín, es un caso gramatical, es decir, una de las formas de flexión de los nombres, adjetivos y pronombres en las lenguas donde estos se declinan. El caso dativo marca típicamente el **complemento indirecto**, por lo que sirve para expresar la persona o cosa que recibe el beneficio o perjuicio indirecto de la acción verbal. En español, este complemento responde a las preguntas: **¿a quién?** o **¿para quién?**, formuladas al verbo. Por ejemplo: El niño escribe una carta **a su padre.**

En español los nombres no se declinan por caso como en alemán, solo por género y número. No obstante queda un residuo de flexión para el dativo en los pronombres personales de tercera persona como **le** y **les**, que indican el objeto indirecto: Yo le vi las orejas, Yo les di de comer.

En chino, los nombres no se declinan por caso, tampoco por género ni por número, sin embargo ciertos verbos responden a la pregunta ¿a quién?, es decir marcan el complemento indirecto y habitualmente necesitan del uso de dos complementos, uno directo y otro indirecto. Además, algunos de estos verbos suelen estar relacionados de algún modo con la **acción de dar o entregar** ya que el acto de dar algo lleva asociados otros dos términos además del sujeto, que es el que realiza la acción: uno es el **complemento indirecto o receptor** y el otro es el complemento directo o **objeto dado o entregado.** Es a estos verbos a los que hacemos referencia cuando hablamos de **verbos dativos**.

Algunos verbos aparecen precedidos por 给, otros seguidos de él, algunos pueden utilizar ambas formas, incluso, como aprenderá en breve, algunos de ellos introducen de manera directa el complemento indirecto sin que sea necesario, por lo tanto, añadir preposición alguna entre el verbo y el objeto. Con algunos verbos el uso de 给 es opcional en otros es incluso incorrecto. Lo que no sucede normalmente es que se pueda utilizar el mismo verbo con una u otra estructura de las que se presentarán a continuación indistintamente.

En este punto gramatical, además de repasar las distintas estructuras, comentaremos, utilizando varios verbos como referencia, cual es la mejor manera de emplazar el complemento indirecto. Analizaremos en algunos de estos ejemplos donde reside en la oración el sentido de dar.

También veremos como el verbo seguido de 给 tiene la función de determinar el sentido de dar algo a alguien, y puede utilizarse después de verbos que no tienen un sentido explícito de dar para adjuntarles este sentido.

Mientras avance en la lectura de este punto, tenga siempre en cuenta que el no emplazar correctamente el complemento indirecto en chino y aunque muchas expresiones no resulten correctas, el error que estará cometiendo es más o menos el equivalente a decir en español **Di de comer a ellos** en lugar de **Les di de comer**. O bien, **El niño a su padre escribe una carta** en lugar de **El niño escribe una carta a su padre**. Rara vez se produce una ambigüedad o cambio de significado en la oración cuando este se emplaza incorrectamente.

Si es la primera vez que entra en contacto con estos verbos quizá le baste con recordar algunos usos básicos y sus principales excepciones. Con el tiempo irá emplazando el complemento en el lugar adecuado.

En la **primera estructura** que vamos a presentar el complemento indirecto es introducido por 给 y ambos **anteceden** al verbo principal.

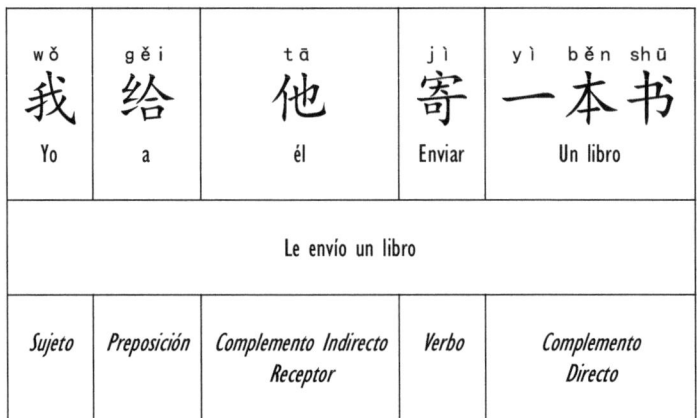

wǒ	gěi	tā	jì	yì běn shū
我	给	他	寄	一本书
Yo	a	él	Enviar	Un libro
Le envío un libro				
Sujeto	Preposición	Complemento Indirecto Receptor	Verbo	Complemento Directo

Recuerde que esta estructura era la aconsejada en anteriores puntos gramaticales para **identificar a la persona a la que va dirigida la acción**.

wǒ **gěi mā mā** mǎi le yì běnshū
我**给妈妈**买了一本书。
Compré un libro para mi madre.

wǒ **gěi mā mā** xiě le yì fēngxìn
我**给妈妈**写了一封信。
Escribí una carta a mi madre.

Contenidos relacionados

13.2 Usos de 给
13.2.2 给 en su función como preposición

nǐ kě yǐ **gěi wǒ** dú yì dú zhè piān wénzhāngma
你可以**给我**读一读这篇文章吗?
¿Puedes leerme este artículo?

wǒ **gěi nǐ** fā duǎnxìn le nǐ zěn me bù huí
我**给你**发短信了,你怎么不回?
Te envié un mensaje, ¿por qué no respondiste?

tā zhàng fū chángcháng **gěi tā** jì ángguì de lǐ wù
她丈夫常常**给她**寄昂贵的礼物。
Su marido le envía a menudo regalos caros.

nǐ yīnggāi **gěi tā** dǎ diànhuà xiàng tā dàoqiàn
你应该**给他**打电话,向他道歉。
Deberías llamarlo y pedirle disculpas.

ā yí yīnggāi **gěi nǐ** dàoqiàn
阿姨应该**给你**道歉。
La tía debería pedirte disculpas.

En la **segunda estructura** el objeto indirecto es introducido de nuevo por 给 pero se sitúa **detrás del verbo**.

wǒ 我 Yo	jì 寄 Enviar	gěi 给 a	tā 他 él	yì běn shū 一本书 Un libro
Le envío un libro.				
Sujeto	Verbo	Preposición	Complemento Indirecto Receptor	Complemento Directo

Recuerde que esta estructura era la aconsejada en anteriores puntos gramaticales cuando 给 actuaba como **preposición** para verbos cuyo significado está relacionado con la acción de **dar**. En este caso suele traducirse por las preposiciones **a** o **para**.

zhè shì wǒ fù mǔ sòng **gěi nǐ** de shēng rì lǐ wù
这是我父母送**给你**的 生 日礼物。
Este es tú regalo de cumpleaños de parte de mis padres.

Contenidos relacionados
_____

13.2 Usos de 给
13.2.2 给 *en su función como preposición*

Por último observe como en esta **tercera estructura** el complemento indirecto precede al directo y este se introduce **directamente tras el verbo**.

wǒ 我 Yo	sòng 送 Enviar Regalar	tā 他 él	yì běn shū 一本书 Un libro
Le regalo un libro			
Sujeto	Verbo	Complemento Indirecto Receptor	Complemento Directo

Observe como en este caso ambos objetos se introducen sin necesidad de preposición o coverbo alguno. Es lo que se conoce como **construcción de doble objeto**, 双宾语结构.

Aquí el verbo actúa exactamente igual que cuando construimos la frase únicamente con 给, donde no aplica ninguna de las dos primeras estructuras presentadas y tiene también una doble función. Como preposición introduce al complemento indirecto o receptor y como verbo es portador del significado de dar. Su estructura es entonces análoga a la de la siguiente oración:

wǒ gěi tā yì běnshū
我给他一本书。
Le doy un libro.

Otras estructuras

En esta estructura el complemento directo aparece delante del sujeto de la oración. Podríamos decir que este constituye el **tema** de la oración y a la vez el complemento directo del verbo.

yóu jiàn 邮件 Correo	wǒ 我 Yo	yǐ jīng 已经 Ya	fā 发 Enviar	gěi 给 a	tā 他 él	le 了
Ya le envié el correo electrónico.						
Complemento Directo	Sujeto	Adverbio	Verbo	Preposición	Complemento Indirecto Receptor	Partícula

zhè jiàn yī fú shì shuí jiè gěi nǐ de
这件衣服是谁借给你的？
¿Quién te ha prestado este vestido?

shì shuí jiè gěi nǐ zhè jiàn yī fú de
是谁借给你这件衣服的？
¿Quién te ha prestado este vestido?

Contenidos relacionados

_____

15.2 La estructura tema-comentario

zhè shù huā shì zuó tiān lǎo gōng sòng gěi wǒ de
这束花是昨天老公送给我的
Este ramo de flores me lo regalo mi marido ayer.

zuó tiān lǎo gōng sòng wǒ yì shù huā
昨天老公送我一束花。
Ayer mi marido me regaló un ramo de flores.

Existe otro modo de alterar el orden del complemento directo. Mediante el uso de 把 es posible desplazar el **complemento directo** a una posición **preverbal**. Aprenderá el modo de usarlo y sus restricciones de uso más adelante. Cuando 给 se usa como verbo es muy propenso a aparecer en estructuras formadas con la partícula 把, y esta se utiliza en este caso para subrayar la importancia de aquello que es entregado.

tā gěi le wǒ yì běn shū
他给了我一本书。
Él me dio un libro.

tā **bǎ** shū gěi wǒ le
他**把**书给我了。
El me dio el libro.

nǐ méi gěi wǒ nà běn shū
你没给我那本书
No me diste ese libro.

nǐ méi **bǎ** nà běn shū gěi wǒ
你没**把**那本书给我。
No me diste ese libro.

tā jiè gěi wǒ le tā de zì xíng chē
他借给我了他的自行车。
Me prestó su bicicleta.

tā **bǎ** tā de zì xíng chē jiè gěi wǒ le
他**把**他的自行车借给我了。
Me prestó su bicicleta.

wǒ **bǎ** zhè běn shū **jì** gěi tā
我**把**这本书**寄**给他。

wǒ **bǎ** zhè běn shū **gěi** tā **jì** guò qù
我**把**这本书**给他寄**过去。
Le envié este libro.

Contenidos relacionados

26.2.2 El complemento de resultado y las oraciones con 把
42 Oraciones con 把
42.1 Condiciones para formar oraciones con 把
42.6 Uso de 把 *en las oraciones con verbos dativos*

En ocasiones 给 puede sustituir a 把. Para ello es necesario que la oración carezca de complemento directo y que esté cerrada por un complemento de resultado y la partícula 了.

jīntiān de dà fēng**gěi**wǒ mendòsnghuài le
今天的大风**给**我们冻坏了。

jīntiān de dà fēng**bǎ**wǒ mendòsnghuài le
今天的大风**把**我们冻坏了。

El vendaval de hoy nos ha dejado helados.

Contenidos relacionados
_____

43.2 给 como substituto de la partícula 把

Como preposición, 给 también es capaz de sustituir a 被 como introductor del **complemento agente** para formar oraciones en voz pasiva.

wǒ zhǒng de shūcàiquángěilǎoshǔchīguāng le
我种的蔬菜全给老鼠吃光了。

Los ratones se han comido las verduras que cultivé.

Contenidos relacionados
_____

41.2 Preposición 给 en la voz pasiva

Las estructuras dativas se pueden **invertir**, pasando el sujeto a convertirse en el receptor utilizando verbos con el significado de **recibir**.

shōu dào

收到

Recibir

dé dào

得到

Recibir

wǒ mǔqīngěiwǒ xiě le yì fēngxìn
我母亲给我写了一封信。

Mi madre me envió una carta.

wǒ **shōudào** le wǒ mǔqīn de yì fēngxìn
我**收到**了我母亲的一封信。

Recibí una carta de mi madre.

shùxué jìngsàigěi le wǒ èrděngjiǎng
数学竞赛给了我二等奖。

En el concurso de matemáticas recibí el segundo premio.

wǒ **dédào** le shùxué jìngsài de èrděngjiǎng
我**得到**了数学竞赛的二等奖

He conseguido el segundo premio en el concurso de matemáticas.

Contenidos relacionados
_____

51.2 La voz pasiva con 受到 y 收到

Verbo 送 y otros verbos que indican entregar algo directamente al destinatario

Los verbos que siguen el patrón de 送 e indican que el dador está **dando directamente algo al receptor** se diferencian de otros verbos en que pueden formar una construcción de doble objeto con la estructura presentada en tercer lugar.

wǒ **gěi nǐ sòng** yì běnshū
我**给你送**一本书。
Te doy un libro.

wǒ **sòng nǐ** yì běnshū
我**送你**一本书。
Te doy un libro.

wǒ **sòng gěi nǐ** yì běnshū
我**送给你**一本书。
Te doy un libro.

En este caso, donde se indica la transferencia de algo de manera directa al receptor, **es posible introducir el complemento indirecto sin utilizar preposición alguna** y utilizar el verbo del mismo modo que lo hacemos con 给.

wǒ **sòng nǐ** yì běnshū
我**送你**一本书。
Te doy un libro.

wǒ **gěi nǐ** yì běnshū
我**给你**一本书。
Te doy un libro.

Contenidos relacionados

13.2.3 Diferencias de uso entre 给 y 送

wǒ **sòng gěi mā mā** yì běnshū
我**送给妈妈**一本书。
wǒ **sòng mā mā** yì běnshū
我**送妈妈**一本书。
wǒ **gěi mā mā sòng** yì běnshū
我**给妈妈送**一本书。
Le regalo un libro a mi madre.

zhè bù shǒujī shì tā **gěi wǒ sòng** de
这部手机是他**给我送**的。
zhè bù shǒujī shì tā **sòng wǒ** de
这部手机是他**送我**的。
zhè bù shǒujī shì tā **sòng gěi wǒ** de
这部手机是他**送给我**的。
Este teléfono móvil me lo regaló él.

zhè kuài shǒubiǎo shì wǒ **gěi zhàngfū sòng** de
这块手表是我**给丈夫送**的
zhè kuài shǒubiǎo shì wǒ **sòng zhàngfū** de
这块手表是我**送丈夫**的。
zhè kuài shǒubiǎo shì wǒ **sòng gěi zhàngfū** de
这块手表是我**送给丈夫**的
Este reloj es el que le regalé a mi marido.

wǒ xiǎng **gěi tā sòng** yì shuāngxié
我想**给她送**一双鞋。
wǒ xiǎng **sòng tā** yì shuāngxié
我想**送她**一双鞋。
wǒ xiǎng **sòng gěi tā** yì shuāngxié
我想**送给她**一双鞋。
Quiero regalarle un par de zapatos.

Encontrará pocas frases donde 送 aparezca con un único complemento. Decir 送你 puede significar **darte**, pero también puede tener el significado de **acompañarte** a tu destino, siendo este último el significado más común. Obviamente, cuando la oración solo tiene un objeto, la presencia o ausencia de 给 puede ayudar a discernir el significado de la frase. Observe el siguiente par de oraciones:

现在太晚了，我送给你回去。
xiànzàitàiwǎn le　wǒ sòngnǐhuíqù
现在太晚了，我送你回去。
Ya es demasiado tarde, te llevaré a casa.

wǒ sòngnǐ yí gè lǐ wù
我送你一个礼物。
wǒ sònggěinǐ yí gè lǐ wù
我送给你一个礼物。
Te doy un regalo

Más allá de resolver esta ambigüedad en casos puntuales, las personas nativas con las que hemos consultado no aprecian que se produzca ningún cambio de significado o tono cuando se usan las distintas estructuras.

Existen ciertas oraciones donde el verbo 送 se utiliza con la primera estructura y aparece precedido de la preposición 给, donde este significa **traer, proveer** o **entregar** algún servicio y 给 introduce al beneficiario del servicio.

tā men shì nà xiē gěinǐ sòngshuǐsòngméiqì de
他们是那些给你送水送煤气的。
Ellos son los que te traen el agua y el gas.

shuízàiménwài　shìnǐ mā mā huí lái le
谁在门外？是你妈妈回来了？
¿Quién está en la puerta? ¿Es tu madre que vuelve?

bù shì　shì sòngniúnǎi de
不是，是送牛奶的。
No, es la entrega de leche.

bù shì　shì gěinǐ sòngniúnǎi de
不是，是给你送牛奶的。
No, es el que te entrega la leche.

Otros verbos en esta misma categoría son:

dì 递 Entregar	jiè 借 Prestar Pedir prestado	huán 还 Devolver

Algo parecido sucede con 借 que tiene dos significados, **prestar** y **pedir prestado**. Sin embargo, 借 seguido de 给 solo puede ser interpretado como **prestar**. Y en este caso 给 elimina la posible **ambigüedad** y tiene la función de calificar al sustantivo que sigue como **destinatario**. Es por este motivo que algunos de los verbos que se mostraron en la tabla del primer volumen llevaban incorporado 给 como si de un verbo de dos sílabas se tratara.

wǒ **jiè** le tā yì běnshū
我**借**了他一本书。
Le presté un libro.
Me ha prestado un libro.

wǒ **jiègěi**tā le yì běnshū
我**借给**他了一本书
Le he prestado un libro.

wǒ **gěi**tā **jiè le** yì běnshū
我**给**他**借了**一本书
Le he prestado un libro.

Pare evitar construir frases ambiguas puede utilizar el verbo 问 para introducir al **prestamista**

wǒ **wèn**tā **jiè** le yì běncídiǎn
我**问**他**借**了一本词典。
Le he pedido prestado el diccionario.

tā **wèn**wǒ **jiè** le yì běncídiǎn
他**问**我**借**了一本词典。
Me ha pedido prestado el diccionario.

wǒ **wèn**wǒ mā **jiè**qián
我**问**我妈**借**钱
He pedido dinero prestado a mi madre.

wǒ **gěi**wǒ mā **jiè** le qián
我**给**我妈**借**了钱
He prestado dinero a mi madre.

wǒ **jiègěi**wǒ mā le qián
我**借给**我妈了钱
He prestado dinero a mi madre

wǒ méiqián le   nǐ kě yǐ **jiè**sānqiānkuài qián**gěiwǒ** ma
我没钱了，你可以**借**三千块钱**给我**吗?
wǒ méiqián le   nǐ kě yǐ **gěiwǒ jiè**sānqiānkuài qiánma
我没钱了，你可以**给我借**三千块钱吗?
wǒ méiqián le   nǐ kě yǐ **jiègěiwǒ**sānqiānkuài qiánma
我没钱了，你可以**借给我**三千块钱吗?
wǒ méiqián le   nǐ kě yǐ **jiè wǒ**sānqiānkuài qiánma
我没钱了，你可以**借我**三千块钱吗?
¿Me puedes prestar 3000 yuanes?

Podría parecer que puede utilizar este verbo con el complemento indirecto en cualquier posición pero si intenta generalizar:

nǐ shén me shí hòu kě yǐ huán wǒ wǒ **jiè gěi nǐ** de zì xíngchē
你 什 么 时 候 可 以 还 我 我**借给你**的 自 行 车?

¿Cuándo vas a devolver la bicicleta que te presté?

Estas dos oraciones son también correctas:

nǐ shén me shí hòu kě yǐ huán wǒ wǒ **jiè nǐ** de zì xíngchē
你 什 么 时 候 可 以 还 我 我**借你**的 自 行 车
nǐ shén me shí hòu kě yǐ huán wǒ wǒ **gěi nǐ jiè** de zì xíngchē
你 什 么 时 候 可 以 还 我 我**给你借**的 自 行 车

Sin embargo, el siguiente ejemplo resulta incorrecto ya que en este caso el complemento debe ir delante del sustantivo al que complementa:

~~你什么时候可以还我我借的自行车给你~~

El verbo 递 que tiene el significado de **entregar** se usa más habitualmente con 给:

tā **gěi wǒ dì** le yì zhāngcánjiù de zhǐ
她**给我递**了一 张 残旧 的 纸。
tā **dì gěi wǒ** yì zhāngcánjiù de zhǐ
她**递给我**一 张 残旧 的 纸。
tā **dì** le yì zhāngcánjiù de zhǐ**gěi wǒ**
她**递**了一 张 残旧 的 纸**给我**。

Me entregó un trozo de papel hecho jirones.

Veamos ahora algunos ejemplos con 还 que tiene el significado de **devolver**:

nǐ **huán** wǒ nà běnshū ba
你**还**我那本书吧。
nǐ **huán gěi wǒ** nà běnshū ba
你**还给我**那本书吧。
nǐ **gěi wǒ huán** nà běnshū ba
你**给我还**那本书吧。
nǐ **huán** nà běnshū **gěi wǒ** ba
你**还**那本书**给我**吧。

Devuélveme ese libro.

míngtiān wǒ huì **gěi nǐ huán** zhè běnshū
明 天 我 会**给你还**这本书。
míngtiān wǒ huì **huán nǐ** zhè běnshū
明 天 我 会**还你**这本书。
míngtiān wǒ huì **huán gěi nǐ** zhè běnshū
明 天 我 会**还给你**这本书。
míngtiān wǒ huì **huán** zhè běnshū **gěi nǐ**
明 天 我 会**还**这本书**给你**。

Mañana te devolveré este libro.

Aunque todas las formas anteriores son correctas suena mucho más natural en este caso construir la oración con 把.

nǐ **bǎ** nà běnshū **huángěiwǒ** ba
你**把**那本书**还给我**吧。
Devuélveme ese libro.

míngtiānwǒ huì **bǎ** zhè běnshū **huángěinǐ**
明天我会**把**这本书**还给你**。
Mañana te devolveré este libro.

Contenidos relacionados
―――――――――――――――

42.6 Uso de 把 en las oraciones con verbos dativos

yǐ yǎn huán yǎn   yǐ yá huán yá
以眼还眼，以牙还牙
Ojo por ojo, diente por diente.

yǒu jiè yǒu huán   zài jiè bù nán
有借有还，再借不难
Si devuelves lo que te han prestado a tiempo, volver a pedir prestado no será difícil.

Sin embargo, el verbo 欠 con el significado de **deber** nunca se utiliza junto a 给.

qiàn
欠
Deber

tā **qiàn**wǒ liǎng ōuyuán
他**欠**我两欧元。
Me debe dos euros.

měiguózhèngfǔ **qiàn**wǒ yí gè jiěshì
美国政府**欠**我一个解释
El gobierno de los Estados Unidos me debe una explicación.

nǐ **qiàn**wǒ de qián   huánbù huán
你**欠**我的钱，还不还？
El dinero que me debes, ¿me lo vas a devolver?

wǒ **qiàn**nǐ mentàiduō le
我**欠**你们太多了！
Os debo mucho.

El verbo 留 tiene, entre otros, el significado de **dejar.** Con este significado debe utilizarse con 给

liú

留

Dejar

shuǐguǒ **liú gěi** péngyǒuba　　wǒ bù è
水果**留给**朋友吧，我不饿。

shuǐguǒ **gěi** péngyǒu **liú** zhe ba　　wǒ bù è
水果**给**朋友**留**着吧，我不饿。

~~水果留朋友吧，我不饿~~

Déjele la fruta a su amigo, yo no tengo hambre.

wǒ jīntiānjiābān　　nǐ bié **gěi wǒ liú** wǎnfàn le
我今天加班，你别**给我留**晚饭了。

wǒ jīntiānjiābān　　nǐ bié **liú** wǎnfàn **gěi wǒ** le
我今天加班，你别**留**晚饭**给我**了。

wǒ jīntiānjiābān　　wǎnfànbié **gěi wǒ liú** le
我今天加班，晚饭别**给我留**了。

Hoy trabajaré hasta tarde, no me dejes la cena.

Suena un tanto extraño:

wǒ jīntiānjiābān　　nǐ bié **liú gěi wǒ** wǎnfàn le
我今天加班，你别**留给我**晚饭了。

Y resulta completamente incorrecto:

~~我今天加班，你别留我晚饭了。~~

留 puede utilizarse sin 给 pero en este caso adopta otros significados como **quedarse** o **retener**.

jīntiānxià yǔ　　wǒ **liú** zàijiā lǐ
今天下雨，我**留**在家里。

Hoy llueve. Me quedo en casa

wǒ **liú** bú zhù nǐ le　　rúguǒ nǐ xiǎngzǒu de huà jiùzǒuba
我**留**不住你了，如果你想走的话就走吧。

No te puedo retener. Si quieres vete.

wǒ xiǎng **liú** nǐ zàiwǒ jiāzhù jǐ tiān
我想**留**你在我家住几天。

Me gustaría que te quedaras en mi casa durante unos días.

Verbo 告诉 y otros verbos relacionados con la comunicación

Cierto tipo de verbos que se refieren a la comunicación verbal, como 告诉, pueden considerarse como una entrega de información al receptor. De modo que, de algún modo u otro, están relacionados con la acción de dar.

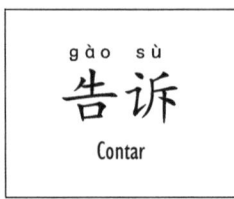

gào sù
告诉
Contar

Estos verbos pueden utilizarse de la misma manera que el verbo 送 e **introducir al complemento indirecto directamente** sin necesidad de utilizar 给. De hecho, es muy común utilizarlo de este modo para elevar el tono en una discusión con el sentido de **te advierto**.

wǒ gàosù nǐ
我告诉你!

Te advierto

En muy contadas ocasiones aparece acompañado únicamente por un complemento directo y es mucho más habitual encontrarlo utilizado con la tercera estructura:

wǒ gàosù yì jiàn shì
我告诉一件事。

Cuento una cosa.

wǒ gàosù nǐ yì jiàn shì
我告诉你一件事。

Te cuento una cosa.

Podríamos decir entonces que 告诉 está estrechamente relacionado con el destinatario, y que es principalmente una acción que no se refiere al **qué** sino al **quién**.

La construcción de estas oraciones con la primera estructura resulta algo extraña:

我给你告诉一个秘密

Te voy a contar un secreto.

Aunque en ocasiones la construcción con otras estructuras es posible, siempre es preferible utilizar estos verbos sin 给:

wǒ gàosù gěi nǐ yí gè mì mì
我**告诉给**你一个秘密。
wǒ gàosù nǐ yí gè mì mì
我**告诉**你一个秘密。
wǒ gàosù yí gè mì mì gěi nǐ
我**告诉**一个秘密**给**你。

Te voy a contar un secreto.

她告诉给我他不来
tā gàosù wǒ tā bù lái
她**告诉**我他不来。

Ella me ha dicho que él no viene.

170

xiànzài wǒ méiyǒu xīnqíng **gàosù nǐ** zhè ge

现在我没有心情**告诉你**这个。

Ahora no estoy de humor para decírtelo.

Otras verbos que se refieren a la comunicación verbal también siguen este patrón y pueden introducir el complemento indirecto sin necesidad de 给:

jiāo	bào gào	tí xǐng	tōng zhī	wèn	jiào
教	报告	提醒	通知	问	叫
Enseñar	Informar	Advertir de Llamar la atención sobre	Comunicar	Preguntar	Llamar

tā **tōngzhī wǒ** tā bù qù le

他**通知我**他不去了。

Me ha dicho que él no va.

shì wǒ **tōngzhī nǐ** lái de

是我**通知你**来的。

Fui yo quien te dijo que vinieras.

yǒushì shí huì **tōngzhī nǐ** de

有事时会**通知你**的

Te lo haré saber si pasa algo.

yǒuxiē rén yǐjīng **tíxǐng** guò **wǒ** bú yào zhèyàng zuò

有些人已经**提醒**过**我**不要这样做。

~~有些人已经提醒过给我不要这样做。~~

~~有些人已经给我提醒过不要这样做。~~

Algunas personas ya me advirtieron que no actúe así.

wǒ xiǎng **tíxǐng nǐmen** yíxià wǒmen yǐjīng tǎolùn guò zhè ge wèntí le

我想**提醒你们**一下我们已经讨论过这个问题了。

~~我想提醒给你们一下我们已经讨论过这个问题了。~~

~~我想给你们提醒我们已经讨论过这个问题了。~~

Me gustaría recordarles que ya hemos discutido este asunto.

Estos verbos se encuentran a menudo en oraciones con 把.

wǒmen děi **bàogào** gěi tāmen zhè ge jīngrén de xiāoxī

我们得**报告**给他们这个惊人的消息。

wǒmen děi **bǎ** zhè ge jīngrén de xiāoxī **bàogào** gěi tāmen

我们得**把**这个惊人的消息**报告**给他们。

Tenemos que informarles de esta increíble noticia.

Contenidos relacionados

---

42 Oraciones con 把

42.6 Uso de 把 en las oraciones con verbos dativos

问, con el significado de **preguntar** debe introducir el complemento indirecto sin usar 给:

~~给他问路~~

~~问给他路~~

wèn tā lù
问他路。

Pregúntale la calle.

~~我想问给你一件事。~~

wǒ xiǎng **wèn nǐ** yǐ jiàn shì
我 想 **问你**一件事。

Quiero preguntarte algo.

Sin embargo, 教 cuyo significado es **enseñar** es algo más flexible que otros verbos de esta categoría y puede encontrarse utilizado con las tres estructuras:

wǒ **jiāo nǐ men** zhōngwén
我 **教你们** 中 文。

wǒ **jiāo** zhōngwén **gěi nǐ men**
我 **教** 中 文**给你们**。

wǒ **gěi nǐ men jiāo** zhōngwén
我 **给你们 教** 中 文。

Os enseño chino.

wǒ xiǎosíhòu bàbà tiāntiāndōu **gěi wǒ jiāo** rúhé jiějuéshùxuéwèntí
我 小时候, 爸爸天天都**给我教**如何解决数学问题。

wǒ xiǎosíhòu bàbà tiāntiāndōu **jiāo gěi wǒ** rúhé jiějuéshùxuéwèntí
我 小时候, 爸爸天天都**教给我**如何解决数学问题。

wǒ xiǎosíhòu bàbà tiāntiāndōu **jiāo wǒ** rúhé jiějuéshùxuéwèntí
我 小时候, 爸爸天天都**教我**如何解决数学问题。

Cuando era niño, mi padre cada día me enseñaba a resolver los problemas de matemática.

叫 tiene varios significados y no todos ellos deben usarse del mismo modo. Únicamente se puede utilizar sin 给 cuando tiene el significado de **ser llamado**. Observe en cambio cuando se usa con el significado de llamar junto a taxi.

~~老公叫给我小熊猫~~

~~老公叫小熊猫给我~~

~~老公给我叫小熊猫~~

lǎogōng **jiào wǒ** xiǎoxióngmāo
老公 **叫我** 小 熊 猫。

Mi marido me llama pequeño panda.

wǒ **gěi tā** jiào yǐ liàngchū zū chē
我 **给他** 叫一 辆 出租车。

wǒ jiào **gěi tā** yǐ liàngchū zū chē
我 叫 **给他** 一 辆 出租车。

wǒ jiào yǐ liàngchū zū chē **gěi tā**
我 叫一 辆 出租车**给他**。

~~我叫他一辆出租车。~~

Pido un taxi para él

Consulte también otros usos de 叫 como verbo causativo en:

Contenidos relacionados

44.2 Los verbos causativos

De lo expuesto anteriormente no debe deducir que todos los verbos relacionados con la comunicación puedan ser usados del mismo modo. Así, 说 y 讲 sí pueden utilizarse con la primera estructura.

De hecho, 说 no puede usarse introduciendo directamente al destinatario, y por lo tanto no puede utilizarse con la tercera estructura. Observe como en el siguiente ejemplo, donde se utiliza 说他, 说 no tiene el significado de **decir** y su combinación con 他 no significa decirle sino **culparle**, 责怪他.

fāng fāng méi yǒu zài rènzhēn xiě zuò yè　　mā ma yòu zài **shuō tā** le
芳 芳 没 有 在 认 真 写 作 业， 妈 妈 又 在 **说 她** 了。
Fang Fang no esta haciendo los deberes atentamente y su madre le está riñendo de nuevo.

mā ma **gēn** fāng fāng **shuō tā** yīng gāi rènzhēn de zuò zuò yè
妈 妈 **跟** 芳 芳 **说 她** 应 该 认 真 地 做 作 业。
mā ma **shuō** fāng fāng yīng gāi rènzhēn de zuò zuò yè
妈 妈 **说** 芳 芳 应 该 认 真 地 做 作 业。
Mamá le dijo a Fang Fang que debe hacer los deberes atentamente.

Observe como en el ejemplo anterior es 跟 y no 给 quien introduce al complemento indirecto:

~~妈妈给芳芳说应该认真地做作业~~

La acción indicada por 说 no requiere necesariamente un destinatario y hace referencia principalmente al **acto de hablar en sí mismo**, más que a la transmisión de información. De hecho, 说 también puede significar hablar con uno mismo, sin necesidad de un oyente.

Puede encontrar alguna frase con el verbo 说 seguido de 给 y el complemento indirecto pero en este caso casi siempre aparece junto al verbo 听. En este tipo de oraciones el verbo 说 sí adquiere el significado de **contar** y es equivalente a 告诉.

zuó tiān fā shēng de shì　　nǐ néng **shuō gěi wǒ tīng** ma
昨 天 发 生 的 事， 你 能 **说 给 我 听** 吗?
nǐ néng **gào sù wǒ** zuó tiān fā shēng le shén me ma
你 能 **告 诉 我** 昨 天 发 生 了 什 么 吗?
¿Puedes contarme qué pasó ayer?

Vemos aquí otro modo de llamar la atención del oyente para tomar la palabra que intuimos esta relacionado con lo que acabamos de comentar:

nǐ tīng wǒ shuō
你 听 我 说。
Escúchame.

讲 es otro verbo que tiene el significado de **contar** o **explicar**. Al igual que 说 puede aparecer acompañado de 听 pero en este caso su presencia es opcional.

wǒ xǐ huān tīng yé yé **gěi wǒ jiǎng** tā nián qīng shí hòu de gù shì
我喜欢 听爷爷**给我讲** 他年轻时候的故事。

~~我喜欢听爷爷讲给我他年轻时候的故事~~

wǒ xǐ huān tīng yé yé **jiǎng** tā nián qīng shí hòu de gù shì **gěi wǒ**
我喜欢 听爷爷 **讲** 他年轻时候的故事**给我**。

wǒ xǐ huān tīng yé yé **jiǎng** tā nián qīng shí hòu de gù shì **gěi wǒ tīng**
我喜欢 听爷爷 **讲** 他年轻时候的故事**给我听**。

~~我喜欢听爷爷讲我他年轻时候的故事~~

Me encanta escuchar a mi abuelo contarme historias de su juventud.

xiǎo shí hòu nǎi nǎi měi tiān dōu **gěi wǒ jiǎng** gù shì
小时候, 奶奶每天都**给我讲** 故事 。

xiǎo shí hòu nǎi nǎi měi tiān dōu **jiǎng** gù shì **gěi wǒ**
小 时候, 奶奶每天都 **讲** 故事**给我** 。

xiǎo shí hòu nǎi nǎi měi tiān dōu **jiǎng** gù shì **gěi wǒ tīng**
小 时候, 奶奶每天都 **讲** 故事**给我听** 。

~~小时候, 奶奶每天都讲给我故事。~~

Cuando era pequeño, mi abuela me contaba cuentos todos los días.

Observe como, de nuevo, en esta oración se usa 跟 y no 给 para introducir al complemento indirecto:

qǐng **gēn** wǒ **jiǎng** zhōng wén
请, **跟** 我 **讲** 中 文。

Por favor, háblame chino.

174

Acabamos esta sección dedicada a verbos relacionados con la comunicación con dos verbos más que significan **explicar**. La oración que se puede formular con 说明 se puede construir normalmente con 解释. A la inversa no siempre es posible y 说明 se utiliza de modo más formal con el significado de **ilustrar**.

shuí néng **gěi wǒ jiě shì** yí xià
谁 能 **给我解释**一下？

shuí néng **jiě shì** yí xià **gěi wǒ**
谁 能 **解释**一下 **给我**？

shuí néng **jiě shì gěi wǒ** yí xià
谁 能 **解释给我**一下？

¿Quién puede explicarme esto claramente?

Coloquialmente también sería aceptable:

shuí néng **jiě shì wǒ** yí xià
谁 能 **解释我**一下？

Un ejemplo con 说明 para cerrar este punto dedicado a los verbos relacionados con la comunicación:

nǐ néng **gěi wǒ shuō míng** yí xià jīntiān zǎochén de huàxué shíyàn ma
你 能 **给我说明**一下今天早晨的化学实验吗？

nǐ néng **shuō míng gěi wǒ** yí xià jīntiān zǎochén de huàxué shíyàn ma
你 能 **说明给我**一下今天早晨的化学实验吗？

nǐ néng **shuō míng** yí xià jīntiān zǎochén de huàxué shíyàn **gěi wǒ** ma
你 能 **说明**一下今天早晨的化学实验**给我**吗？

你能说明我一下今天早晨的化学实验吗

¿Puedes explicarme el experimento de química de esta mañana?

Verbo 寄 y otros verbos con el significado de enviar

Los verbos que como 寄 tienen el significado de enviar por correo pueden ser relacionados con la acción de **dar** o **entregar** algo pero en este caso **a distancia**.

jì
寄
Enviar por correo

Estos verbos pueden, aunque no es lo más habitual, aparecer seguidos únicamente de un complemento directo.

tā měi ge yuè dōu jì qián
他每个月都**寄钱**。
Cada mes enviaba dinero.

cóng xī bānyá wǎng zhōngguó jì wǔ běnshū shì xiāngdāng ángguì de
从西班牙往中国**寄五本书**是相当昂贵的。
Enviar cinco libros desde España hasta China es bastante caro.

Como ya hemos visto cuando hemos presentado las distintas estructuras al inicio de este punto gramatical, cuando el complemento indirecto aparece en la oración este puede introducirse siempre utilizando 给 delante o detrás del verbo incluso, puede añadirse al final de la oración sin que suene del todo mal.

wǒ jì gěi tā yì běnshū
我**寄给他**一本书。

wǒ gěi tā jì yì běnshū
我**给他寄**一本书。

wǒ jì yì běnshū gěi tā
我**寄**一本书**给他**。

wǒ jì tā yì běnshū
我**寄他**一本书。

Le envío un libro.

tā měi ge yuè dōu jì gěi tā wàipó qián
他每个月都**寄给他外婆**钱。

tā měi ge yuè dōu gěi tā wàipó jì qián
他每个月都**给他外婆寄**钱。

tā měi ge yuè dōu jì qián gěi tā wàipó
他每个月都**寄**钱**给他外婆**。

tā měi ge yuè dōu jì tā wàipó qián
他每个月都**寄他外婆**钱。

Cada mes enviaba dinero a su abuela.

Sin embargo, lo más habitual es que los verbos que tienen el significado de enviar algo aparezcan en la mayoría de ocasiones seguidos de verbos como 来、去、出、到 que indican la dirección en la que se produce la transferencia del objeto seguidos del objeto o cosa que se transfiere. En algunas bibliografías a este complemento se le conoce como 趋向成分 que podríamos traducir como **componente convergente**.

wǒ dì dì cóngzhōngguó **gěiwǒ jì lái** le yì běnchā tú bǎn de hónglóumèng
我弟弟从中国**给我寄来**了一本插图版的《红楼梦》。
wǒ dì dì cóngzhōngguó **jì lái** le yì běnchā tú bǎn de hónglóumèng **gěiwǒ**
我弟弟从中国**寄来**了一本插图版的《红楼梦》**给我**。

Mi hermano me envió una edición ilustrada de "Sueño en el pabellón rojo" desde China

A diferencia de los verbos como 送 que indican una **entrega directa** y por lo tanto la acción de dar y la de transferir ocurren simultáneamente, los verbos como 寄 denotan una **entrega indirecta**, donde existe una **distancia espacial y temporal** entre la realización de la acción y la llegada de la cosa al destinatario. Por lo tanto, la realización de la acción se produce fuera de la esfera del dador y es por este motivo que requieren el acompañamiento de este complemento de dirección. La acción se produce acercándose o alejándose del sujeto. Aunque los verbos que siguen el patrón de 送 también pueden aparecer junto a un complemento de dirección o resultado, con los verbos como 寄 esta aparición es casi obligatoria.

dāngwǒ zhùzài lúndūnshí wǒ mǔ qīn **jì gěiwǒ** le liǎnghé jī míngsì dàngāo
当我住在伦敦时，我母亲**寄给我**了两盒鸡鸣寺蛋糕。
dāngwǒ zhùzài lúndūnshí wǒ mǔ qīn **gěiwǒ jì qù** le liǎnghé jī míngsì dàngāo
当我住在伦敦时，我母亲**给我寄去**了两盒鸡鸣寺蛋糕。
dāngwǒ zhùzài lúndūnshí wǒ mǔ qīn **jì qù** le liǎnghé jī míngsì dàngāo **gěiwǒ**
当我住在伦敦时，我母亲**寄去**了两盒鸡鸣寺蛋糕**给我**。

Cuando vivía en Londres mi madre me envió un par de cajas de pasteles del templo Jiming.

Contenidos relacionados

26.2.4 Introducción al complemento de dirección

No existe problema alguno en que estos verbos aparezcan junto a complementos de dirección cuando se utiliza la primera estructura y el complemento indirecto introducido por 给 precede al verbo, sin embargo no pueden utilizarse con la segunda estructura ya que el complemento de dirección tiene que aparecer al igual que 给 inmediatamente después del verbo. Así, cuando se usa la segunda estructura no hay lugar para ambos.

他从邮局寄给家里去了五千元

tā cóngyóujú **jì gěijiā lǐ** le wǔ qiānyuán
他从邮局**寄给家里**了五千元。
tā cóngyóujú **gěijiā lǐ jì qù** le wǔ qiānyuán
他从邮局**给家里寄去**了五千元。
tā cóngyóujú **jì qù** le wǔ qiānyuán **gěijiā lǐ**
他从邮局**寄去**了五千元**给家里**。

Envió 5.000 yuanes a su familia desde la oficina de correos.

~~我妈妈寄给我来了一封信~~

wǒ mā mā **jì gěiwǒ** le yì fēngxìn

我妈妈**寄给我**了一封信。

wǒ mā mā **gěiwǒ jì lái** yì fēngxìn

我妈妈**给我寄来**一封信。

wǒ mā mā **jì lái** le yì fēngxìn**gěiwǒ**

我妈妈**寄来**了一封信**给我**。

Mi madre me envió una carta.

~~每个月，水务局都会寄给我来一张缴款通知书~~

měi ge yuè   shuǐ wù jú dōuhuì **jì gěiwǒ** yì zhāngjiǎokuǎntōngzhīshū

每个月，水务局都会**寄给我**一张缴款通知书。

měi ge yuè   shuǐ wù jú dōuhuì **gěiwǒ jì lái** yì zhāngjiǎokuǎntōngzhīshū

每个月，水务局都会**给我寄来**一张缴款通知书。

měi ge yuè   shuǐ wù jú dōuhuì **jì lái** yì zhāngjiǎokuǎntōngzhīshū**gěiwǒ**

每个月，水务局都会**寄来**一张缴款通知书**给我**。

Cada mes la oficina de aguas me envía un aviso de pago.

En estas oraciones la preposición 给 sólo marca al destinatario de la cosa que se transfiere o se envía y pierde por completo su significado como verbo. La acción viene únicamente especificada en este caso por el verbo y la dirección en la que se produce el envío. El verbo 寄 es el responsable de realizar la transferencia del complemento directo, 给 marca el complemento indirecto, el destinatario y 来 indica la dirección.

¿Es extrapolable a todos los verbos con el significado de **enviar**? Veamos que sucede con dos verbos que también tienen este significado.

fā	fā sòng
发	发送
Enviar	Enviar

Al igual que 寄 puede aparecer únicamente acompañado de un complemento directo:

wǒ gē gē yǐ jīng**fā** le xǔ duōjiǎnlì

我哥哥已经**发**了许多简历。

wǒ gē gē yǐ jīng**fā sòng** le xǔ duōjiǎnlì

我哥哥已经**发送**了许多简历。

Mi hermano ha enviado muchos currículos.

En cuanto a su uso con ambos complementos:

Estas oraciones no pueden ser construidas con 发送. Esto depende básicamente del objeto enviado y no existe un patrón claro que podamos definir

měinián yuándàn　　tā dōu gěi wǒ fā　yí gè hóngbāo
每年元旦，他都给我发一个红包。

měinián yuándàn　　tā dōu fā gěi wǒ　yí gè hóngbāo
每年元旦，他都发给我一个红包。

měinián yuándàn　　tā dōu fā　yí gè hóngbāo gěi wǒ
每年元旦，他都发一个红包给我。

měinián yuándàn　　tā dōu fā wǒ　yí gè hóngbāo
每年元旦，他都发我一个红包。

Todos los años, el día de Año Nuevo, me envía un sobre rojo.

En este otro ejemplo que sigue ambos suenan genial:

wǒ gē gē yǐ jīng gěi sān jiā tā zuì xǐ huān de gōng sī fā sòng le jiǎnlì
我哥哥已经给三家他最喜欢的公司发送了简历。

wǒ gē gē yǐ jīng gěi sān jiā tā zuì xǐ huān de gōng sī fā le jiǎnlì
我哥哥已经给三家他最喜欢的公司发了简历。

Mi hermano ya ha enviado a sus tres empresas favoritas su CV.

Resulta algo extraño pero sigue siendo correcto

wǒ gē gē yǐ jīng fā le jiǎnlì gěi sān jiā tā zuì xǐ huān de gōng sī
我哥哥已经发了简历给三家他最喜欢的公司。

Mi hermano ya ha enviado su CV a sus tres empresas favoritas.

Pero resulta incorrecto:

我哥哥已经发给三家他最喜欢的公司简历

Los siguientes ejemplos, con 电子邮件 se pueden construir tanto con 发 como con 发送:

jì de fā diàn zi yóujiàn gěi wǒ
记得发电子邮件给我。

jì de fā gěi wǒ diàn zi yóujiàn
记得发给我电子邮件。

jì de gěi wǒ fā diàn zi yóujiàn
记得给我发电子邮件。

jì de fā wǒ diàn zi yóujiàn
记得发我电子邮件。

Acuérdate de enviarme un email.

wǒ yě zài yuè　rì gěi gāi gōng sī de dǒngshì fā le yì fēng diàn zi yóujiàn
我也在3月18日给该公司的董事发了一封电子邮件。

También envié un correo electrónico el 18 de marzo al director de la empresa.

Otros verbos de esta categoría donde el complemento indirecto puede ser introducido con 给 y situarse delante o detrás del verbo se recogen en la siguiente tabla:

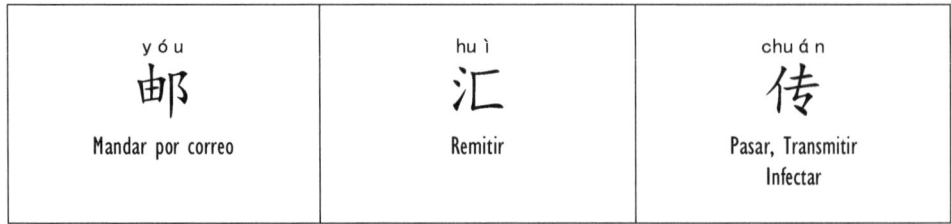

yóu 邮 Mandar por correo	huì 汇 Remitir	chuán 传 Pasar, Transmitir Infectar

zhè shì wǒ yuè rì **yóugěitā** de
这是我6月15日**邮给她**的。

zhè shì wǒ yuè rì **gěitā yóu** de
这是我6月15日**给她邮**的。

zhè shì wǒ **gěitā** yuè rì **yóu** de
这是我**给她**6月15日**邮**的。

zhè shì wǒ yuè rì **yóutā** de
这是我6月15日**邮她**的。

Se lo envié por correo el 15 de junio.

Observe como, de nuevo, cuando aparece junto a 去 el complemento indirecto se desplaza hacia adelante y la oración se forma con la primera estructura:

wǒ yě **gěitā yóuqù** le shǒugōngzhìzuò de hè niánkǎ
我也**给她邮去**了手工制作的贺年卡。

wǒ yě **yóuqù** le shǒugōngzhìzuò de hè niánkǎ **gěitā**
我也**邮去**了手工制作的贺年卡**给她**。

También le envié por correo una tarjeta de Año Nuevo hecha a mano.

lì lì shì guǎ fù le xiànzài tā hěn xū yào qián xiǎomíng chángcháng **gěitā huì** qián
莉莉是寡妇了，现在她很需要钱，小明常常**给她汇钱**。

lì lì shì guǎ fù le xiànzài tā hěn xū yào qián xiǎomíng chángcháng **huì gěitā** qián
莉莉是寡妇了，现在她很需要钱，小明常常**汇给她钱**。

lì lì shì guǎ fù le xiànzài tā hěn xū yào qián xiǎomíng chángcháng **huì** qián **gěitā**
莉莉是寡妇了，现在她很需要钱，小明常常**汇钱给她**。

lì lì shì guǎ fù le xiànzài tā hěn xū yào qián xiǎomíng chángcháng **huì tā** qián
莉莉是寡妇了，现在她很需要钱，小明常常**汇她钱**。

Lilly es ahora viuda. Ahora necesita dinero urgentemente. Xiao Ming le remite a menudo dinero.

tā shēngbìng le tā men **huì** le hěnduō qián **gěitā**
她生病了，他们**汇**了很多钱**给她**。

tā shēngbìng le tā men **huì gěitā** le hěnduō qián
她生病了，他们**汇给她**了很多钱。

tā shēngbìng le tā men **gěitā huì** le hěnduō qián
她生病了，他们**给她汇**了很多钱。

tā shēngbìng le tā men **huì tā** le hěnduō qián
她生病了，他们**汇她**了很多钱。

Estaba enferma y le enviaron mucho dinero.

Verbo 扔

El verbo 扔 significa normalmente **lanzar** o **tirar** algo.

rēng

扔

tā wǎnshàngqù **rēng** le lā jī
他 晚 上 去 **扔** 了 垃 圾。

Salió a tirar la basura de noche.

tā cháotā tóushàng **rēng** le yí kuàishítóu
他 朝 他 头 上 **扔** 了 一 块 石 头。

Le lanzó una piedra a la cabeza.

Cuando no se utiliza con estos significados el verbo 扔, aunque no lleva implícita la acción de dar o entregar nada, puede utilizarse con la primera o segunda estructura junto a 给 que otorga al conjunto de la frase el significado de dar o entregar en entornos informales.

yì tiānliǎngcì   yǒuyí gèrén **rēnggěitā** yì piànmiànbāohé yì diǎn er shuǐ
一 天 两 次，有 一 个 人 **扔 给 她** 一 片 面 包 和 一 点 儿 水。

Dos veces al día, alguien le echaba una rebanada de pan y un poco de agua.

tāmen bāngwánmánghòu   ā yí **gěiměirénrēng** xià yì bǎiyuán
他 们 帮 完 忙 后，阿 姨 **给 每 人 扔** 下 一 百 元。

Después de que hicieran un gran trabajo, la tía les dio cien yuanes a cada uno.

El verbo 扔 no puede ser utilizado con la tercera estructura e introducir directamente al complemento indirecto.

wǒ **gěimā mā rēng** chēyàoshi
我 **给 妈 妈 扔** 车 钥 匙。

wǒ **rēng** chēyàoshi **gěimā mā**
我 **扔** 车 钥 匙 **给 妈 妈**。

wǒ bǎ chēyàoshi **rēnggěimā mā**
我 把 车 钥 匙 **扔 给 妈 妈**。

~~我 把 车 钥 匙 扔 妈 妈~~

Le tiré las llaves del coche a mi madre.

Verbo 写

El verbo 写 significa **escribir** pero si lo combinamos con carta debemos presuponer la existencia de un **destinatario**. En este caso 写 adquiere cierto significado de dar y también significa enviar la carta terminada a la otra persona.

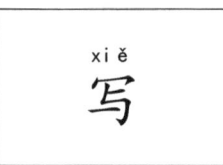

Casi todas las apariciones de 写 junto a la segunda estructura, como en los siguientes ejemplos, tienen la forma de un receptor seguido de 的, siendo el sustantivo que sigue a 的 un escrito como una carta, una nota o incluso un poema.

wǒ kǒudàilǐ yǒutā **xiěgěiwǒ** de xìn
我口袋里有他**写给我**的信。
Tengo la carta que me escribió en el bolsillo.

nà zhāngcánjiù de zhǐshì wǒ zàizhōngxué shí **xiěgěitā de yì shǒushī**
那张残旧的纸是我在中学时**写给她的一首诗**。
Ese trozo de papel hecho jirones era un poema que le había escrito en la escuela secundaria.

También podemos encontrar otros ejemplos donde se utiliza la segunda estructura con 写 sin necesidad de que esté complementando a un substantivo junto a 的.

nǐ **xiěgěiwǒ** nǎinǎijiā **de** dì zhǐ
你**写给我**奶奶家**的**地址。
Escríbeme la dirección de la casa de la abuela.

~~你写我奶奶家的地址~~
nǐ **bǎ** nǎinǎijiā de dì zhǐ**xiěgěiwǒ**
你**把**奶奶家的地址**写给我**。
nǐ **gěiwǒ xiě** yí xiànǎinǎijiā de dì zhǐ
你**给我写**一下奶奶家的地址。
nǐ **xiě** nǎinǎijiā de dì zhǐ**gěiwǒ**
你**写**奶奶家的地址**给我**。
Escríbeme la dirección de la casa de la abuela.

Observe que en este caso se indica que, mediante la acción de escribir, la información de la dirección se transfiere a otros. En este aspecto 写 es similar a 告诉.

25.2.1 LOS VERBOS DATIVOS Y LAS PARTÍCULAS DE ASPECTO

La partícula 了 puede ser omitida cuando aparece con verbos dativos e indica que una acción se ha completado.

wǒ **jiè** le shūshu yì běnshū
我**借**了叔叔一本书。
wǒ **jiègěi**shūshu le yì běnshū
我**借给**叔叔了一本书。
wǒ **jiègěi** le shūshu yì běnshū
我**借给**了叔叔一本书。

Le he prestado un libro a mi tío.

En ocasiones la presencia de un adverbio como 已经 hace necesario que la partícula 了 no pueda ser omitida y esta deba aparecer en la estructura.

wǒ yǐ jīng**huán** le shūshu sānqiānkuài
我已经**还**了叔叔三千块。
wǒ yǐ jīng**huán** le sānqiānkuài **gěi**shūshu
我已经**还**了三千块**给**叔叔。
wǒ yǐ jīng**gěi**shūshu**huán** le sānqiānkuài
我已经**给**叔叔**还**了三千块。

Ya le he devuelto a mi tío tres mil yuanes.

Recuerde que cuando aparecen dos verbos en serie se debe situar la partícula 了 detrás del objeto del segundo verbo.

~~我已经**还了给**叔叔三千块~~
wǒ yǐ jīng**huángěi le shūshu**sānqiānkuài
我已经**还给**了叔叔三千块。

Ya le he devuelto a mi tío tres mil yuanes.

En los ejemplos que siguen a continuación suena algo mejor la primer oración, la segunda no suena muy bien pero sigue siendo correcta. La tercera y cuarta suenan realmente muy extrañas.

tā **gěi tā** zàizhōngguó de péngyǒu**jì** le wǔ běnyǔfǎshū
他**给他**在中国的朋友**寄**了五本语法书。
tā **jì** le wǔ běnyǔfǎshū**gěi tā** zàizhōngguó de péngyǒu
他**寄**了五本语法书**给他**在中国的朋友。
~~他寄给他了在中国的朋友五本语法书~~
~~他寄了给他在中国的朋友五本语法书~~

Mandó cinco libros de gramática a sus amigos de China.

Algo parecido sucede en este ejemplo con el verbo 汇

tā gěi tā wài pó huì le wǔ qiān yuán
他给他外婆汇了五千元。

tā huì le wǔ qiān yuán gěi tā wài pó
他汇了五千元给他外婆。

tā huì gěi tā wài pó le wǔ qiān yuán
他汇给他外婆了五千元。

~~他汇了给他外婆五千元~~

Le mando cinco mil yuan a su abuela.

Contenidos relacionados
_____

11.1.1 Expresando acciones completadas con 了
27.4 Expresando ya con 已经

Además de 了 también pueden aparecer las partículas de aspecto 过 y 在 pero nunca con 着.

tā shēng rì de shí hòu   wǒ men sòng le yí gè dàn gāo
他生日的时候，我们送了一个蛋糕。

En su cumpleaños, le regalamos una tarta.

wǒ mā wèi wǒ zuò le hěn duō shì qíng   wǒ qiàn le tā hěn duō
我妈为我做了很多事情，我欠了她很多。

Mi mamá ha hecho muchas cosas para mi, le debo mucho.

tā jì gěi qī zi le yì zhāng zhào piàn
他寄给妻子了一张照片。

tā gěi qī zi jì le yì zhāng zhào piàn
他给妻子寄了一张照片。

tā jì le yì zhāng zhào piàn gěi qī zi
他寄了一张照片给妻子。

Envió una fotografía a su esposa

nǐ jiè guò yín háng qián méi yǒu
你借过银行钱没有?

¿Le has pedido prestado dinero al banco?

hū bì liè zhèng zài jiāo wǒ men hàn yǔ
忽必烈 正在教 我们汉语。

Kublai nos esta ensañando chino.

25.3 EXPRESANDO PROHIBICIÓN CON 不要 Y 别

En su forma negativa 不要 expresa **prohibición** e incluso puede ejercer como substituto del **imperativo**.

bú yào

不要

qǐng **bú yào** chā duì
请**不要**插队。
No se salte la cola

bú yào shuì jiào
不要睡觉！
¡No te duermas!

bú yào chī tài iduō
不要吃太多。
No comas demasiado.

bú yào zǒu
不要走.
No te vayas.

bú yào xiǎng tài iduō
不要想太多。
No pienses mucho.

bú yào kāi mén
不要开门。
No abras la puerta.

bú yào děng wǒ le
不要等我了。
No me esperes.

bú yào chī bù jiàn kāng de dōng xī
不要吃不健康的东西。
No comas alimentos poco saludables.

bú yào fán wǒ
不要烦我！
¡No me molestes!

bú yào pèng zhè ge
不要碰这个。
No toques esto.

chī fàn de shí hòu **bú yào** shuō huà
吃饭的时候**不要**说话。
Cuando comas, no hables.

shēng qì de shí hòu **bú yào** zuò jué dìng
生气的时候**不要**做决定。
Cuando estés enfadado, no tomes decisiones.

gào sù nǐ de hái zi men **bú yào** pǎo zhe chuān guò dà jiē
告诉你的孩子们**不要**跑着穿过大街。
Diga a sus hijos que no corran por la calle.

kāi chē děng hóng lù dēng shí **bú yào** kàn shǒu jī
开车等红绿灯时**不要**看手机。
Esperando en un semáforo, mientras conduces no mires el móvil.

Es posible añadir el sujeto de manera opcional cuando se trata de 你, 你们 o 您 antes de 不要 como para dar **énfasis** a la orden.

nǐ **bú yào** dòng
你**不要**动！

¡No te muevas!

nín **bú yào** gēn wǒ kè qì
您**不要**跟我客气！

¡No seas demasiado amable y educado conmigo!

También se puede añadir 请 al principio de la frase para resultar más educado.

qǐng **bú yào** pāi zhào
请**不要**拍照。

Por favor, no hagas fotos.

qǐng nǐ men **bú yào** zài zhè lǐ chōu yān
请你们**不要**在这里抽烟。

Por favor, no fuméis aquí.

Al añadir 了 al final de la oración se indica que lo que se está requiriendo es cierto **cambio**. Que la acción que se prohíbe ya se está realizando y se requiere un cambio.

bú yào wán er shǒu jī
不要玩儿手机。

No jugar con el móvil

bú yào zuò fàn
不要做饭。

No es necesario que hagas la comida

bú yào wán er shǒu jī **le**
不要玩儿手机了。

Para de jugar con el móvil

bú yào zuò fàn **le**
不要做饭了。

No cocines más

Contenidos relacionados

_____

10.1 Usos de 要

Para expresar **prohibición** también es posible utilizar la forma del **imperativo negativo** 别 delante del verbo.

bié
别

---

bié bǎ shǒu fàng zài zuǐ lǐ lǐ
别把手 放在嘴里。
No te metas la mano en la boca.

bié fán wǒ
别烦我。
No me molestes

bié chàng gē le   tiào wǔ ba
别 唱歌了， 跳舞吧。
Deja de cantar y baila.

tài wǎn le   **bié** kàn diàn shì le
太晚了，**别**看电视了。
Es demasiado tarde, no veas la televisión.

wǒ xī wàng nǐ **bié** zǒu le
我希望你**别**走了。
Me gustaría que no te fueras.

nǐ **bié** jí   wǒ men zài xiǎng xiǎng bàn fǎ
你**别**急，我们再想 想办法。
No tengas pánico, pensamos una solución.

bié kàn bào zhǐ le   yī shēng shuō nǐ yào duō xiū xī
别看报纸了， 医 生 说你要多休息。
Deja de leer los periódicos, el médico dijo que descansaras mucho.

Contenidos relacionados

1.4 Imperativo

Otras expresiones con 别

bié tí le
别提了。
Ni lo nombres.
No lo menciones.

bié tí le   bù chī dào hǎo   chī le bìng gèng zhòng le
别提了，不吃倒好， 吃了病更 重了。
Ni lo menciones, si no lo hubiera tomado hubiera sido mejor.

dāng hái zi men kàn dào xiǎo míng shí **bié** tí duō gāo xìng le
当孩子们看到小 明时**别**提多高兴了。
No puedes ni imaginar lo contentos que se pusieron los niños al ver a Xiao Ming.

nà shí wǒ hé tā xīn lǐ **bié** tí duō měi le
那时我和他心里**别**提多美了。
No puedes ni imaginar lo contentos que nos hizo en ese momento

bié yǒu yòng xīn

别有用心

Tener un motivo oculto, una agenda oculta.

yào xiǎo xīn bié rén bié yǒu yòng xīn

要小心别人**别有用心**。

Cuidado con las personas con segundas intenciones.

---

bié wú tā yòng

别无他用

No tener ningún otro uso o propósito

zhè ge dōng xī chú le tīng gē bié wú tā yòng

这个东西除了听歌**别无他用**。

Esta cosa no sirve para nada más que para escuchar canciones

---

bié shù yí zhì

别树一帜

Enarbolar la propia bandera en un árbol solitario
Para definir algo muy distinto a todo lo demás utilizado
cuando se habla de un estilo de pensamiento, de vestir...

lǔ xùn zài wén xué shàng de fēng gé bié shù yí zhì

鲁迅在文学上的风格**别树一帜**。

El estilo literario de Lu Xun es único

25.4 EXPRESANDO 'VA A' CON 要...... 了

En la sección dedicada a los verbos modales vimos como el verbo 要 puede tener varios significados según su contexto de uso. Incluso en algunos casos se generaba cierta ambigüedad en su significado que no podíamos traducir siempre de un modo preciso.

wǒ yào mǎi yì tái xīn diàn nǎo
我要买一台新电脑。
Quiero comprar un ordenador nuevo.

míng tiān yào xià yǔ
明天要下雨。
Mañana lloverá.

míng nián wǔ yuè wǒ yào qù cháng shā
明年五月我要去长沙。
El próximo mayo iré a Changsha.

zài yóu yǒng chí lǐ, nǐ yào zhù yì ān quán
在游泳池里, 你要注意安全。
En la piscina hay que tener cuidado.

Contenidos relacionados

10.1.1 Expresando deseo o anhelo con 要
10.1.2 Expresando intenciones con 要
10.1.3 Expresando acciones futuras con 要
10.1.4 Expresando obligación y necesidad con 要

Sin embargo, cuando aparece junto con 了 dicha **ambigüedad desaparece** y la estructura adquiere el significado de **ir a hacer algo**. Al igual que en español cuando utilizamos **voy a** nos referimos a una acción futura pero inminente, a algo que va a ocurrir pronto. Observe el distinto significado de los siguientes ejemplos:

wǒ yào chī wǎn fàn
我要吃晚饭。
Quiero cenar / Voy a cenar.

wǒ yào chī wǎn fàn le
我要吃晚饭了。
Voy a cenar.

En esta estructura 要 aparece delante del verbo principal y 了 cierra la frase.

wǒ	yào	qù	hǎi tān	le
我	要	去	海滩	了
Yo	Voy a	Ir	Playa	
Voy a ir a la playa.				
Sujeto	*Verbo*	*Verbo*	*Complemento*	*Partícula*

tiānqì **yào**rè **le**
天气**要**热**了**

Va a hacer calor.

yàoxià yǔ **le**
要下雨**了**。

Va a llover.

wǒ men**yào**zǒu **le**
我们**要**走**了**。

Nos vamos a marchar.

wǒ jīntiān**yào**mǎishǒujī **le**
我今天**要**买手机**了**。

Voy a comprar un móvil hoy.

fàn**yào**lěng **le**
饭**要**冷**了**。

La comida se va a enfriar.

huǒchē**yào**lái **le**
火车**要**来**了**。

El tren va a llegar.

tā **yào**gēntā jiéhūn **le**
她**要**跟他结婚**了**。

Ella va a casarse con él.

huǒchē**yào**kāi **le**
火车**要**开**了**

Los trenes va a de partir.

wǒ men**yào**xiàbān **le**
我们**要**下班**了**

Vamos a salir del trabajo.

wǒ men **jiùyào**kǎoshì **le**
我们**就要**考试**了**

Vamos a empezar el examen.

La forma interrogativa

Este tipo de oración se transforma en pregunta añadiendo 吗 al final. Para contestar de forma negativa se usa 没有 o bien 还没有呢.

huǒchēyàokāi le ma
-火车要开了吗

-¿Se va el tren?

méiyǒu
-没有

-No.

wǒ men jiùyàodàoxī ān le ma
-我们就要到西安了吗

-¿Estamos llegando a Xi'an?

háiméiyǒu ne
-还没有呢

-Todavía no.

Contenidos relacionados

27.3.1 Expresando todavía y aún con 还
30.6 Usando 呢 al final de oraciones negativas

Uso conjunto con la partícula de aspecto 了

En estas oraciones, aunque se indica que algo está a punto de iniciarse u ocurrir también aparece la partícula 了. Aunque ahora pueda parecerle un poco confuso, tenga en cuenta que durante una conversación, con el contexto adecuado el sentido de la frase siempre se ve más claro.

yàokāixué **le**
要开学**了**

La escuela está a punto de empezar.

Cuando se quiere resaltar que la acción es **inminente**, que va a ocurrir muy pronto, se puede añadir 快 con el significado de **rápido o pronto**, delante de 要. En español podríamos traducir la estructura completa como **estar a punto de** ... :

kuài

快

Rápido / Pronto

kuàiyàoxiàyǔ le
快要下雨了。
Está a punto de llover.

tā kuàiyàokū le
他**快要**哭了。
Él está a punto de llorar.

tā kuàiyàohuíjiā le
她**快要**回家了。
Ella está a punto de volver a casa.

wǒ men kuàiyàodàoshāndǐng le
我们**快要**到山顶了
Estamos casi en la cima.

De manera similar también puede utilizar cualquiera de las siguientes expresiones para indicar que la acción es inminente:

kuài le	jiù yào le	dōuyào le	jiùkuài le
快...... 了	就要...... 了	都要...... 了	就快...... 了

tā menmíngtiānjiùyàoqù huáshān le
他们明天**就要**去华山了
Mañana van a ir al Monte Hua.

wǒ men jiùyàokǎoshì le
我们**就要**考试了
Vamos a empezar el examen.

diànyǐngdōuyàokāishǐ le
电影**都要**开始了
La película va a empezar.

huǒchēdōuyàokāi le
火车**都要**开了
Los trenes están a punto de partir.

wǒ de shǒujī kuàiméidiàn le
我的手机**快**没电了
Mi móvil se va a quedar sin batería pronto.

wǒ men jiùkuàixiàbān le
我们**就快**下班了
Pronto salimos del trabajo.

Es posible añadir una expresión concreta de tiempo delante de 要 o 就 pero no delante de 快 o 就快.

wǒ men yīnggāi fù xí yí xià　　xià zhōu jiù yào kǎoshì le
我们应该复习一下，下周就要考试了。

Debemos repasar un poco, vamos a tener el examen la próxima semana.

mǎ shàng yào xià yǔ le　　jì de dài shàng sǎn
马上要下雨了，记得带上伞。

Pronto lloverá, así que recuerda coger paraguas.

wǒ men yī huì er jiù yào chī fàn le
我们一会儿就要吃饭了

Vamos a comer enseguida.

Contenidos relacionados

23.1.3 Breves periodos de tiempo con 一下子，一下

25.5 Diferencias de uso entre 帮忙, 帮助 y 帮

Aunque los verbos que vamos a presentar a continuación tienen el significado de **ayudar** se utilizan acompañados de distintos complementos y normalmente no son intercambiables.

帮助 es un verbo **transitivo e indivisible**, es decir, requiere el uso de un complemento. En este caso debe ir seguido únicamente de un **complemento indirecto** que se introduce detrás del verbo si usar . Es decir, cuando se quiera expresar **ayudar a alguien** pero no se concreta en que consiste la ayuda. Suena algo más formal que el resto de verbos introducidos aquí.

bāng zhù
帮助
Ayudar a alguien
Ayuda

nǐ **bāngzhù** tā jiù děng yú zài **bāngzhù** wǒ
你**帮助**他就等于在**帮助**我。
Si lo ayudas a él es como si me ayudas a mi.

tā hěn xǐ huān **bāngzhù** bié rén
他很喜欢**帮助**别人。
Le gusta mucho ayudar a la gente.

tā yǐ qián bāngzhù guò wǒ   suǒ yǐ zhè cì wǒ yīng gāi **bāngzhù** tā
他以前帮助过我，所以这次我应该**帮助**他。
Me ha ayudado antes, así que debería ayudarle esta vez.

帮助 también puede actuar como **nombre**:

tā jù jué le wǒ de **bāngzhù**
他拒绝了我的**帮助**。
Rechazó mi ayuda.

nǐ de **bāngzhù** fēi cháng yǒu yòng
你的**帮助**非常有用。
Tu ayuda ha sido muy útil.

Una expresión donde aparece normalmente como nombre y que no es posible formar con 帮忙

~~在她的帮忙下~~
zài tā de **bāngzhù** xià   wǒ zì jǐ kāi le yí gè gōngsī
在她的**帮助**下，我自己开了一个公司。
Con su ayuda, he empezado mi propio negocio.

Contenidos relacionados

55 Estructuras con 在 que no indican localización
55.2 Expresando resultados bajo ciertas condiciones con 在......下

帮忙 es un verbo **intransitivo** y **divisible** y por lo tanto no puede aparecer con otros complementos. Además suena algo más coloquial que 帮助 y suele utilizarse en el chino oral.

bāng máng

帮忙

Ayudar

她帮忙他

tā bāngzhù tā
她 帮 助 他。

tā **bāng** tā **de máng**
她 **帮** 他 **的忙**。

Ella le ayuda.

tā **bāng** le hěnduō**máng**
她 **帮** 了 很 多 **忙**。

Ella ha ayudado mucho.

tā lái**bāngmáng** le
她来 **帮 忙** 了。

Ella ha venido a ayudar.

tóngshì zhī jiān yào hù xiāng**bāngmáng**
同 事 之 间 要 互 相 **帮 忙**。

Los colegas deben ayudarse mutuamente.

nǐ yǒushì jiù zhǎotā   tā yí dìnghuì **bāngmáng** de
你 有 事 就 找 他，他 一 定 会 **帮 忙** 的。

Si necesitas ayuda, pregúntale, él te ayudará.

bāng

帮

Ayudar a alguien a hacer
algo

帮, al igual que 帮助, es un **verbo transitivo**, pero en este caso necesita dos complementos. Debe utilizarse precisando tanto **complemento indirecto** como **directo**, a quien se va ayudar y en que va a consistir la ayuda. Sigue el patrón que se enunció al hablar de los verbos dativos y el complemento indirecto sigue el verbo y no se introduce precedido por 给.

Contenidos relacionados

25.2 Verbos con complemento directo e indirecto. Verbos dativos

你可以**帮**我买一本书吗？

¿Puede ayudarme a comprar un libro?

xiè xiè nǐ **bāng** wǒ bān jiā
谢谢你**帮**我搬家。

Gracias por ayudarme a mudar.

También puede utilizar las expresiones 的忙 e 一个忙 para hacer la función de segundo complemento directo en la anterior expresión.

Estas dos variantes siempre deben ir acompañados de un complemento indirecto que es siempre la persona beneficiaria de la ayuda:

bāng   de máng
帮 ...**的忙**

bāng   yí   gè máng
帮...**一个忙**

nǐ kě yǐ **bāng** wǒ **yí gè máng** ma
你可以**帮**我**一个忙**吗？

¿Puedes hacerme un favor?

nǐ yí dìng yào **bāng** tā **de máng**
你一定要**帮**他**的忙**。

Debes hacerle un favor.

xiè xiè nǐ **bāng** wǒ **de máng**
谢谢你**帮**我**的忙**。

Gracias por hacerme un favor.

wǒ xiǎng qǐng nǐ **bāng gè máng**
我想请你**帮个忙**。

Quiero pedirte un favor.

xiǎo míng xū yào xiǎo xiá **bāng** tā **yí gè máng**
小明需要小霞**帮**他**一个忙**。

Xiao Ming necesita un favor de Xiao Xia

míng tiān wǒ bù néng hé nǐ qù běi jīng le   yīn wèi wǒ yào huí jiā **bāng** wǒ mā **de máng**
明天我不能和你去北京了，因为我要回家**帮**我妈**的忙**。

No puedo ir a Beijing contigo mañana porque tengo que ir a casa a ayudar a mi madre.

O incluso añadir 大 y 小 para calificar de grande o pequeño el favor realizado.

nǐ kě yǐ **bāng** wǒ **yí gè xiǎo máng** ma
你可以**帮**我**一个小忙**吗？

¿Puedes hacerme un favor?

nǐ **bāng** le wǒ **yí gè dà máng**   fēi cháng gǎn xiè nǐ
你**帮**了我**一个大忙**，非常感谢你。

Me has hecho un gran favor, muchas gracias

nǐ kě yǐ **bāng** wǒ **yí gè** fēi cháng zhòng yào **de máng** ma
你可以**帮**我**一个**非常重要**的忙**吗？

¿Puedes hacerme un favor extremadamente importante?

25.6 DIFERENCIAS DE USO ENTRE 穿 Y 戴

chuān
穿

dài
戴

Aunque ambos verbos son traducidos como **llevar puesto**, 戴 se usa para **complementos de ropa** menos zapatos mientras que 穿 se usa para **prendas de ropa**.

tā **chuān** le yì tiáolánsè de kù zi
她 **穿** 了一条蓝色的裤子。
Lleva un pantalón azul.

hěnduō nǚ shēngbù xǐ huān**chuān**qún zi
很多女生不喜欢 **穿** 裙子。
A muchas chicas no les gusta llevar faldas.

xiǎomíng**chuān** le yì shuāngxīnpí xié
小明 **穿** 了一双新皮鞋。
Xiao Ming lleva un nuevo par de zapatos de piel.

guāfēng le   bǎ mào zi **dài**shàng
刮风了，把帽子 **戴** 上。
Hace viento, ponte el gorro.

tā **chuān** de chènshānshì sī chóu de
他 **穿** 的衬衫是丝绸的。
La camisa que lleva es de seda.

tā **dài** le yí gè miǎndiànyù zuò de xiàngliàn
他 **戴** 了一个缅甸玉做的项链。
Lleva un collar de jade birmano.

En algunos casos concretos 系, que tiene el significado de **atar**, también puede ser usado con el significado de **llevar puesto**:

jì
系
Llevar puesto
Atar

tā **jì** le yì tiáoniúpí zuò de kù dài
他 **系** 了一条牛皮做的裤带。
Llevaba un cinturón hecho de piel de vaca.

xiǎohái zi dōuyàoxuézěn me **jì** xiédài
小孩子都要学怎么 **系** 鞋带。
Los niños aprenden a atarse los zapatos.

tā **jì** le tā mā māsòngtā de lǐngdài
他 **系** 了他妈妈送他的领带。
Llevaba la corbata que le regaló su madre.

196

Para **quitarse** ropa y zapatos utilice 脱. Se utiliza habitualmente con los complementos de resultado 掉 y 下:

tuō

脱

Quitarse
(la ropa, los zapatos)

tuō xià lái de xié   qǐng zài ménkǒu fànghǎo
脱下来的鞋，请在门口放好。

Por favor, deje los zapatos que se haya quitado en la puerta.

qǐng **tuō diào** nǐ de kù zi
请**脱掉**你的裤子。

Por favor, quítate los pantalones.

Sin embargo se usan otros verbos para quitarse el sombrero o la corbata:

qǐng bǎ mào zi **zhāi** diào
请把帽子**摘**掉。

Por favor, quítate el sombrero.

tiānqì tài rè   hěn duō rén dōu **jiěkāi** le zì jǐ de lǐngdài
天气太热，很多人都**解开**了自己的领带。

Hace tanto calor que mucha gente se desata la corbata.

Contenidos relacionados

26.3.11 *Complemento de resultado* 下
26.3.15 *Complemento de resultado* 掉

---

chuān xiǎo xié
穿 小 鞋
LLevar zapatos apretados

wǒ men bù yīnggāi gěi qí tā rén **chuān xiǎo xié**
我们不应该给其他人**穿 小 鞋**

No debemos tomar represalias contra otras personas.

25.7 USOS DE 过 COMO VERBO

Además de su uso como partícula de aspecto 过 puede actuar como verbo con distintos significados. 过 puede ser sinónimo de 生活, **vivir** 度过 **pasar** o 庆过 **celebrar**. También puede presentarse como forma abreviada de 超过 con el significado de **sobrepasar** o **exceder**.

Cruzar, pasar por algún lugar

nǐ bié yí gè rén guò mǎ lù
你别一个人**过**马路。

No cruces sólo la calle

guò mǎ lù jiù dào le
过马路就到了。

Cruzas la calle y llegas.

---

lǎo shǔ guò jiē　　　rén rén hǎn dǎ
老鼠过街，人人喊打

Cuando la rata cruza la calle, todos gritan pidiendo ayuda.

---

guò le zhè cūn méi zhè diàn
过了这村没这店

Pasado este pueblo no encontraras esta tienda.

No pierdas esta oportunidad.

---

guò hé chāi qiáo
过河拆桥

Destruir el puente después de cruzar el río

liú yáng shì gè guò hé chāi qiáo de rén　　lì yòng wán bié rén jiù bù hé tā men lián xì le
刘阳是个**过河拆桥**的人，利用完别人就不和他们联系了。

Liu Yang es un hombre que deja de contactar con la gente después de utilizarla cuando consigue lo que quiere.

Pasar, transcurrir

过去 es un verbo que tiene el significado de **pasar** o **transcurrir**

tā de gē shǒushì yè yǐ jīng**guò qù** le
他的歌手事业已经**过去**了。

Su carrera como cantante ya ha pasado.

hěnkuài yì zhōujiù**guò qù** le   xiǎomǐnbù dé bù huí jiā ná dà qù
很快一周就**过去**了，小敏不得不回加拿大去。

Pronto pasó una semana y Xiao Min tuvo que volver a Canadá.

过 puede aparecer solo conservando dicho significado:

rì zi **guò** de zhēnkuài
日子**过**得真快！

El día pasó muy rápido

dōngtiān**guò** de zhēnmàn
冬天**过**得真慢。

El invierno pasa tan lentamente

shí jiān**guò** de hěnkuài
时间**过**得很快。

El tiempo pasa muy rápido.

yǐ jīng**guò** shí jiān le   wǒ menzǒuba
已经**过**时间了，我们走吧。

Ya ha pasado el tiempo, vámonos.

Celebrar

过节 es un verbo que tiene el significado de **celebrar festivales**. Así, en ocasiones podemos ver como 过 es seguido directamente por una fiesta o festival conservando su significado de **celebrar**.

wǒ zuótiān**guò** le shēngrì
我昨天**过**了生日！

Ayer celebré mi cumpleaños

wǒ míngtiānqù ā yí jiāgěitā **guò**shēngrì
我明天去阿姨家给她**过**生日。

Mañana voy a casa de mi tía a celebrar su cumpleaños.

jīntiāntā **guò**shēngrì
今天她**过**生日。

Hoy ella celebra su cumpleaños.

bù shì suǒyǒuréndōu**guò** shèngdànjié
不是所有人都**过**圣诞节。

No todo el mundo celebra la Navidad

měiniánnónglì yī yuè suǒyǒuhuáréndōuyào**guò**nián
每年农历一月所有华人都要**过**年。

Cada año todos los chinos celebran el Año Nuevo en enero del calendario lunar.

Sobrepasar o exceder el límite de algo

超过 tiene el significado de **sobrepasar** o **exceder**. En el chino coloquial, 过 también puede utilizarse con este significado.

zhōngguó de   yǐ jīng**chāoguò** le rì běn
中国的GDP已经**超过**了日本

El PIB de China ha superado al de Japón.

zhōngguórénkǒuyǐ jīng**guò** le shí sì yì
中国人口已经**过**了十四亿。

La población de China ha superado los 1.400 millones.

199

26 EL COMPLEMENTO DE RESULTADO

El **complemento de resultado**, 结果补语, es un recurso usado con mucha frecuencia en chino. Suele ser un **verbo** o **adjetivo** que complementa la información de algún aspecto del verbo principal respecto a como se ha realizado dicha acción y que se emplaza **detrás del verbo principal**.

En este caso la información queda, de nuevo, codificada en verbos que aparecen consecutivamente y permiten, de una manera muy eficiente, construir estructuras que permiten transmitir mucha información utilizando muy pocos caracteres.

El complemento de resultado, aparece siempre detrás del verbo principal y aporta información sobre el **resultado de una acción**. Además este nuevo verbo constituye un nuevo verbo con significado distinto al original y es un verbo **indivisible**. Es decir, no puede haber ninguna palabra o partícula entre ellos. Con la excepción, como verá, del complemento de potencia.

Como verbo, 到 significa **llegar**, pero cuando actúa como complemento de resultado expresa la idea de **alcanzar** o **conseguir** el resultado esperado del verbo principal. Así, si se utiliza 到 como complemento de resultado detrás del verbo 找 que significa **buscar** se obtiene 找到 que significa encontrar.

zhǎo 找	dào 到	zhǎo dào 找到
Buscar	Llegar	Encontrar
Verbo	Complemento de resultado	Verbo resultativo

Como hemos comentado, el complemento de resultado junto con el verbo principal constituyen un nuevo verbo, denominado verbo resultativo que adquiere un nuevo significado respecto al verbo principal. En este punto gramatical vamos a ver algunos ejemplos de formación de estos verbos poniendo el foco en su cambio de significado más que en su estructura ya que, como ha visto, se trata de una estructura muy simple.

Este verbo resultante debe ser tratado como **indivisible** y tratado como una unidad. Así tanto complementos como partículas de aspecto se situarán detrás del verbo resultativo:

wǒ **zhǎodào** wǒ de qiánbāo le
我 **找到** 我的钱包了。
He encontrado mi cartera.

wǒ hěnkuài jiù **zhǎodào** le
我很快就 **找到** 了。
Lo encontré rápidamente.

Contenidos relacionados

26.3.3 Complemento de resultado 到/

Veamos otros ejemplos con el complemento de resultado 见. Este carácter cuando se encuentra aislado significa **ver**. Por otro lado, el verbo 听 con el significado de **escuchar** hace referencia a utilizar el sentido del oído pero escuchar sin llegar a oír o percibir algo en concreto. Sin embargo, al situar 见, que como complemento de resultado significa **percibir**, se forma el verbo resultativo 听见 que podemos traducir por **oír**.

t ī ng 听 Escuchar	ji à n 见 Percibir	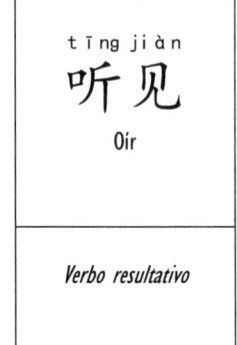
Verbo	Complemento de resultado	

De una manera análoga también es posible mirar sin llegar a ver, sin percatarse o percibir algo en concreto. El significado de percepción se añade del mismo modo que antes: añadiendo el verbo 见 que actúa de nuevo como complemento de resultado .

k à n 看 Mirar	ji à n 见 Percibir	
Verbo	Complemento de resultado	

Contenidos relacionados

26.3.1 Complemento de resultado 见

Como verá a lo largo de los siguientes puntos gramaticales algunos complementos de resultado pueden combinarse con varios verbos diferentes y viceversa.

Si se añade el verbo 懂, que significa **entender**, como complemento de resultado al verbo 听 con el significado de **escuchar**, se obtiene el verbo resultativo 听懂.

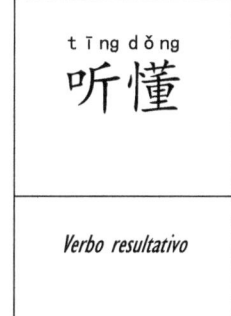

En este caso es el segundo verbo 懂 el que ejerce su función como complemento de resultado y da de nuevo información sobre el resultado o éxito de la acción. En este caso no existe un verbo equivalente para la expresión resultante en español. Indica que hemos entendido lo que hemos escuchado.

Contenidos relacionados

26.3.2 Complemento de resultado 懂

Complemento de resultado y verbos divisibles

Un último ejemplo con el complemento de resultado 完 que indica que una acción ha sido **finalizada** y que vamos a utilizar para exponer como añadir el complemento de resultado a un verbo divisible. El complemento de resultado en un verbo divisible se añade justo **detrás del verbo y antes del objeto**. Al igual que anteriormente el verbo resultativo que se forma, 吃完 no debe volver a separarse . No así todo el conjunto que sigue tratándose como un verbo divisible formado por el nuevo verbo y su objeto 饭.

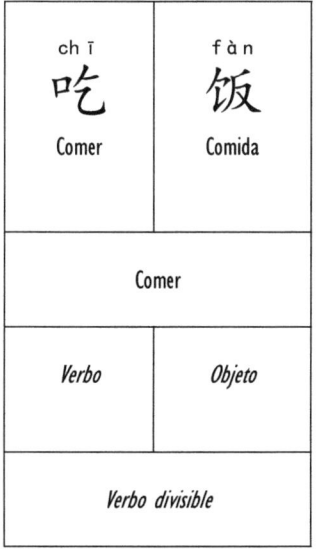

ch ī	wán	fàn
吃	完	饭
Comer	*Terminar*	Comida
Terminar de comer		
Verbo	*Complemento de resultado*	*Objeto*
Verbo		*Objeto*

xǐ **洗** Lavar	zǎo **澡** Baño
Bañarse	
Verbo	Objeto
Verbo divisible	

xǐ **洗** Lavar	wán **完** Terminar	zǎo **澡** Baño
Terminar de bañarse		
Verbo	Complemento de resultado	Objeto
Verbo		Objeto

dāng tā **xǐ wán zǎo** hòu　tā xùn sù de chuān shàng le yī fú
当他**洗完澡**后，他迅速地穿 上 了衣服。
Cuando acabó de ducharse, se vistió rápidamente.

tā gāng **chàng wán gē**　méi dǎ zhāo hū jiù qù le hòu tái
他刚 **唱 完 歌**，没打招呼就去了后台。
Acabó de cantar y se retiró al backstage sin saludar.

Contenidos relacionados
_____

25.1 Verbos divisibles, construcciones verbo-objeto

Tenga en cuenta que todos estos complementos de resultado pueden actuar como verbos o adjetivos y que únicamente debe otorgarles el significado de resultado si se sitúan detrás de otro verbo. En los siguientes ejemplos 到 y 懂 actúan como verbo principal y no están actuando como complemento de resultado.

wǒ men **dào** le
我们**到**了!
Hemos llegado!

wǒ **dǒng** hàn yǔ
我**懂**汉语。
Entiendo chino.

Además de 到, 见 y 懂 existen más verbos y adjetivos que funcionan también como complementos de resultado.

26.1 ESTRUCTURAS BÁSICAS

La estructura afirmativa más básica es la siguiente

wǒ 我 Yo	tīng 听 Escuchar	dǒng 懂 Entender	le 了
Lo he entendido.			
Sujeto	Verbo	Complemento de resultado	Partícula

Las posibles partículas u objetos directos de la oración se colocan a la detrás del complemento de resultado.

dà wèi 大卫 David	zhǎo 找 Buscar	dào 到 Encontrar	gōng zuò 工作 Trabajo	le 了
David ha encontrado trabajo.				
Sujeto	Verbo	Complemento de resultado	Objeto	Partícula

Salvo en algunos casos que expresan dirección, posición u ordenes, la mayoría de frases que incluyen un complemento de resultado hablan precisamente de eso, de un resultado cuando la acción ya se ha terminado y se da por concluida. Por este motivo suelen aparecer acompañados de las **partículas** 了 o 过 en su forma afirmativa y 没有 o 没 en su forma negativa. Estos se colocarán detrás del complemento de resultado o al final de la frase. Nunca entre verbo y complemento de resultado.

zhè běn shū wǒ **kàn wán le**
这本书我**看完了**。
Terminé de leer este libro.

wǒ 我 Yo	tīng 听 escuchar	dào 到 conseguir	guò 过	zhè ge shēng yīn 这个声音 este sonido
Oí esta voz antes.				
Sujeto	*Verbo*	*Complemento de resultado*	*Partícula*	*Complemento Directo*

wǒ tīngdào le
我听到了。

Lo oí.

Forma negativa

La negación se forma con 没 o 没有 y se coloca justo antes del verbo. Observe como 了 no aparece al final de la oración:

wǒ méi tīngdào
我没听到。

No lo oí.

wǒ 我 Yo	méi yǒu 没有 No	tīng 听 Escuchar	dǒng 懂 Entender
No lo he entendido.			
Sujeto	*Negación*	*Verbo*	*Complemento de resultado*

206

zhè ge zì nǐ **méixiěcuò**
这个字你**没写错**。

Este carácter no lo has escrito mal.

wǒ **méiyǒukàndǒng**zhèpiānkè wén
我**没有看懂**这篇课文。

No entendí este artículo

zhèběnshū wǒ **méikànwán**
这本书我**没看完**。

Terminé de leer este libro.

dà wèi**méiyǒuzhǎodào**gōngzuò
大卫**没有找到**工作。

David no ha encontrado trabajo.

Forma interrogativa

La forma interrogativa con ambas opciones se forma utilizando únicamente el verbo 有 y su forma negativa pero no debe incluirse el complemento de resultado.

~~你看到没看到他？~~
nǐ **kànméikàndào**tā
你**看没看到**他？

¿Lo has visto?

nǐ **yǒuméiyǒukànjiàn**wǒ de shǒujī
你**有没有看见**我的手机？

nǐ **kànjiàn**wǒ de shǒujī le **méiyǒu**
你**看见**我的手机了**没有**？

nǐ **kànjiàn**wǒ de shǒujī le **méi**
你**看见**我的手机了**没**？

nǐ **kànjiàn**wǒ de shǒujī le **ma**
你**看见**我的手机了**吗**？

nǐ **yǒuméiyǒutīngdǒng**lǎoshī shuō de huà
你**有没有听懂**老师说的话？

nǐ **tīngdǒng** le lǎoshī shuō de huà**méiyǒu**
你**听懂**了老师说的话**没有**？

nǐ **tīngdǒng** le lǎoshī shuō de huà**méi**
你**听懂**了老师说的话**没**？

nǐ **tīngdǒng** le lǎoshī shuō de huà**ma**
你**听懂**了老师说的话**吗**？

---

wǒ **tīngdǒng** le
我**听懂**了

Lo he entendido

wǒ **méiyǒutīngdǒng**
我**没有听懂**

No lo he entendido.

nǐ **tīngdǒng** le **ma**
你**听懂**了**吗**？

nǐ **yǒuméiyǒutīngdǒng**
你**有没有听懂**？

nǐ **tīngdǒng** le **méiyǒu**
你**听懂**了**没有**？

nǐ **tīngdǒng** le **méi**
你**听懂**了**没**？

¿Lo has entendido?

207

26.2 OTROS COMPLEMENTOS Y ESTRUCTURAS

En este punto vamos a presentar ciertos complementos y estructuras que bien por su significado o manera de construirse pueden ser confundidos fácilmente con el complemento de resultado. Aunque algunos de estos complementos serán tratados en volúmenes posteriores creemos que conocerlos de antemano pueden aclarar ciertos fundamentos y evitar muchas confusiones.

26.2.1 EL COMPLEMENTO DE RESULTADO Y LAS ORACIONES TEMA-COMENTARIO

Cuando se utiliza un verbo resultativo es muy común desplazar el objeto hacia el inicio de la oración. De este modo el **tema**, el asunto que se trata, se sitúa al principio de la frase.

wǒ tīngdǒng le nǐ shuō de huà
我听懂了你说的话。
Entiendo lo que has dicho.

wǒ chīwán le nǐ zuò de fàn
我吃完了你做的饭。
He acabado la comida que has cocinado.

nǐ shuō de huà   wǒ tīngdǒng le
你说的话, 我听懂了。
Entiendo lo que has dicho.

nǐ zuò de fàn   wǒ chīwán le
你做的饭, 我吃完了。
He acabado la comida que has cocinado.

Contenidos relacionados

15.2 La estructura tema-comentario

26.2.2 EL COMPLEMENTO DE RESULTADO Y LAS ORACIONES CON 把

Otro modo de anteponer el complemento al verbo en chino sin necesidad de utilizar una estructura tema-comentario, es utilizando la partícula 把. 把 es un verbo con el significado de **agarrar** o en algunos contextos **vigilar** o **guardar**. Sin embargo, se utiliza como verbo en muy pocas ocasiones. Además, 把 también se usa como **clasificador** para objetos que puedan agarrarse o manipularse.

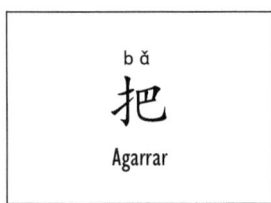

bǎ
把
Agarrar

En este punto gramatical nos encargamos de introducir un tipo de oraciones donde se utiliza 把 para establecer una relación entre el sujeto, la acción y su objeto. En ellas **se traslada el objeto delante del verbo introduciéndolo con la partícula 把**. Así, la frase ...

xiǎogǒuchī le yí gè miànbāo
小狗吃了一个面包。
El perrito se ha comido un panecillo.

puede formularse con la estructura básica de estas oraciones:

xiǎo gǒu 小狗	bǎ 把	miàn bāo 面包	chī 吃	le 了
El perrito se ha comido el panecillo.				
Sujeto	Partícula	Objeto Complemento Directo	Verbo	Otros complementos

Existen ciertas limitaciones que restringen su uso que se introducirán en puntos posteriores. Sin embargo, podemos ya avanzarle que haciendo uso de esta estructura, el objeto debe ser una **referencia definida**. Además, la acción que se relata debe **afectar** particularmente a dicho objeto. Por último, **el verbo no puede aparecer solo** en este tipo de oraciones. Siempre **debe seguirle algo más**, que puede ser una partícula de aspecto o en el caso que nos ocupa ir acompañado de un **complemento de resultado** que nos dará la información del trato que ha recibido el objeto. Es por este motivo que se introducen aquí este tipo de oraciones ya que muchas de las oraciones donde interviene un complemento de resultado se forman con 把.

wǒ 我 Yo	bǎ 把	zhè xiē cài dōu 这些菜都 todos estos platos	chī 吃 comer	wán 完 acabar	le 了
Me comí todos estos platos					
Sujeto	Partícula	Complemento Directo	Verbo	Complemento de resultado	Partícula

Esta oración también se podría formular como una oración enunciativa básica o bien utilizando una estructura de tema-comentario:

zhè xiē cài wǒ dōu chī wán le
这些菜我都吃完了。
Me comí todos estos platos.

wǒ chī wán le zhè xiē cài
我吃完了这些菜。
Me comí todos estos platos.

26.2.1 El complemento de resultado y las oraciones tema-comentario

Esta necesidad de no acabar la frase abruptamente con el verbo y complementarlo con un resultado nos lleva muchas veces a una situación donde no es posible traducir el complemento de resultado al español de una manera directa. Bien porque aporta una información compleja de la que no disponemos de equivalente en español o bien porque en español resulta evidente el resultado que se va a obtener tras la acción y su inclusión en español resultaría superflua.

En español si lavamos la ropa o los platos y estos quedan limpios podemos omitir el complemento de resultado. Sin embargo, el primer ejemplo que sigue suena incompleto y es necesario añadir el complemento de resultado 干净 que tiene precisamente el significado de **limpio** para cerrar la frase y que el final no suene tan abrupto. Lo mismo sucede cuando uno dice que ha hecho la cena, en español resulta evidente que la cena ya está **terminada** pero, de nuevo, en chino, para que la oración suena completa se debe añadir el complemento de resultado aunque la traducción del mismo también resulte superflua en español.

你把衣服洗

nǐ bǎ yī fú xǐ **gānjìng**

你把衣服洗**干净**。

Lava la ropa (limpia).

你们把晚饭做

nǐ men bǎ wǎnfànzuò**wán**

你们把晚饭做**完**。

Terminad de hacer la cena.

nǐ men bǎ wǎnfànzuòhǎo le méiyǒu

你们把晚饭做好了没有？

¿Habéis hecho la cena?

Por último, debe saber que algunos complementos de resultado únicamente pueden utilizarse con esta estructura

26.3.3 Complemento de resultado 到

26.3.32 Complemento de resultado 成

26.3.33 Complemento de resultado 在

Aunque este tipo de oraciones serán introducidas en su totalidad en puntos posteriores, el conocimiento de estos puntos básicos debería resultarle suficiente para comprender porque la partícula 把 aparece comúnmente en oraciones con verbos que utilizan un complemento de resultado. Recuerde que, en general, salvo enfatizar el objeto y convertirlo en una referencia definida, su aparición no produce ningún cambio en el significado de la oración.

42 Oraciones con 把

42.1 Condiciones para formar oraciones con 把

42.1.1 Referencia definida

42.1.2 La acción debe afectar particularmente al objeto

42.1.3 El verbo no puede aparecer solo después de 把

26.2.3 Introducción al complemento de potencia

El **complemento de potencia** nos indica si el resultado de una acción es **posible** o no. En este caso, el complemento de potencia interviene de manera significativa y se intercala entre el verbo y el complemento de resultado. Si el resultado es posible intercalamos la partícula 得 y si no es posible, utilizamos 不 para construir la forma negativa.

Forma afirmativa

En su forma afirmativa nos indica que el resultado es posible de obtener. En este caso se intercala la partícula 得 entre el verbo y el complemento de resultado.

tīng 听 Escuchar	de 得	dǒng 懂 Entender
Verbo	Complemento de potencia	Complemento de resultado

Forma negativa

Si lo que se pretende indicar es que no es posible la consecución del resultado se utiliza **不** para construir la forma negativa. Recuerde que, al contrario, el complemento de resultado en su forma negativa se construía con 没有.

tīng 听 Escuchar	bù 不	dǒng 懂 Entender
Verbo	Complemento de potencia	Complemento de resultado

tā shuō guǎngdōnghuà de shíhòu wǒ jiǎnzhí yí jù dōu tīng bù dǒng
他说广东话的时候，我简直一句都听不懂。
Hablaba en cantonés y yo, literalmente, no entendía nada.

Observe que en el caso del complemento de resultado es el verbo principal el que se niega mientras que cuando se utiliza el complemento de potencia **es el complemento de resultado mismo el que aparece precedido por la negación y no el verbo principal.**

Cuando se utiliza un complemento de resultado el verbo toma un **aspecto perfectivo**, ya que no tendría sentido plantear el resultado de una acción no terminada. Es decir, la existencia de un resultado definitivo indica que la acción ha sido terminada y el verbo, en consecuencia, adquiere un aspecto perfectivo. Por este mismo motivo tras el complemento de resultado es habitual encontrar partículas de aspecto como 了 o 过.

wǒ **zhǎodào le** wǒ de qiánbāo
我**找到了**我的钱包。
Encontré mi cartera.

wǒ **kàndǒng le** zhè bù diànyǐng
我**看懂了**这部电影。
He entendido esta película.

En cambio, con el complemento de potencia lo que se afirma o niega es la posibilidad de obtener el resultado indicado y **la estructura carece de dicho aspecto perfectivo.**

wǒ **kànbù dǒng** zhè bù diànyǐng
我**看不懂**这部电影。
zhè bù diànyǐng wǒ **kànbù dǒng**
这部电影，我**看不懂**。
No entiendo esta película que he visto.

wǒ **zhǎobù dào** wǒ de qiánbāo
我**找不到**我的钱包。
wǒ de qiánbāo **zhǎobù dào le**
我的钱包**找不到了**。
No puedo encontrar mi cartera.

Complemento de resultado		Complemento de potencia	
Afirmativo	*Negativo*	*Afirmativo*	*Negativo*
tīngdǒng 听懂	méitīngdǒng 没听懂	tīng de dǒng 听得懂	tīng bù dǒng 听不懂
Oír comprender	No oír comprender	Oír capaz de entender	Oír incapaz de comprender
Se ha entendido algo que se ha oído	No se ha entendido pero sí se ha oído.	Se puedo entender algo que se ha oído.	No se puede entender algo que se ha oído.

Observe que, salvando ciertos matices de significado, la construcción utilizando el verbo modal 能, 能听懂, resulta equivalente a 听得懂。

Contenidos relacionados
_____

10.3.2 Expresando una habilidad con 能

En algunas bibliografías puede encontrar la denominación complemento de resultado absoluto positivo o negativo para definir el complemento de resultado y sus formas 我听懂 y 我没听懂 respectivamente. Para referirse al complemento de potencia y sus formas 听得懂 y 听不懂 es también habitual que se utilice el término complemento de resultado posible positivo o negativo según el caso. En este volumen hemos optado por la nomenclatura que aparece definida en la tabla anterior.

Contenidos relacionados
_____

39.1 Complemento de posibilidad o potencia

26.2.4 INTRODUCCIÓN AL COMPLEMENTO DE DIRECCIÓN

去 y 来 son verbos que significan respectivamente **ir** y **venir** cuando aparecen aislados.

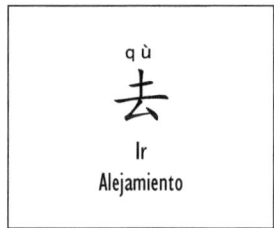

Cuando 去 o 来 son utilizados tras un verbo de acción indican la **dirección de la acción del primer verbo respecto al hablante**. En este caso el uso de 去 y 来 indica respectivamente **alejamiento** y **acercamiento** con respecto a la persona que está hablando. En español discriminamos la dirección cambiando directamente el verbo y utilizamos **ir** o **venir** según el caso.

Veamos algunos ejemplos concretos. Del primer ejemplo que sigue a continuación se deduce que la persona que está hablando no está en Beijing mientras que del segundo ejemplo puede deducirse que el hablante se encuentra en Beijing.

nǐ shén me shí hòu **huì qù** běi jīng
你什么时候**会去**北京？
¿Cuándo irás a Beijing?

nǐ shén me shí hòu **huì lái** běi jīng
你什么时候**会来**北京？
¿Cuándo vendrás a Beijing?

En la primera oración que sigue queda claro que su padre irá a buscar al hablante cuando llegue al aeropuerto. Mientras que en el segundo se indica que el padre irá a buscar a la madre pero que el hablante no va a ir.

wǒ bà bà **huì lái** jī chǎng jiē wǒ
我爸爸**会来**机场接我。
Mi padre vendrá al aeropuerto a recogerme.

wǒ bà bà **huì qù** jī chǎng jiē mā mā
我爸爸**会去**机场接妈妈。
Mi padre irá al aeropuerto a recoger a mi madre.

Esta misma estructura que acabamos de ver con el verbo se utiliza con otros verbos de significado no tan neutro como 会 cuando se traducen. Las siguientes dos frases con el verbo 进, con el significado de **entrar** han sido traducidas igual en español. Sin embargo, en la primera de ellas se espera que la acción ocurra hacia el hablante. El hablante esta dentro y la persona que entra lo hace desde fuera. En la segunda, cuando se utiliza 去, la acción se produce alejándose del hablante, el hablante se queda fuera y es la persona que recibe la orden la que debe entrar.

jìnláiba
进来吧!
Entra!

jìnqù ba
进去吧!
Entra!

En los siguientes ejemplos sucede lo mismo. En este caso 来 y 去 aportan la dirección al verbo 下, aquí con el significado de **bajar**. En la primera oración con 来 se indica que están bajando hacia donde se encuentra el hablante, quizá está abajo esperándolos, mientras que en la oración con 去 indica que están bajando y alejándose de él, probablemente el hablante se queda arriba y está indicando que el resto baja del edificio.

tā men xià lóu lái le
他们下楼来了。
Están bajando las escaleras.

tā men xià lóu qù le
他们下楼去了。
Están bajando las escaleras.

En la primera oración que sigue donde se utiliza 来 en combinación con 进, que tiene el significado de **entrar,** las personas que están hablando se encuentran en el mismo lugar y 来 es aquí utilizado porque se refiere a un tercero que se encuentra fuera. En este caso el movimiento se va a producir desde fuera hacia donde se encuentran los hablantes. Imagine que la persona que le dice al visitante que puede entrar se encuentra fuera de la sala. En este caso se utilizaría 去 para dar la dirección al verbo 进 hacia el interior de la sala donde se encuentra la persona que lo va a recibir ya que el movimiento se producirá alejándose del hablante.

ràng tā jìn lái ba
让他进来吧!
¡Déjalo entrar!

nín kě yǐ jìn qù
您可以进去。
Puede entrar.

Existen otros complementos de dirección como 上 o 下 que indican respectivamente que la acción se produce hacia **arriba** o hacia **abajo** respectivamente.

Hemos considerado al complemento tras el verbo que indica estrictamente la dirección como complemento de dirección y cuando indica algún otro significado figurado como complemento de resultado. Por ejemplo, 上 puede indicar, no solo la dirección de un movimiento sino el inicio de una acción, un resultado positivo y otros usos más específicos que se acercan más al complemento de resultado. Encontrará estos casos de uso en esta sección dedicado al complemento de resultado y no en la dedicada a los complementos de dirección.

tā ài shàng le wǒ mèi mèi
她爱上了我妹妹。
Se ha enamorado de mi hermana.

wài mià n hěn lěng dài shàng shǒu tào
外面很冷，戴上手套!
Hace frío fuera, ponte tus guantes.

wǒ zhōng yú mǎi shàng le fáng zi
我终于买上了房子。
Por fin compré casa.

214

Contenidos relacionados

34 El complemento de dirección

De un modo parecido 下 , que como complemento de dirección indica que algo se produce hacia abajo también puede indicar separación o accesibilidad si se utiliza como complemento de resultado.

zhè lǐ hěn rè   qǐng**tuō xià** jiā kè
这里很热，请**脱下**夹克。

Ha calor aquí, quítate la chaqueta.

nǐ **liú xià** chī wǎn fàn ma
你**留下**吃晚饭吗？

¿Te quedas para la cena?

Contenidos relacionados

26.3.10 Complemento de resultado 上
26.3.11 Complemento de resultado 下

26.3 LOS COMPLEMENTOS DE RESULTADO MÁS HABITUALES

A lo largo de los siguientes puntos gramaticales encontrará un compendio de muchos verbos y adjetivos que se utilizan habitualmente como complemento de resultado. Hemos intentado que este sea lo más exhaustivo posible. Lea los ejemplos con atención y poco a poco se familiarizará con su utilización, ritmo y significado. Puede volver a este apartado a medida que avance en su lectura para consultar el significado de los mismos e incorporarlos progresivamente a su vocabulario.

Se recogen en la siguiente tabla los complementos de resultado más comunes y aquellos con los que le aconsejamos se familiarice completamente en un primer momento.

jiàn	dǒng	dào	wán
见	懂	到	完
Percibir	Entender	Llegar	Terminar
hǎo	cuò	duì	zhǎo
好	错	对	着
Bien	Incorrecto Erróneo	Correcto Cierto	Conseguir

Contenidos relacionados

26.3.1 Complemento de resultado 见
26.3.2 Complemento de resultado 懂
26.3.3 Complemento de resultado 到
26.3.4 Complemento de resultado 完

26.3.5 Complemento de resultado 好
26.3.6 Complemento de resultado 错
26.3.7 Complemento de resultado 对
26.3.8 Complemento de resultado 着

Además de los mencionados anteriormente, hay muchos otros complementos de resultado. Aunque hemos intentado que los puntos que siguen a continuación recojan los casos de uso más habituales, tenga en cuenta que cualquier carácter puede actuar como un complemento de resultado. Cuando se encuentre ante una combinación desconocida intente otorgarle cierta coherencia y sentido lógico a la construcción.

kāi 开	shàng 上	xià 下	guāng 光	sǐ 死
zǒu 走	diào 掉	dǎo 倒	zhù 住	pò 破
bǎo 饱	huì 会	gòu 够	dòng 动	guàn 惯
huài 坏	zuò 作	biàn 遍	zuì 醉	qīng chǔ 清楚
gān jìng 干净	qǐ 起	liǎo 了	chéng 成	zài 在

Algunas palabras se forman con la misma pauta como si ya incorporan siempre el complemento de resultado como por ejemplo 提高 o 打断.

rénmín de shēnghuó shuǐpíng **tí gāo** le
人民 的 生活 水 平 **提高** 了。
El nivel de vida de la población ha mejorado.

tā **dǎ duàn** le wǒ de fā yán
她**打断**了我的发言。
Me interrumpió.

Contenidos relacionados

26.3.9 Complemento de resultado 开
26.3.10 Complemento de resultado 上
26.3.11 Complemento de resultado 下
26.3.12 Complemento de resultado 光
26.3.13 Complemento de resultado 死
26.3.14 Complemento de resultado 走
26.3.15 Complemento de resultado 掉
26.3.16 Complemento de resultado 倒
26.3.17 Complemento de resultado 住
26.3.18 Complemento de resultado 破
26.3.19 Complemento de resultado 饱
26.3.20 Complemento de resultado 会
26.3.21 Complemento de resultado 够

26.3.22 Complemento de resultado 动
26.3.23 Complemento de resultado 惯
26.3.24 Complemento de resultado 坏
26.3.25 Complemento de resultado 作 y 做
26.3.26 Complemento de resultado 遍
26.3.27 Complemento de resultado 醉
26.3.28 Complemento de resultado 清楚
26.3.29 Complemento de resultado 干净
26.3.30 Complemento de resultado 起
26.3.31 Complemento de resultado 了
26.3.32 Complemento de resultado 成
26.3.33 Complemento de resultado 在
26.3.34 Complemento de resultado 给

26.3.1 COMPLEMENTO DE RESULTADO 见

El complemento de resultado 见 indica que se ha **percibido** algo en concreto y aparece normalmente junto a verbos relacionados con los sentidos como **ver**, **oír**, **oler** ...

jiàn

见

Percibir
Ver

En estas oraciones los verbos 看 y 听 se utilizan sin complemento de resultado:

wǒ kàn diànshì
我看电视。
Miro la televisión.

wǒ tīng yīnyuè
我听音乐。
Escucho música.

Al añadir 见 que ejerce de complemento de resultado se añade además la idea de que se ha logrado percibir algo.

wǒ **kànjiàn** tā le
我**看见**他了。
Lo vi.

tā **kànjiàn** le wǒ zài kàn tā
他**看见**了我在看他。
Él vio que estaba mirándolo.

wǒ gāng **tīngjiàn** bàozhà shēng
我刚**听见**爆炸声。
Acabo de oír una explosión.

wǒ **tīngjiàn** le yì xiē rén de shēngyīn
我**听见**了一些人的声音。
He oído las voces de varias personas.

nǐ **kànjiàn** le tā ma
你**看见**了他吗?
¿Lo has visto?

Su forma negativa se construye con 没

nà tiān rén tài duō le   wǒ **méi kànjiàn** nǐ
那天人太多了,我**没看见**你。
Había tanta gente ese día, que no te vi.

Lo mismo sucede con otros verbos relacionados con los sentidos:

wǒ néng **wénjiàn** jiǎo zi de wèi er
我能**闻见**饺子的味儿。
Puedo oler el aroma a jiaozi.

wǒ guàng jiē shí **pèngjiàn** le wǒ de xiǎoxué lǎoshī
我逛街时**碰见**了我的小学老师。
Me encontré con mi profesor de primaria cuando estaba de compras.

26.3.2 COMPLEMENTO DE RESULTADO 懂

懂 como complemento de resultado indica que la acción se ha **entendido.**

dǒng

懂

Entender

wǒ **tīngdǒng** le nà jǐ gè fǎ guórén de tánhuà
我听懂了那几个法国人的谈话。

Entendí la conversación de aquellos franceses.

Memorice desde ya esta expresión porque va a necesitarla a menudo y recuerde que no se trata de la forma negativa del complemento de resultado sino del complemento de potencia.

wǒ **tīngbùdǒng**
我听不懂。

No puedo entender.

Contenidos relacionados
_____

26.2.3 Introducción al complemento de potencia

Insistimos aquí de nuevo en que la forma negativa del complemento de resultado se construye con 没

nà běnshūtàinán le   wǒ **méikàndǒng**
那本书太难了，我没看懂。

Ese libro era demasiado difícil de entender para mí.

26.3.3 COMPLEMENTO DE RESULTADO 到

Como complemento de resultado puede indicar que se ha **conseguido** o no el objetivo de la acción.

dào

到

Alcanzar
Conseguir

Observe que también es posible usar 到, al igual que 见, para expresar la idea de que **algo se ha percibido**. En este caso suele combinarse con verbos que indican una **percepción sensorial**. Así forma parte de verbos resultativos como 看到 con el significado de **ver** y 听到 con el significado de **oír**. En este caso es equivalente a 见 aunque 到 tiene la connotación de que dicha percepción no ha sido intencionada.

wǒ yě **tīngdào** le yǒurénzàiqiāomén
我也**听到**了有人在敲门。
Yo también he oído a alguien llamando a la puerta.

wǒ **gǎndào** fēichángjuéwàng
我**感到**非常绝望。
Me siento muy desesperado.

méirén**kàndào** nǐ
没人**看到**你。
Nadie te ha visto.

wǒ **méiyùdào** kùnnán
我**没遇到**困难。
No encontré ninguna dificultad.

wǒ zàisēnlínlǐ **wéndào** le sōnglù de qìwèi
我在森林里**闻到**了松露的气味。
Olía a trufas en el bosque.

tā **mèngdào** le tā shìqù de yéyé
他**梦到**了他逝去的爷爷。
Soñó con su difunto abuelo.

wǒ **chángdào** le zuìhǎochī de xībānyáhǎixiānfàn
我**尝到**了最好吃的西班牙海鲜饭。
He comido la mejor paella que he probado nunca.

También se puede utilizar para indicar que una acción ha **conseguido** su objetivo o indicar **la finalización con éxito** de una acción. En este caso resulta muy parecido a 着.

En los siguientes ejemplos 到 clarifica el resultado de la acción del verbo. En los siguientes ejemplos con 找 que tiene el significado **buscar** indica que se ha **encontrado** lo que se buscaba.

wǒ **zhǎodào** le nǐ de qiánbāo
我**找到**了你的钱包。
Encontré tu cartera.

wǒ zhōngyú **zhǎodào** le wǒ de yàoshi
我终于**找到**了我的钥匙。
Finalmente encontré mis llaves.

nǐ **zhǎodào** le wǒ de shū ma
你**找到**了我的书吗?
¿Encontraste mi libro?

wǒ yìzhízàizhǎowǒ de shǒujī   dànshì **méizhǎodào**
我一直在找我的手机，但是**没找到**。
Estuve buscando mi móvil durante un buen rato pero no lo encontré.

De una manera similar se combina con estos verbos:

wǒ **zūdào** le yǎnchū de yīfú
我**租到**了演出的衣服。
Alquilé la ropa para el espectáculo.

wǒ māma **jiēdào** le dàshǐguǎn de diànhuà
我妈妈**接到**了大使馆的电话
Mi madre recibió una llamada de la embajada.

xiǎomíng **jièdào** le tā xūyào de shū
小明**借到**了他需要的书。
Ming consiguió prestar el libro que necesitaba.

nǐ **mǎidào** le ma
你**买到**了吗?
¿Lo compraste?

wǒmen **zǒudào** le huǒchēzhàn
我们**走到**了火车站。
Caminamos hasta la estación de tren.

tā zuótiānfēnfù wǒ de shì wǒ **bàndào** le
他昨天吩咐我的事我**办到**了
Hice lo que me pidió ayer.

wǒ **shōudào** le nǐ jì wǒ de bāoguǒ
我**收到**了你寄我的包裹。
He recibido el paquete que me has enviado.

wǒ jīntiān **shòudào** le hěndà de gǔwǔ
我今天**受到**了很大的鼓舞。
Hoy he recibido un gran impulso.

xiǎohóngjīntiān **xuédào** le zuòrén de dàolǐ
小红今天**学到**了做人的道理
Hoy Xiao Hong ha aprendido a ser un ser humano.

nǐ de diànzi yóujiànwǒ **méishōudào**
你的电子邮件我**没收到**。
No recibí tu email.

xiǎomíng **nádào** le sānděngjiǎng
小明**拿到**了三等奖。
Xiao Ming obtuvo el tercer premio.

fāngfāng **dédào** le lǎoshī de kuājiǎng
芳芳**得到**了老师的夸奖。
Fang Fang recibió un cumplido de su profesor.

lín lín **mǎi dào** le tā zuì xǐ huān de nà jiàn qún zi
琳琳**买到**了她最喜欢的那件裙子。

Lin Lin consiguió el vestido que más le gustaba.

nǐ **yòng dào** le nǐ dà xué xué de zhī shí le ma
你**用到**了你大学学的知识了吗

¿Ha utilizado lo que ha aprendido en la universidad?

xiǎo huā **chī dào** le tā mèng mèi yǐ qiú de bīng qí lín
小花**吃到**了她梦寐以求的冰淇淋。

Xiao Hua consiguió el helado quería tanto.

gōng zuò gěi wǒ bù zhì de mù biāo   wǒ **zuò dào** le
工作给我布置的目标，我**做到**了。

El trabajo me marcó un objetivo y lo hice.

wǒ qù mǎi nà běn shū   kě shì wǒ **méi yǒu mǎi dào** yīn wèi wǒ wàng dài qián le
我去买那本书，可是我**没有买到**因为我忘带钱了。

Fui a comprar ese libro pero no lo compré porque no lleva dinero.

Tenga en cuenta que mientras 查 tiene el significado de **verificar**, **revisar**, **consultar** o **buscar**, 查到 significa **encontrar**. De nuevo, 到 especifica el resultado satisfactorio de la acción:

xiǎo hóng zhōng yú **chá dào** le nà ge hàn yǔ cí de yì si
小红终于**查到**了那个汉语词的意思。

Xiao Hong finalmente encontró el significado de esa palabra china.

nǐ kě bù kě yǐ zài cí diǎn shàng chá chá tā shuō de hàn zì   wǒ yǐ jīng **chá dào** le
你可不可以在词典上查查他说的汉字？我已经**查到**了！

¿Podrías buscar en el diccionario el carácter que ha dicho él? ¡Ya lo he encontrado!

Algo parecido sucede con 捡 que tiene el significado de **recoger**:

xiǎo míng zài dà jiē shàng **jiǎn dào** le yí gè qián bāo
小明在大街上**捡到**了一个钱包。

Xiao Ming encontró una cartera en la calle.

Combinado con 想 indica llegar a un determinado razonamiento mental. Dos construcciones particularmente usadas son las siguientes:

zěn me méixiǎngdào
怎么没想到

¿Cómo es que no pensé que...

wǒ méixiǎngdào shī fù zhè me lì hài
我没想到师傅这么厉害。

No esperaba que el maestro fuera tan fuerte.

wǒ méixiǎngdào
我没想到

Jamás habría pensado que... / no esperaba que...

wǒ zěn me méixiǎngdào jià gé zhè me gāo
我怎么没想到价格这么高?

¿Cómo es que no pensé que el precio sería tan alto?

También puede utilizarse para indicar que una acción ha **finalizado en un lugar determinado** o que ha continuado en un punto concreto. Tenga en cuenta que en este caso es necesario que detrás de 到 se especifique el lugar donde termina la acción. Es posible que, en estos casos donde se indica el lugar de la persona o objeto después de realizar la acción, encuentre estas referencias en otras bibliografías como **complemento de destino**.

tā zhuàngdào le chē shàng
她**撞到**了车上。

Se estrelló contra el coche

wǒ měitiān zǒudào xuéxiào
我每天**走到**学校。

Cada día camino hasta la escuela.

tā bǎ chē kāidào le fēi jī chǎng
他把车**开到**了飞机场。

Él ha conducido el coche hasta el aeropuerto

mā mā pǎodào le shāngdiàn mǎi yì xiē shuǐ guǒ
妈妈**跑到**了商店买一些水果。

Mi madre ha ido a la tienda a comprar algo de fruta.

Contenidos relacionados

39.3 Expresando la localización donde termina una acción

En este último ejemplo observe como 到 solo actúa como complemento de resultado en su primera aparición. En la segunda actúa como verbo independiente.

nǐ wǎng qián zǒu   zǒudào hóng lǜ dēng   wǎng yòu guǎi   jiù dào le
你往前走, **走到**红绿灯, 往右拐, 就**到**了。

Sigue recto; cuando llegues al semáforo, gira a la derecha y habrás llegado.

到 como complemento de resultado también puede indicar la **consecución de cierto punto** o la disponibilidad de algo. No es extraño en estos casos traducirlo utilizando la preposición **hasta**

_{wǒ **xuédào** dì èrshí wǔ kè le}
我**学到**第二十五课了。
Estoy en mi vigésima quinta lección.

_{tú shūguǎn **kāidàojiǔdiǎn**}
图书馆**开到九点**。
La biblioteca abre hasta las 9.

_{jīntiān zǎoshàng wǒ **shuìdào** le shídiǎn}
今天早上我**睡到**了**十点**。
Esta mañana he dormido hasta las 10.

_{tā wǎnshàng chángcháng xiě hànzì **xiědào** shídiǎn}
他晚上常常写汉字**写到**十点。
Solía escribir caracteres chinos por la noche hasta las diez.

_{hēilóngjiāng de tiānqì kě yǐ **lěngdào** língxià sānshí èr dù}
黑龙江的天气可以**冷到**零下三十二度。
La temperatura de Heilongjiang puede descender hasta los 32 grados bajo cero.

_{jīntiān tài lěng le **lěngdào** xiǎo hóng bí tì zhí liú}
今天太冷了，**冷到**小红鼻涕直流。
Hoy hace mucho frío, tanto que la nariz de Xiao Hong está llena de mocos.

Cuando se utiliza 到 de este modo junto a verbos divisibles se debe duplicar el verbo:

_{wǒ men **liáotiānliáodào** tiān dōu hēi le}
我们**聊天聊到**天都黑了。
Hablamos hasta que se hizo de noche.

_{wǒ men **chīfànchīdào** wù le huǒchē}
我们**吃饭吃到**误了火车。
Comimos hasta perder el tren.

Contenidos relacionados

28.2 Expresando hasta con 到
33.2.5 Expresando si cierta cantidad ha sido alcanzada con 到

26.3.4 COMPLEMENTO DE RESULTADO 完

Como verbo, 完 significa **terminar**. Como complemento de resultado indica que la acción del verbo principal ha sido completada o acabada. Podría traducirse al español como **terminar de** o **acabar de**.

w á n

完

Terminar

wǒ **kànwán** le zhèběnshū
我**看完**了这本书。
He terminado de leer este libro.

wǒ zuótiān**zuòwán**zuò yè jiùshuì jiào le
我昨天**做完**作业就睡觉了。
Ayer terminé los deberes y me fui a la cama.

wǒ **méikànwán**zhèběnzázhì ne
我**没看完**这本杂志呢。
Todavía no he terminado de leer la revista.

zhè cì de hànyǔ kǎoshì nǐ **xuéwán** le ma
这次的汉语考试你**学完**了吗?
¿Has terminado de estudiar para este examen de chino?

wǒ háiméichīwánfàn
我还**没吃完**饭。
Aún no he terminado de comer.

wǒ gāng**mǎiwán** le jīntiān de zǎofàn
我刚**买完**了今天的早饭。
Justo acabo de comprar el desayuno de hoy.

tóngxué men xiěwán le
同学们,**写完**了?
Alumnos, ¿habéis terminado de escribir?

wǒ gānggāng**yòngwán** le bǐ gěinǐ ba
我刚刚**用完**了笔,给你吧!
Justo he terminado de usar el bolígrafo, toma.

tā **hēwán** le kāfēi wǒháiméichīwánfàn
她**喝完**了咖啡。我还**没吃完**饭。
Ella ha terminado de beberse el café. Yo aún no he terminado de comer.

shuōwán le ma zhènglǎoshī wǒ **shuōwán** le
说完了吗?郑老师,我**说完**了。
¿Habéis terminado? Sí, profesor Zheng, he terminado.

zhètángkè wǒ **jiǎngwán** le dàjiāyǒushén me wèntí ma
这堂课我**讲完**了,大家有什么问题吗?
He terminado con esta lección, ¿tienes alguna pregunta?

wèntí **dáwán** le zàirènzhēn de jiǎnchá yì piān
问题**答完**了,再认真地检查一篇。
Una vez que hayáis acabado de responder las preguntas, comprobadlas detenidamente una vez más.

xiǎomíngzhōngyú bǎ gāokǎo **kǎowán** le
小明 终于把高考**考完**了。

Xiao Ming por fin ha terminado sus exámenes de selectividad.

wǒ bǎ wǎngshàng de kè dōu **tīngwán** le
我把网 上的课都**听完**了。

He escuchado todas las clases en línea.

完 también puede indicar que el **objeto** sobre el que se realiza la acción **se ha agotado**:

pí jiǔ **yòngwán** le
啤酒**用完**了。

La cerveza se ha acabado.

diànyǐngpiào dōu **màiwán** le
电影票都**卖完**了。

Se han agotado todas las entradas de la película.

nà jiàn wǒ yào mǎi de yī fú **màiwán** le
那件我要买的衣服**卖完**了。

Ese vestido que quiero comprar está agotado.

wǒ **xuéwán** le jīntiān de kè
我**学完**了今天的课。

He terminado la lección de hoy.

26.3.5 COMPLEMENTO DE RESULTADO 好

Al igual que 完 indica que el resultado de la acción ha terminado, pero en este caso también indica que la acción ha finalizado o se ha cumplido con **éxito** o **satisfactoriamente**.

hǎo
好

tā **zuòhǎo** zuò yè le
他**做好**作业了。
Él terminó (hizo bien) los deberes.

tā **bāohǎo** le nà ge lǐ wù
他**包好**了那个礼物。
Él envolvió ese regalo.

tóngxué men **zhǔnbèihǎo** le ma
同学们，**准备好**了吗？
Alumnos, ¿estáis listos?

tā gāng **mǎihǎo** le míngtiān de wǎnfàn
他刚**买好**了明天的晚饭。
Acaba de comprar la cena de mañana.

bàba bǎ nà tái diànshì **xiūhǎo** le
爸爸把那台电视**修好**了。
Papá arregló el televisor.

wǒ **zuòhǎo** le jīntiān de zuò yè
我**做好**了今天的作业。
Hice mis deberes del día.

nà fú huà wǒ **huàhǎo** le
那幅画我**画好**了。
He terminado de pintar el cuadro.

wǒ men **shuōhǎo** le xià gè yuè yì qǐ qù lǚ xíng
我们**说好**了下个月一起去旅行
Acordamos irnos de viaje juntos el próximo mes.

nǐ yǐ jīng **fānyì hǎo** le gōng xǐ gōng xǐ
你已经**翻译好**了，恭喜恭喜！
Ya lo has traducido, ¡felicidades!

tā zhōngyú **xiěhǎo** le tā xiě le yì nián duō de nà běn shū
他终于**写好**了他写了一年多的那本书。
Finalmente acabo de escribir el libro en el que había estado trabajando durante más de un año.

jīntiān lǎobǎn jiāogěi wǒ de rènwù wǒ dōu **bànhǎo** le
今天老板交给我的任务我都**办好**了。
He hecho todas las tareas que el jefe me ha asignado hoy.

El contrario que 好, cuando 错 se utiliza como complemento de resultado indica que la acción se ha llevado a cabo **sin éxito** o **erróneamente**.

cuò

错

nǐ **dǎ cuò** diànhuà le
你**打错**电话了。
Te has equivocado de número de teléfono.

wǒ men **zuò cuò** chē le
我们**坐错**车了。
Nos hemos equivocado de autobús.

nǐ **xiě cuò** le nǐ de dìzhǐ
你**写错**了你的地址。
Escribiste mal tu dirección.

wǒ **kàn cuò** le nà gè rénbù shì wáng lǎoshī
我**看错**了,那个人不是王老师
Me equivoqué (vi mal), aquél no es el profesor Wang.

zhè ge zì nǐ **xiě cuò** le yīnggāi zhèyàngxiě
这个字你**写错**了,应该这样写
Has escrito mal este carácter chino, deberías escribirlo así.

nǐ jiǎng de hěn qīngchǔ shì wǒ **lǐjiě cuò** le
你讲得很清楚,是我**理解错**了
Lo explicaste muy claro, fui yo que lo malentendí.

rúguǒ bù shì yīnwèi wǒ men **zǒu cuò** le de huà wǒ men xiànzài yīnggāi yǐ jīng dào bīnguǎn le
如果不是因为我们**走错**了的话,我们现在应该已经到宾馆了。
Ya habríamos llegado al hotel si no fuera porque estamos en el lado equivocado de la calle.

zhè běn shū bù shì wǒ xiǎngmǎi de wǒ **mǎi cuò** le
这本书不是我 想买的,我**买错**了。
Este no es el libro que quería comprar, me he equivocado al comprarlo.

wǒ bù shì xiǎomǎ nǐ **zhǎo cuò** rén le
我不是小马,你**找错**人了。
No soy Xiao Ma, te has equivocado de persona.

tā **huí dá cuò** le gè wèntí suǒ yǐ méi yǒu tōngguò kǎoshì
他**回答错**了5个问题, 所以没有通过考试。
Se equivocó en contestar 5 preguntas y por eso no aprobó el examen.

jǐngchá jú de dìzhǐ wǒ **shuō cuò** le tā zài xiānfēng jiē shang
警察局的地址我**说错**了, 它在先锋街上。
Me equivoqué al decir la dirección de la comisaría, está en la calle Xian Feng.

26.3.7 COMPLEMENTO DE RESULTADO 对

Cuando se utiliza como complemento de resultado indica lo contrario que 错, es decir, indica que la acción se ha realizado **correctamente**.

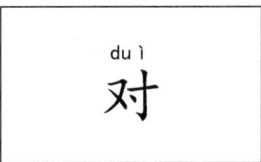

zhè ge wèntí tā **huí dá duì** le
这个问题他**回答对**了。
Él acertó la pregunta.

nǐ **cāi duì** le
你**猜对**了。
Lo has adivinado.

lǎoshī ràng wǒ men cāi zhè ge cí de yì si   zhǐ yǒu wǒ **cāi duì** le
老师让我们猜这个词的意思，只有我**猜对**了。
El profesor quería que adivináramos el significado de la palabra y sólo lo acerté yo.

tā hěn chéng gōng hái yǒu hěn duō qián   tā jué de tā **xuǎn duì** le tā de zhí yè
他很成功还有很多钱，他觉得他**选对**了他的职业。
Tiene mucho éxito y mucho dinero, cree que eligió correctamente su profesión.

dà wèi jué de jīn tiān huì xià yǔ   xiǎo míng jué de bú huì xià yǔ   zuì hòu zhēn de xià yǔ le
大卫觉得今天会下雨，小明觉得不会下雨，最后真的下雨了。
dà wèi **shuō duì** le
大卫**说对**了。
David creía que iba a llover hoy. Xiao Ming pensó que no llovería, y al final lo hizo. David estaba en lo cierto.

Recuerde que podemos usar 对 para formular preguntas o contestar afirmativamente a algo previamente enunciado:

nǐ yǒu ér zi   **duì bù duì**
你有儿子，**对不对**?
Tienes un hijo, ¿no?

duì   tā jiào jí lán
对，他叫吉兰。
Sí, se llama Jilan.

Contenidos relacionados

9.2 Formular preguntas con ambas opciones afirmativa y negativa. Preguntas con adjetivos predicativos

Consulte también su uso como preposición:

kā fēi hē tài duō le   **duì** shēn tǐ bù hǎo
咖啡喝太多了，**对**身体不好。
Demasiado café es malo para la salud.

Contenidos relacionados

28.7 Expresando para con 对

26.3.8 COMPLEMENTO DE RESULTADO 着

Como complemento de resultado 着 indica si la acción ha alcanzado su propósito y, por tanto, ha obtenido el resultado que se buscaba con su realización o, por el contrario, no lo ha conseguido.

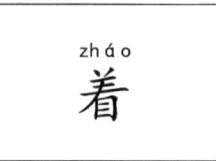

zháo
着

Algunos de los verbos que aparecen con más frecuencia junto a 着 como complemento de resultado son:

zhǎo 找 Buscar	jiē 接 Ir a recibir a alguien Pasar a buscar	kàn 看 Mirar	cháng 尝 Probar

着 puede señalar la **consecución** o **finalización con éxito** de la acción. En este caso resulta prácticamente intercambiable por 到, pero 着 se utiliza preferiblemente en lenguaje coloquial.

tā yào de nà běn wǒ **jièzháo** le
他要的那本我**借着**了。
Tomé prestada la copia que me pidió.

nà jiàn yī fú wǒ **mǎizháo** le
那件衣服我**买着**了。
He conseguido comprar ese vestido.

wǒ zhōngyú **hēzháo** le wǒ xiǎng hē de nǎichá
我终于**喝着**了我想喝的奶茶。
Finalmente conseguí el té de leche que quería tomar.

nǐ zài shūdiàn **zhǎozháo** wǒ gēn nǐ shuō de nà běn shū le ma
你在书店**找着**我跟你说的那本书了吗？
¿Encontraste en la librería el libro que te dije?

tóngxué men zhè běn shū shì cóng tú shūguǎn kě yǐ **jièzháo** de
同学们，这本书是从图书馆可以**借着**的。
Alumnos, este libro se puede tomar prestado de la biblioteca.

También acompaña habitualmente a ciertas acciones como **encender un fuego** o un **cigarrillo** o **quedarse dormido**:

wǒ zuótiān yì diǎn cái **shuì zháo**
我昨天一点才**睡着**。
Ayer conseguí dormirme a la una.

xià bān yǐ hòu   tā wǎng wǎng **diǎn zháo** yì zhī yān
下班以后，他往往**点着**一支烟。
Cuando termina de trabajar, a menudo enciende un cigarrillo.

bà bà hái méi **diǎn zháo** bì lú   mā mā jiù **shuì zháo** le
爸爸还没**点着**壁炉，妈妈就**睡着**了。
Papá aún no había encendido la chimenea y mamá se había quedado dormida.

Contenidos relacionados

36.1 Expresando tan pronto como con 一......就

着 también puede indicar que **se ha alcanzado determinado estado**:

bà   xiǎo xīn bié lèi **zháo**
爸，小心别累**着**！
Papá, ten cuidado de no fatigarte.

26.3.9 COMPLEMENTO DE RESULTADO 开

开 como verbo tiene múltiples significados. Su significado principal es **abrir** pero también puede significar **conducir** o **encender**.

kāi
开
Abrir
Conducir
Encender

qǐng **kāi dēng**
请**开灯**。
Por favor, encienda las luces

jiǔ hòu bù néng **kāi chē**
酒后不能**开车**。
No conducir después de beber.

Cuando se utiliza como complemento de resultado indica que la acción ha resultado en una **apertura** o **separación** de algo. También puede indicar **alejamiento** o **desprendimiento**.

dǎ kāi diàn shì
打开电视
Encender el televisor

dǎ kāi lǐ wù
打开礼物
Abrir el regalo

qǐng bǎ mén kāi kāi
请把门开开。
Por favor, abra la puerta.

qǐng dǎ kāi zhè píng jiǔ
请打开这瓶酒。
Por favor, abra esta botella de vino.

wǒ kě yǐ dǎ kāi chuāng hù ma
我可以打开窗户吗？
¿Puedo abrir la ventana?

má fán nǐ bāng wǒ tuī kāi nà shàn mén
麻烦你帮我推开那扇门
Por favor, ayúdame a abrir esa puerta.

Puede indicar que dos cosas unidas han sido **separadas**. Participa entonces en verbos como **partir**, **abandonar**, **dejar**, **cortar** ...

wǒ nǚ péng yǒu lí kāi le wǒ
我女朋友离开了我。
Mi novia me dejó.

tā men shàng gè yuè jiù fēn kāi le
他们上个月就分开了。
Los dos se separaron el mes pasado.

wǒ qù nián lí kāi le měi guó
我去年离开了美国。
Me fui de Estados Unidos el año pasado.

qǐng qiē kāi zhè ge píng guǒ
请切开这个苹果。
Por favor, cortar esta manzana.

Cuando indica movimiento suele hacerlo participando en verbos como **mover**, **retirar**, **apartar** o **propagar**

qǐng ràng kāi zhè lǐ yǒu wèi wēi jí bìng rén
请让开，这里有位危急病人。
Por favor, apártense, tenemos un paciente en estado crítico.

qǐng bǎ bú yòng de xiāng zi bān kāi
请把不用的箱子搬开。
Por favor, mueva las cajas no utilizadas.

qǐng bǎ zhè ge bēi zi ná kāi
请把这个杯子拿开。
Por favor, retire esta taza.

ná kāi nǐ de shǒu
拿开你的手。
Quita la mano.

tā men lí hūn de xiāo xī hěn kuài jiù chuán kāi le
他们离婚的消息很快就传开了
La noticia de su divorcio se extendió rápidamente.

26.3.10 COMPLEMENTO DE RESULTADO 上

Indica que la acción se hace **de abajo hacia arriba** y puede indicar que dos cosas separadas han sido unidas o que una cosa se ha juntado con otra. Además, también podemos encontrarlo indicando que empieza a producirse un estado o se **inicia una acción**.

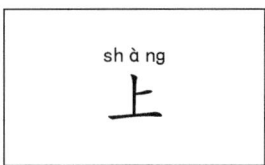

sh à ng

上

Combinado con verbos como 关 o 锁 refuerza el significado de **cerrar**:

q ǐ ng bǎ mén**gu ā nsh à ng**
请 把 门 **关 上** 。
Por favor, cierre la puerta.

q ǐ ng**gu ā nsh à ng**mén
请 **关 上** 门 。
Por favor, cierre la puerta.

nǐ bǎ niǎolóng zi **suǒshàng** le ma
你 把 鸟 笼 子 **锁 上** 了 吗?
¿Cerraste la jaula del pájaro?

q ǐ fēng le   bǎ chuānghù **gu ā nsh à ng**ba
起 风 了, 把 窗 户 **关 上** 吧。
Hace viento, cierra las ventanas.

bǎ zhè ge bēi zi **gài shàng**
把 这 个 杯 子 **盖 上** 。
Pon la tapa en esta taza.

zhè lǐ de rénguònián de shíhòu xǐ huānzài qiáng**shàng**huà **shàng**huā er
这 里 的 人 过 年 的 时 候 喜 欢 在 墙 上 画 上 花 儿。
A la gente de aquí le gusta pintar flores en las paredes durante la Nochevieja.

Con ciertos verbos puede reforzar la idea de **llevar puesto encima o traer consigo algo**:

nǐ **chu ā nsh à ng**yī fú le ma
你 **穿 上** 衣 服 了 吗?
¿Estás vestido?

nǐ **dài shàng**kǒuzhào le ma
你 **戴 上** 口 罩 了 吗?
¿Tienes la mascarilla puesta?

q ǐ ngbǎ hù zhào**dài shàng**
请 把 护 照 **带 上** 。
Por favor, lleve su pasaporte.

Con ciertos verbos el complemento de resultado 上 indica que **algo ha ocurrido por azar o accidente**:

_{wǒ **pèngshàng** le wǒ de dà xué jiàoshòu}
我**碰 上** 了我的大学教授。
Me encontré con mi profesor de la universidad.

_{tā **àishàng** le tā de lǎoshī}
她**爱 上** 了她的老师。
Se enamoró de su profesor.

_{wǒ **xǐhuānshàng** le huáng zi tāo}
我**喜欢 上** 了黄子韬。
Tengo un *crush* con Huang Zitao

El complemento de resultado 上 también puede indicar **éxito**:

_{tā **kǎoshàng** dà xué le}
他**考 上** 大学了。
Entró en la universidad.

_{wǒ bǎ nà xiē huā **zhòngshàng** le}
我把那些花 **种 上** 了。
Yo planté esas flores.

_{wǒ méi yǒu bèi **xuǎnshàng**}
我没有被**选 上**。
No me han seleccionado.

_{wǒ **zuòshàng** le huí jiā de chē}
我**坐 上** 了回家的车。
Me subí al coche para ir a casa.

Vamos a aprovechar los dos últimos ejemplos con la forma negativa de este complemento de resultado para incidir algo más en la diferencia de uso entre el complemento de resultado y el de potencia.

_{wǒ zuótiān **méi zuòshàng** zǎochén diǎn nà tàng qù shànghǎi de fēijī}
我昨天 **没坐 上** 早晨8点那趟去上海的飞机。
Ayer no pude coger el vuelo de las 8 de la mañana a Shanghai.

_{wǒ zuótiān **méi hē shàng** jiǔ yīnwèi wǒ yào kāichē}
我昨天 **没喝 上** 酒因为我要开车。
Ayer no bebí nada porque tenía que conducir

Sin embargo cuando se habla de algo que no ha ocurrido se debe utilizar el complemento de potencia. Observe como 了 aparece cerrando la oración.

_{wǒ jīntiān **zuò bù shàng** zǎochén diǎn nà tàng qù shànghǎi de fēijī le}
我今天 **坐 不 上** 早晨8点那趟去上海的飞机了。
Hoy no puedo coger el vuelo de las 8 de la mañana a Shanghai.

_{wǒ yào kāichē jīntiān kànlái **hē bú shàng** jiǔ le}
我要开车，今天看来**喝不上** 酒了。
Tengo que conducir, así que no puedo beber hoy.

En ocasiones indica que la acción simplemente se realiza **sobre algo**:

qǐngzàizhǐshàng**xiěshàng**nǐ de míngzi
请在纸上**写上**你的名字。

Por favor, escriba su nombre en el papel.

nǐ bǎ nà ge xīnmǎi de ménsuǒ**huànshàng** le ma
你把那个新买的门锁**换上**了吗?

¿Cambiaste la cerradura que hemos comprado nueva de la puerta?

qǐngbǎ zhèxiē yā suìqián**bāoshàng**hóngbāo
请把这些压岁钱**包上**红包。

Por favor, envuelva este dinero de Año Nuevo en paquetes rojos.

26.3.11 COMPLEMENTO DE RESULTADO 下

Indica que la acción se hace **de arriba hacia abajo** y puede reforzar el significado de verbos como **dejar** o **caber**.

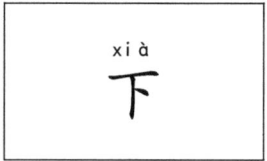

qǐng**zuòxià**
请**坐下**。

Por favor, siéntese.

wǒ men yào**fàngxià**guòqù de dōngxī
我们要**放下**过去的东西。

Tenemos que dejar atrás el pasado.

tā men zàixuéxiàodà ménkǒu**máixià**bàozhàzhuāngzhì
他们在学校大门口**埋下**爆炸装置。

Colocaron un artefacto explosivo en la puerta de la escuela.

yī shēngmǎshàngjiùyàolái le   qǐng**tuōxià**nǐ de yī fú
医生马上就要来了,请**脱下**你的衣服。

El médico llegará pronto, por favor, quítese la ropa.

tā zàishēngbìngshí**xiěxià** le zhèduànwénzì
他在生病时**写下**了这段文字。

Escribió esto mientras estaba enfermo.

dōuyǐ jīngbànyè liǎngdiǎn le   dàntā hái**méitǎngxià**
都已经半夜两点了,但他还**没躺下**。

Son las dos de la mañana, pero no se acuesta.

qǐngbǎ nǐ de diànhuàhàomǎ**liúxià**
请把你的电话号码**留下**。

Por favor, déjenos su número de teléfono.

Con muchos otros verbos suele aparecer acompañado de un complemento de potencia y su significado se relaciona con el verbo **caber**. 下 refuerza el significado de si algo cabe o no en un determinado espacio o se ajusta a determinadas medidas. Sin embargo con este significado suele usarse como complemento de potencia.

tíngchēchǎng hái **tíng de xià** jǐ shí liàng chē
停车场还**停得下**几十辆车。

Todavía hay espacio para unas cuantas docenas de coches en el aparcamiento.

jīn tiān hē le tài duō pí jiǔ le   wǒ shí zài **hē bú xià** le
今天喝了太多啤酒了，我实在**喝不下**了。

He tomado demasiadas cervezas hoy, no puedo beber más.

zhè ge diàn shì tài dà le   diàn shì guì shàng **fàng bú xià**
这个电视太大了，电视柜上**放不下**。

Este televisor es demasiado grande para que quepa en el soporte.

tā jiā cái èr shí píng fāng mǐ   **zhù bú xià** liù gè rén
他家才二十平方米，**住不下**六个人。

Su casa sólo tiene veinte metros cuadrados y no caben seis personas en ella.

wǒ jīn nián zhǎng pàng le   zhī qián de yī fú dōu **chuān bú xià** le
我今年长胖了，之前的衣服都**穿不下**了。

Este año he ganado peso y no me cabe la ropa que tenía antes.

26.3.12 COMPLEMENTO DE RESULTADO 光

光 como complemento de resultado indica el **agotamiento** de un objeto sobre el cual se lleva a cabo una acción. Que algo se ha terminado y que nada ha sobrado, que se ha agotado o que la acción se ha realizado hasta el final.

nǐ zhè me má fán   bǎ wǒ de nài xīn dōu **hào guāng** le
你这么麻烦，把我的耐心都**耗光**了。
Eres muy molesto, ya has agotado mi paciencia.

nǐ de qián dōu **huā guāng** le
你的钱都**花光**了。
Has gastado todo tu dinero.

wǒ měi ge yuè dōu bǎ gōng zī **huā guāng**
我每个月都把工资**花光**。
Todos los meses gasto todo mi sueldo.

jīn tiān de wǎn bào dōu **mài guāng** le
今天的晚报都**卖光**了。
El periódico de la tarde se ha agotado.

yuè guāng zú de qián yī gè yuè jiù **yòng guāng** le
月光族的钱一个月就**用光**了。
El dinero de los derrochadores se agota en un mes.

kā fēi   chá   kě kǒu kě lè dōu **hē guāng** le
咖啡、茶、可口可乐都**喝光**了。
Se han bebido todo el café, el té y la Coca-Cola.

wǒ tài kě le   yí xià zi bǎ zhěng píng kě lè dōu **hē guāng** le
我太渴了，一下子把整瓶可乐都**喝光**了。
Tenía tanta sed que me bebí toda la botella de Coca-Cola de un tirón.

jiā lǐ de cài dōu **chī guāng** le   wǒ men qù mǎi diǎn er ba
家里的菜都**吃光**了，我们去买点儿吧。
Nos hemos quedado sin comida en casa, así que vamos a comprarla.

Contenidos relacionados

26.3.4 Complemento de resultado 完

26.3.13 COMPLEMENTO DE RESULTADO 死

El verbo 死 en sí mismo tiene el significado de **morir**. Cuando se usa como complemento de resultado, indica que la acción del verbo principal acaba en muerte.

sǐ

死

Morir

En el siguiente ejemplo lo vemos tras 冻 que tiene el significado de **congelarse**. Así, 冻死 indica congelarse hasta morir o morir congelado:

tā men dōu **dòng sǐ** le
他们都**冻死**了。
Murieron todos congelados.

Al igual que en español, se puede usar también en **sentido figurado**, en cuyo caso estaremos expresando la idea de morirse de algo (de risa, de sueño, de miedo, de cansancio, de frío...), es decir, exagerando o indicando un grado extremo. En este caso puede también aparecer tras un adjetivo y actuar como complemento de grado.

wǒ è sǐ le
我饿死了!
¡Me muero de hambre!

wǒ xiào sǐ le
我笑死了!
¡Me muero de risa!

wǒ qì sǐ le
我气死了
¡Estoy terriblemente enojado!

Contenidos relacionados

21.2 Indicando un mayor grado con 坏了 o 死了

26.3.14 COMPLEMENTO DE RESULTADO 走

Indica que la acción se hace **alejándose** de algo o alguien. También puede indicar la **desaparición** de algo.

zǒu
走

qǐngbǎ nǐ de lā jī **dàizǒu**
请把你的垃圾**带走**。
Por favor, llévese su basura.

zhèbiānchī háishì **dàizǒu**
这边吃还是**带走**?
¿Para comer aquí o para llevar?

hái zi   bié **ná zǒu** nà píng pí jiǔ
孩子，别**拿走**那瓶啤酒！
Chico, ¡no te lleves esa botella de cerveza!

nǐ nǚ er gāngbèi tā bà bà **lǐngzǒu** le
你女儿刚被她爸爸**领走**了。
Tu hija acaba de ser llevada por su padre.

nà ge bāoguǒ yǐ jīngbèi **jì zǒu** le
那个包裹已经被**寄走**了。
Ese paquete ha sido enviado.

wǒ de lì shǐshūbèi **jièzǒu** le
我的历史书被**借走**了。
Mi libro de historia ha sido prestado.

Contenidos relacionados

41.1 Usando la voz pasiva con 被, 叫, 让

26.3.15 COMPLEMENTO DE RESULTADO 掉

掉 como verbo tiene el significado de **perder** o **caer**, de modo que 掉 como complemento de resultado indica que algo se ha tirado o se ha perdido. Se utiliza también en algunos casos para indicar la **desaparición**, **perdida** o **eliminación** de algo. Se combina con verbos tales como como 扔, 拿, 脱, 吃, 死, 忘, 丢, 改, 抱 o 拆 para reforzar dichas ideas.

diào
掉

wǒ menyào bǎ lā jī **rēngdiào**
我们要把垃圾**扔掉**。
Tenemos que deshacernos de la basura.

rēngdiào lā jī ba
扔掉垃圾吧！
Tira la basura, venga.

nǐ bǎ nǐ de shǒu **ná diào**
你把你的手**拿掉**。
Quita las manos.

wǒ hái méi **wàng diào** nǐ
我还没**忘掉**你。
No me he olvidado de ti.

qǐng **tuō diào** nín de wàitào
请**脱掉**您的外套。
Por favor, quítese el abrigo.

qǐng **diū diào** nǐ de fù miàn qíng xù
请**丢掉**你的负面情绪。
Por favor, quítate sus sentimientos negativos.

wǒ bǎ zhěng gè dàngāo dōu **chī diào** le
我把整个蛋糕都**吃掉**了。
Me comí todo el pastel.

nǐ yào **gǎi diào** nǐ de huài xí guàn
你要**改掉**你的坏习惯。
Tienes que cambiar tus malos hábitos.

nà zhǐ xiǎo māo dé bìng **sǐ diào** le
那只小猫得病**死掉**了。
El gatito enfermó y murió.

wǒ de gǒu zuó tiān **pǎo diào** le
我的狗昨天**跑掉**了。
Mi perro se escapó ayer.

nà ge fáng zi bèi zhèng fǔ **chāi diào** le
那个房子被政府**拆掉**了。
Esa casa fue derribada por el gobierno.

wǒ **gǎi diào** le nà ge huài xí guàn
我**改掉**了那个坏习惯。
He cambiado ese mal hábito.

měi tiān huí jiā kàn dào zhè liǎng zhǐ kě ài de xiǎo māo　kě yǐ shǐ wǒ **wàng diào** yì tiān de fán nǎo
每天回家看到这两只可爱的小猫,可以使我**忘掉**一天的烦恼
Llegar a casa cada día con estos dos lindos gatitos me hace olvidar las preocupaciones del día.

wǒ **yòng diào** hǎo duō qián le　qián bú gòu le
我**用掉**好多钱了! 钱不够了。
¡He derrochado tanto dinero! El dinero no me llega.

pǎo bù ràng yì tiān de fán nǎo dōu **pǎo diào** le
跑步让一天的烦恼都**跑掉**了。
Correr hace que las preocupaciones del día desaparezcan.

26.3.16 COMPLEMENTO DE RESULTADO 倒

倒 expresa el significado de **caerse** y normalmente se combina con verbos como 摔 o 跌.

dǎo

倒

yùndòngyuán **shuāidǎo** le
运动员 **摔倒**了。
El atleta se cayó.

wǒ zuótiān bù xiǎoxīn **diēdǎo** le
我昨天不小心**跌倒**了。
Ayer me caí accidentalmente.

26.3.17 COMPLEMENTO DE RESULTADO 住

住 como verbo significa normalmente **vivir** o **alojarse**. Posiblemente derive de aquí su significado como complemento de resultado para expresar **estados fijos, firmes** o **permanentes**.

zhù

住

Vivir / Alojarse
Estabilizar / Inmovilizar

Así, en ocasiones puede indicar que algo o alguien ha quedado **quieto** o que la acción ha quedado **detenida** o **bloqueada**.

站住 expresa el significado de **estar parado de pie** o detenerse:

zhànzhù
站住!
¡Para!

jǐngchá ràng zhèngzài táopǎo de xiǎotōu **zhànzhù**
警察让正在逃跑的小偷**站住**。
El policía le dijo al ladrón que huía que se quedara quieto

De manera parecida, se combina con verbos como 抓, 停, 留 o 塞 para reforzar esta idea de **bloqueo** o **detención**:

jǐngchá **zhuā zhù** le xiǎotōu
警察**抓住**了小偷。
La policía atrapó al ladrón.

nà ge xiǎotōu bèi jǐngchá **zhuā zhù** le
那个小偷被警察**抓住**了。
El ladrón fue capturado por la policía.

xiǎotōu bèi **zhuā zhù** le
小偷被**抓住**了。
El ladrón ha sido atrapado.

lā jī bǎ xiàshuǐdào **sāi zhù** le
垃圾把下水道**塞住**了
La basura obstruye el desagüe.

hěnduō sī jiāchēbèi jiāojǐng **tíng zhù** le
很多私家车被交警**停住**了。
La policía de tráfico detuvo a muchos coches particulares.

Puede indicar la **firmeza** de una determinada acción literal o figuradamente:

qǐng bǎ zhè píng jiǔ **ná zhù**
请把这瓶酒**拿住**。

Por favor, sostenga esta botella.

tā shǒushù qián jǐnjǐn **wò zhù** tā qī zi de shǒu
他手术前紧紧**握住**他妻子的手。

Sujetó con fuerza la mano de su mujer antes de la operación.

tā **wò zhù** lǎoshī de shǒushuō   tài xièxiè nín le
他**握住**老师的手说：" 太谢谢您了！"
El tomó firmemente la mano del profesor y dijo: "¡Muchísimas gracias a usted!

hěnduō rén wèi le yǐnsī dōu bǎ diànnǎoshè xiàngtóu **tiē zhù** le
很多人为了隐私都把电脑摄像头**贴住**了。
Mucha gente tiene las cámaras de sus ordenadores tapadas con cinta adhesiva por privacidad.

住 también puede indicar **recordar, memorizar o fijar un concepto** si se utiliza con verbos como 记：

nǐ néng **jì zhù** zěn me huí jiā ma
你能**记住**怎么回家吗？
¿Puedes recordar cómo llegar a casa?

lǐ bái de nà shǒu shī wǒ jì zhù le liǎng jù
李白的那首诗我记住了 两 句
Recuerdo dos líneas de ese poema de Li Bai.

zhèxiē hànzì wǒ dōu **jì zhù** le
这些汉字我都**记住**了。
Ya he memorizado todos estos caracteres chinos.

jì zhù zhè jiàn shì
记住这件事。
Recuerda este incidente.

wǒ xiǎng **jì zhù** tā de míngzì
我想**记住**他的名字。
Quiero recordar su nombre.

qǐng nǐ men bǎ zhèxiē cí dōu **jì zhù**
请你们把这些词都**记住**。
Por favor, recuerda todas estas palabras.

También aparece frecuentemente como complemento de potencia:

bù hǎoyì si   zhè ge dì míngtài cháng le   wǒ **jì bú zhù**
不好意思，这个地名太长了，我**记不住**。

Lo siento, el nombre de este lugar es demasiado largo para que lo recuerde.

tā liú bí xiě liú de **zhǐ bú zhù**
他流鼻血流得**止不住**。

No puede detener su hemorragia nasal.

xiǎochéngshì yīnwèijīng jì bù hǎo   **liú bú zhù** réncái
小城市因为经济不好，**留不住**人才。

Las ciudades pequeñas no pueden retener el talento debido a la mala economía.

26.3.18 COMPLEMENTO DE RESULTADO 破

破 indica que el objeto se ha **roto** como resultado de la acción. Utilice 破 para objetos que se puedan romper en pequeños trozos.

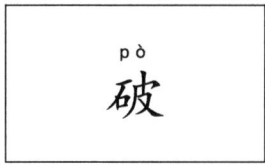

Algunos de sus combinaciones más comunes aparecen en los siguientes ejemplos:

wǒ **dǎ pò** le wǒ de yǎnjìng
我**打破**了我的眼镜。

He roto mis gafas.

tā bǎ pánzi **dǎ pò** le
他把盘子**打破**了。

Rompió el plato.

wǒ bù xiǎoxīn bǎ nà ge huāpíng **nòng pò** le
我不小心把那个花瓶**弄破**了。

Accidentalmente rompí ese jarrón.

wǒ bù xiǎoxīn bǎ wǒ de shǒuzhǐ **nòng pò** le
我不小心把我的手指**弄破**了。

Me rompí el dedo accidentalmente

Aunque de significado similar y normalmente intercambiables 打破 hace referencia a un suceso algo **más violento** que 弄破.

Contenidos relacionados

26.3.24 Complemento de resultado 坏

26.3.19 COMPLEMENTO DE RESULTADO 饱

饱 se combina normalmente con el verbo 吃 con el significado de **comer** y aporta el significado de **estar lleno**, añadiendo cierto grado de satisfacción al resultado de la acción.

bǎo
饱

wǒ chī **bǎo** le
我吃**饱**了。
Estoy lleno.

26.3.20 COMPLEMENTO DE RESULTADO 会

会 como complemento de resultado indica la **adquisición** de cierta **habilidad** o **competencia**.

huì
会

wǒ qù nián **xué huì** le zuò zhōngguó cài
我去年**学会**了做中国菜。
El año pasado aprendí a preparar comida china.

nǐ **xué huì** le hànyǔ ma méiyǒu
你**学会**了汉语吗？没有！
¿Has aprendido chino? ¡No!

Contenidos relacionados

10.2 Usos de 会

26.3.21 COMPLEMENTO DE RESULTADO 够

够 como complemento de resultado indica que la acción **basta** o es **suficiente** para algo.

gòu
够

wǒ bù xiǎngzǒu　　wǒ háiméiwán er gòu ne
我不想走，我还没**玩儿够**呢。
No me quiero ir, no me he divertido lo suficiente.

jīntiān de zì zhùcāntàihǎochī le　　xiǎoháizi mendōuháiméichīgòu ne
今天的自助餐太好吃了，小孩子们都还**没吃够**呢。
El buffet estaba tan bueno hoy que los niños no se cansaban de comer.

wǒ cóngqiántiāndàoxiànzàizhǐshuì le　xiǎoshí　　gēnběnméiyǒushuìgòu
我从前天到现在只睡了4小时，根本**没有睡够**。
Sólo he dormido 4 horas desde anteayer y no he dormido lo suficiente.

Contenidos relacionados
_____

27.11 Expresando suficiente con 够

26.3.22 COMPLEMENTO DE RESULTADO 动

动 como complemento de resultado indica movimiento genérico de una acción. Suele combinarse con verbos de acción como 拉, 拿, 抱, 开, 推, 提, 走 o 搬.

dòng
动

zhè ge xiāng zi nǐ néng lā dòng ma
这个箱子你能**拉动**吗？
¿Puedes tirar de esta caja?

nǐ néngbāndòngzhèxiējiājù ma
你能**搬动**这些家具吗？
¿Puedes mover el mobiliario?

xiǎoháizi men nǎ néngbàodòngzhè me zhòng de gōngzǎi
小孩子们哪能**抱动**这么重的公仔？
¿Como van a sostener los niños una muñeca tan pesada?

zhè jǐ běn shū bù tài chén　　wǒ néng **ná dòng**
这几本书不太沉，我能**拿动**。

Estos libros no son demasiado pesados, puedo llevarlos.

hěn duō ōu zhōu chéng shì dōu zài **tuī dòng** lǜ sè chū xíng
很多欧洲城市都在**推动**绿色出行。

Muchas ciudades europeas están promoviendo la movilidad verde.

nà píng shuǐ yǒu　　jīn　wǒ **méi tí dòng**
那瓶水有20斤，我**没提动**。

Esa botella de agua pesaba 10 kilos y no la levanté.

nà ge xiāng zi tài chén le　　wǒ **méi ná dòng**
那个箱子太沉了，我**没拿动**。

La caja era demasiado pesada para mí.

nà píng hěn dà de shuǐ wǒ **méi tí dòng**
那瓶很大的水我**没提动**。

No levanté esa botella de agua tan grande.

tā shǐ le hěn dà de jìn　　dàn hái shì **méi bān dòng** nà ge shā fā
他使了很大的劲，但还是**没搬动**那个沙发。

El hizo mucho esfuerzo pero no pudo levantar ese sofá.

26.3.23 COMPLEMENTO DE RESULTADO 惯

El complemento de resultado 惯 indica **acostumbrarse** a algo. También es posible construir la oración directamente con el verbo 习惯 y emplazar la costumbre adquirida tras él. Ambas oraciones resultantes tendrán el mismo significado.

guàn

惯

Acostumbrarse a

wǒ yǐ jīng **chī guàn** le zhōng guó cài
我已经**吃惯**了中国菜。
wǒ yǐ jīng **xí guàn** le **chī** zhōng guó cài
我已经**习惯**了**吃**中国菜。

Ya me he acostumbrado a comer la comida china.

wǒ **chuī guàn** le kōng tiáo　　jué de méi yǒu kōng tiáo de dì fāng hěn rè
我**吹惯**了空调，觉得没有空调的地方很热。
wǒ **xí guàn** le **chuī** kōng tiáo jué de méi yǒu kōng tiáo de dì fāng hěn rè
我**习惯**了**吹**空调,觉得没有空调的地方很热。

Estoy acostumbrado al aire acondicionado y me parece que hace mucho calor sin él

tā gāng cóng dà xué bì yè hái **méiguòguàn** tiāntiān zǎo qǐ shàngbān de shēnghuó
她 刚 从 大学 毕业，还 **没过惯** 天 天 早 起 上 班 的 生活。

tā gāng cóng dà xué bì yè hái **méixíguàn** tiāntiān zǎo qǐ shàngbān de shēnghuó
她 刚 从 大学 毕业，还 **没习惯** 天 天 早 起 上 班 的 生活。

Ella justo se ha graduado de la universidad, todavía no se ha acostumbrado a madrugar diariamente e ir al trabajo.

26.3.24 COMPLEMENTO DE RESULTADO 坏

坏 como complemento de resultado indica que algo se ha **roto**.

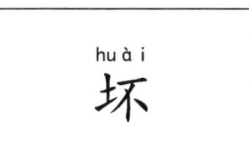

zhè ge hái zi **nònghuài** le wǒ de diànnǎo
这 个 孩子 **弄坏** 了 我 的 电脑。

Este niño rompió mi ordenador.

xiǎomíng **wánhuài** le tā de wánjù
小 明 **玩坏** 了 他 的 玩具。

Xiao Ming ha roto su juguete

wǒ de diànnǎo bèi zhè ge hái zi **nònghuài** le
我 的 电脑 被 这 个 孩子 **弄坏** 了

Mi ordenador fue roto por este niño.

xiǎomíng de wánjù bèi **wánhuài** le
小 明 的 玩具 被 **玩坏** 了。

El juguete de Xiao Ming está roto.

A diferencia de 破, 坏 se utiliza con objetos que pueden **dejar de funcionar** sin necesidad de romperse en pequeños trozos.

Contenidos relacionados
_____

26.3.18 Complemento de resultado 破

Contenidos relacionados
_____

21.2 Indicando un mayor grado con 坏了 o 死了

26.3.25 COMPLEMENTO DE RESULTADO 作 Y 做

En chino moderno se utiliza únicamente 作 como complemento de resultado. No obstante, podría encontrar algunas oraciones donde se siga utilizando 做. Ambos aportan el mismo significado e indican una **equivalencia** entre dos elementos expresados en la oración. Suele aparecer con verbos como 看, 用 o 当 y aporta el significado de **considerar como**, **utilizar como** y **ejercer como** respectivamente.

wǒ bǎ nà gè rén **kànzuò** wǒ bà le
我把那个人**看作**我爸了。
Pienso en ese hombre como mi padre.

nǐ yàobǎ měicì shībài **dàngzuò** yì cì jiàoxùn
你要把每次失败**当作**一次教训。
Hay que tomar cada fracaso como una lección.

lǎoshǔ jīngchángbǎ zhǐxiāng **yòngzuò** le lǎowō
老鼠经常把纸箱**用作**了老窝。
Las ratas suelen utilizar cajas de cartón como nido.

yì xiē guólì yī yuànbèizhèngfǔ bù duì **yòngzuò** le jūnshì jī dì
一些国立医院被政府部队**用作**了军事基地。
Algunos hospitales estatales fueron utilizados como bases militares por las fuerzas gubernamentales.

26.3.26 COMPLEMENTO DE RESULTADO 遍

遍 usado como complemento de resultado significa que **la acción de extiende por todos los lugares** que se indican detrás del complemento de resultado.

Observe como se expresa dicha noción con los siguientes ejemplos:

wèi le yánjiū zhè ge lì shǐ wèn tí   tā **zǒu biàn** le quán guó
为了研究这个历史问题，他**走遍**了全国。
Viajó por todo el país para investigar este tema histórico.

wǒ **zhǎo biàn** le dà xiǎo shū diàn   hái shì méi yǒu nǐ yào mǎi de běn shū
我**找遍**了大小书店，还是没有你要买的本书。
He buscado en librerías grandes y pequeñas y todavía no tengo el libro que quiere comprar.

wǒ **chī biàn** le suǒ yǒu de shí wù   hái shì jué de zhōng guó cài zuì hǎo chī
我**吃遍**了所有的食物，还是觉得中国菜最好吃。
He comido todo tipo de comida y sigo encontrando la comida china como la mejor.

wǒ **kàn biàn** le shì jiè   jué de ōu zhōu zuì piào liàng
我**看遍**了世界，觉得欧洲最漂亮。
He visto el mundo y creo que Europa es la más bella.

26.3.27 COMPLEMENTO DE RESULTADO 醉

Con el significado de borracho o intoxicado, actúa de un modo parecido a 饱 junto a 吃 y combinado con 喝 indica que alguien ha bebido hasta **emborracharse**.

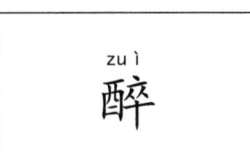

wǒ de péng yǒu **hē zuì** le
我的朋友**喝醉**了。
Mi amigo se emborrachó.

26.3.28 COMPLEMENTO DE RESULTADO 清楚

Como ya habrá observado la mayoría de complementos de resultado tienen una sola sílaba aunque en algunos casos adjetivos de dos sílabas pueden realizar esta función. Es el caso de 清楚 y 干净

清楚 indica que algo se ha realizado o percibido **claramente**. Se utiliza normalmente con verbos que expresan algún sentido como 看 o 听.

qǐng bǎ zhè jǐ háng zì **kàn qīng chǔ**
请把这几行字**看清楚**。

Por favor, lea claramente estas líneas.

nǐ néng **kàn qīng chǔ** ma
你能**看清楚**吗?

¿Ves/lees con claridad?

Sus dos sílabas tampoco afectan a cómo se forma el complemento de potencia:

wǒ fǎ yǔ bù hǎo   suǒ yǐ hé fǎ guó jǐng chá **shuō bu qīng chǔ** zhè jiàn shì qíng
我法语不好，所以和法国警察**说不清楚**这件事情。

No hablo muy bien el francés, así que no puedo hablar con la policía francesa sobre esto.

shǒu jī xìn hào bù hǎo   tā **tīng bù qīng chǔ** wǒ zài shuō shén me
手机信号不好，他**听不清楚**我在说什么。

No pudo escuchar lo que decía debido a la mala cobertura del teléfono móvil.

26.3.29 COMPLEMENTO DE RESULTADO 干净

Recuerde que en la introducción de esta sección exponíamos que en chino no es posible acabar ciertas estructuras abruptamente con un verbo y que es muy común complementarlo con un resultado para suavizar dicho final. También se comentó que esta situación produce que muchas veces el complemento que expone el resultado que se va a obtener tras la acción sea evidente e introduzca cierta redundancia en la oración. Este es el caso de 干净 que indica que **algo ha quedado limpio**. En español, si lavamos la ropa o los platos y estos quedan limpios podemos omitir el complemento de resultado y su inclusión en la mayoría de los casos resulta superflua. Sin embargo, si este se omite en chino, la oración suena incompleta.

qǐng bǎ zhè xiē wǎn kuài dōu xǐ gānjìng
请把这些碗筷都**洗干净**。
Por favor, lava todos estos platos.

ā yí bǎ lā jī dōu qīnglǐ gānjìng le
阿姨把垃圾都**清理干净**了。
La tía ha tirado toda la basura.

mā mā bāng wǒ bǎ jiā lǐ dōu shōushi gānjìng le
妈妈帮我把家里都**收拾干净**了。
Mamá me ayudó a limpiar la casa.

yào lái kè rén le kuài bǎ fángjiān dǎsǎo gānjìng
要来客人了，快把房间**打扫干净**。
Los invitados llegarán dentro de nada, date prisa en limpiar la habitación.

26.3.30 COMPLEMENTO DE RESULTADO 起

El complemento de resultado 起 es, quizá, el complemento de resultado más abstracto que vamos a presentar en este volumen. Se encuentra a veces en ciertas expresiones que tomadas literalmente parecen no guardar relación con lo que se está hablando, pero que tienen asentado un sentido figurado adoptado de manera convencional y bien conocido para los hablantes nativos. Además, en la mayoría de ocasiones aparece en construcciones junto a un complemento de potencia.

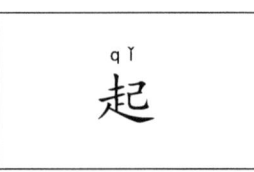

起 puede ser usado para indicar la **opinión que se tiene de una persona** (respeto o desprecio) o bien, como ya conoce, para **pedir disculpas**. Las frases 看不起, **despreciar** o 对不起, **disculparse** usan 起, que normalmente tiene el significado de **levantarse**, como complemento de resultado, pero sus significados no están relacionados de forma evidente con el significado literal de la palabra. Así, 看不起 significa literalmente **ser incapaz de mirar algo** y 对不起 **ser incapaz de hacer frente a alguien**.

duì bù qǐ
对不起
Lo siento
Ser incapaz de hacer frente a alguien

kànbù qǐ
看不起
Despreciar
Ser incapaz de mirar algo

De un modo similar con 买不起 haríamos referencia a algo muy valioso que no nos podemos permitir comprar. Puede expresar esta misma idea, no poder permitirse económicamente algo, con otros verbos como 戴, 念, 住, 买, 用, 穿, 坐, 吃, 去 ...

wǒ men **chuānbù qǐ** xiāngnài er de yī fú
我们 **穿 不起** 香奈儿的衣服。
No podemos permitirnos vestir de Chanel.

tā men cóngláiméiyǒuqù chángtú lǚ xíngguò   yīnwèitā men **zuò bù qǐ** fēi jī
他们从来没有去长途旅行过，因为他们**坐不起**飞机。
Nunca hacían viajes largos porque no podían permitirse el lujo de volar.

26.3.31 COMPLEMENTO DE RESULTADO 了

Al igual que otros complementos de resultado indica que algo **se puede** o **no se puede** realizar. Sin embargo, 了 suele aparecer con determinados verbos como 吃, 喝 o 看.

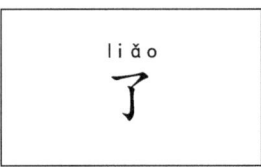

Aunque puede usarse en contadas ocasiones como complemento de resultado, dado su significado suele aparecer junto a un complemento de potencia:

zuó tiān de zhá jī tài duō le　　wǒ **méi chī liǎo**
昨天的炸鸡太多了，我**没吃了**。
Ayer había tanto pollo frito que no me lo comí todo.

zhè zhá jī tài duō le　　wǒ **chī bù liǎo**
这炸鸡太多了，我**吃不了**。
Esto es demasiado pollo frito para mí.

26.3.32 COMPLEMENTO DE RESULTADO 成

Funciona igual que un complemento de resultado pero **va seguido de un nombre** que especifica en qué se ha **transformado** o **convertido** el sujeto o objeto.

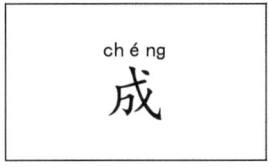

Suele aparecer tras verbos como 写, 念, 变, 翻译 o 换 y puesto que se enfatiza que el objeto ha sufrido una transformación la oración suele construirse con la partícula 把.

Contenidos relacionados

26.2.2 El complemento de resultado y las oraciones con 把
42.1 Condiciones para formar oraciones con 把
42.1.1 Referencia definida
42.1.2 La acción debe afectar particularmente al objeto

Transformación o cambio de algo

xī bān yá de gōng zhǔ yī zhuǎn yǎn jiù **biànchéng** dà rén le
西班牙的公主一转眼就**变成**大人了。

Las princesas de España se han convertido en adultas en un abrir y cerrar de ojos.

tā mànmàn de **biànchéng** le yí gè hǎo rén
她慢慢地**变成**了一个好人。

Poco a poco ella se ha convertido en una buena persona.

wǒ bù xiǎo xīn **bǎ** xiǎo míng **jiàochéng** xiǎo zhāng le
我不小心**把**小明**叫成**小张了。

Accidentalmente llamé a Xiao Ming Xiao Zhang.

qǐng **bǎ** zhè ge xìn xī **xiěchéng** yī piān xīn wén
请**把**这个信息**写成**一篇新闻。

Por favor, escriba esta información como un artículo de noticias.

jūn rén huì **bǎ** 0 **niànchéng** dòng
军人会**把**0**念成**洞。

Los soldados pronunciarán el 0 como dong.

Traducir a

qǐng **bǎ** zhè xiē hàn yǔ jù zi **fānyìchéng** xī bān yá yǔ
请**把**这些汉语句子**翻译成**西班牙语。

Por favor traduce estas frases del chino al español.

wǒ **bǎ** gù shì **fānyìchéng** xī bān yá yǔ
我**把**故事**翻译成**西班牙语。

Traduzco la historia al español.

Cambiar algo a..

wǒ xiǎng **bǎ** ōu yuán **huànchéng** rén mín bì
我想**把**欧元**换成**人民币。

Quiero cambiar los euros a RMB.

Confundir algo o alguien con

duì bù qǐ hàn yǔ kǎo shì shì xīng qī tiān wǒ **tīngchéng** xīng qī liù le
对不起，汉语考试是星期天，我**听成**星期六了。

Lo siento, el examen de chino es el domingo, había escuchado (por error que era) el sábado.

wǒ **bǎ** nà gè rén **kànchéng** wáng lǎo shī le
我**把**那个人**看成**王老师了。

Confundí a esa persona con el profesor Wang.
Creí que ese era el profesor Wang.

26.3.33 COMPLEMENTO DE RESULTADO 在

在 se usa también como complemento de resultado para indicar que una persona u objeto ha quedado en algún lugar determinado como resultado de una acción. Es, evidentemente, un caso distinto a otros complementos de resultado ya que en este caso tras 在 se incluye el lugar donde queda el objeto después de realizar la acción.

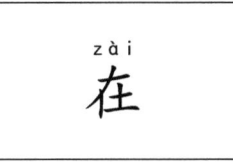

zài

在

Suele utilizarse con **verbos con un carácter estático o inactivo** como por ejemplo **tumbarse**, **sentarse** o **estar de pie** o aquellos donde el sujeto o objeto de la frase, después de realizar la acción, se queda en el mismo lugar mencionado como son **colgar**, **poner** o **quedarse**.

huà	guà	tǎng	liú
画	挂	躺	留
Dibujar	Colgar	Tumbarse	Quedarse
fàng	zhù	tíng	zhàn
放	住	停	站
Poner	Residir / Vivir	Parar	Quedarse de pie

bǎ zhè běn shū **fàng zài** zhuō zi shàng
把这本书**放在**桌子上。
Este libro, ponlo sobre la mesa.

bié **zuò zài** dì shàng
别**坐在**地上。
No te sientes en el suelo.

huā er **fàng zài** zhuō zi shàng
花儿**放在**桌子上。
Las flores están en la mesa.

bié bǎ dōng xī **huà zài** zhuō zi shàng
别把东西**画在**桌子上。
No dibujes cosas en la mesa.

tā **zhù zài** èr lóu
他**住在**二楼。
Vive en el segundo piso.

tā **zuò zài** shā fā shàng kàn diàn shì
他**坐在**沙发上看电视。
El se sienta en el sofá mirando la tele.

nà wèi sī jī de chē **tíng zài** lù biān
那位司机的车**停在**路边。
El coche de ese conductor está aparcado a un lado de la carretera.

tā ràng wǒ **tǎng zài** chuáng shàng xiū xi xiū xi
他让我**躺在**床 上 休息休息

Me dijo que me acostara en la cama y descansara.

wǒ men bǎ zhào piàn **guà zài** nǎ lǐ
我们把照片**挂在**哪里？

¿Dónde colgamos la foto?

zhè ge zhōumò wǒ juédìng **liú zài** jiā lǐ
这个周末我决定**留在**家里。

He decidido quedarme en casa este fin de semana.

wǒ men bǎ zhào piàn **guà zài** le qiáng shàng
我们把照片**挂在**了墙上。

Colgamos la foto en la pared.

bié **zhàn zài** mǎ lù zhōngjiān xiǎoxīn chē
别**站在**马路中间，小心车。

No te quedes parado en el medio de la calle, cuidado con los coches.

gōngzuò le yì tiān yǐ hòu wǒ zhǐ xiǎng **tǎng zài** chuáng shàng
工作了一天以后，我只想**躺在**床 上。

Después de un día de trabajo, sólo quiero tumbarme en la cama.

Consulte también el siguiente punto gramatical

Contenidos relacionados

39.3 Expresando la localización donde termina una acción

Vamos a volver a insistir aquí en un tema que ya abordamos en el primer volumen. Los sintagmas preposicionales con 在 suelen emplazarse delante del verbo para indicar el lugar donde sucede la acción cuando el **verbo es de carácter activo** como son verbos como **estudiar**, **cantar**, **jugar al baloncesto** ...

wǒ **zài zhōngguó** xuéxí hànyǔ
我**在中国**学习汉语

Estudio chino en China.

tā **zài jiàoshì lǐ** chàng gē
他**在教室里**唱歌。

El canta en el aula.

wǒ **zài jiā lǐ** xuéxí hànyǔ
我**在家里**学习汉语。

Estudio chino en casa.

tā **zài xuéxiào lǐ** dǎ lánqiú
他**在学校里**打篮球。

El juega al baloncesto en la escuela.

bǔ yǔ
补语

zhuàng yǔ
状语

Debe tener en cuenta, que estos sintagmas preposicionales que se colocan **delante del verbo** pertenecen a la categoría gramatical del chino denominada 状语. Suelen indicar **cuándo, cómo, dónde, con quién** o **de qué manera** se produce la acción.

Cuando se describen estas condiciones no es correcto emplazar estos sintagmas preposicionales construidos con 在 después del verbo y las oraciones que resultan no son gramaticalmente correctas.

我学习汉语在中国。　　　　　　他唱歌在教室里。

Contenidos relacionados
_____

13.1.1 Expresando localización con 在
13.1.2 Expresando la localización de una acción con 在

Sin embargo, los presentados en este punto gramatical pertenecen a la categoría gramatical denominada 补语. Este se utiliza con **verbos de carácter estático** o **inactivo** y se emplaza detrás del verbo. En estos casos se indica su **duración, cantidad, dirección, grado, posibilidad**... o como el caso que nos ocupa el lugar donde ha acabado un objeto tras realizar una acción. La diferencia fundamental entre estos dos categorías es, como habrá deducido, su ubicación en la frase. Ambos se construyen con sintagmas preposicionales pero su función y su significado son distintos y salvo algunos casos especiales su posición no es intercambiable. De hecho, si colocamos los sintagmas con 在 de la categoría 补语 delante de los verbos, las frases tendrán otros significados que, o bien no tendrán sentido alguno o bien requerirán un contexto muy especial para tenerlo.

gōngrénmen **zàiqiángshàngguà** níhóngdēng
工人们**在墙上挂**霓虹灯。
Los trabajadores están en la pared colgando carteles de neón.

gōngrénmen bǎ níhóngdēng**guàzàiqiángshàng**
工人们把霓虹灯**挂在墙上**。
Los trabajadores cuelgan carteles de neón en la pared.

Por último deténgase un momento y observe que los verbos donde 在 se emplaza detrás del verbo son similares a los indicados en el punto gramatical dedicado a expresar el estado continuo de una acción con 着.

Contenidos relacionados
_____

24.2.3 Expresando un estado continuo con la partícula 着

257

26.3.34 COMPLEMENTO DE RESULTADO 给

Podría entenderse que cuando 给 se sitúa detrás de un verbo funciona como complemento de resultado. Se trata pues de otro caso especial de complemento de resultado porque no puede aparecer solo y debe ir **seguido de la persona a quien afecta esta acción**.

wǒ bǎ xué shēng zhèng **huán gěi** nǐ le ma
我 把 学 生 证 **还给** 你 了 吗?

¿Te he devuelto el carné de estudiante?

bú yòng bǎ zhè jiàn hóng chèn shān **sòng gěi wǒ**
不 用 把 这 件 红 衬 衫 **送给我**。

No hace falta que me regales esta camisa roja.

zhè jiàn lǐ wù shì mā mā **sòng gěi wǒ** de
这 件 礼 物 是 妈 妈 **送给我**的。

Este regalo me lo regaló mi madre.

nǐ shōu dào wǒ **jì gěi nǐ** de xìn le ma
你 收 到 我 **寄给你**的 信 了 吗?

¿Recibiste la carta que te envié?

wǒ men bǎ fáng zi **zū gěi** le yí duì nián qīng fū qī
我们 把 房 子 **租给**了 一 对 年 轻 夫 妻。

Alquilamos el apartamento a un matrimonio joven.

Sin embargo, este uso ya ha sido expuesto detenidamente en este mismo volumen cuando se han introducido los **verbos dativos**.

Contenidos relacionados
_____

25.2 Verbos con complemento directo e indirecto. Verbos dativos

27 MÁS ADVERBIOS

En este primer punto gramatical dedicado a nuevos adverbios vamos a revisar las diferencias fundamentales que existen entre los **adverbios de negación** 不 y 没有.

wǒ měitiān **bù ch ī** zǎofànjiù qù shàngkè
我每天**不吃**早饭就去上课。

No desayuno nunca antes de ir a clase.

wǒ hái **méiyǒuch ī** zǎofàn　xiànzàihěn è
我还**没有**吃早饭，现在很饿。

No he desayunado y ahora tengo mucha hambre.

Contenidos relacionados

27.1 Diferencias de uso entre 不 y 没有

También encontrará en este punto un índice con todos los **adverbios de foco** que trataremos en esta sección y otros volúmenes:

Contenidos relacionados

27.2 Adverbios de foco

Varios usos de 够 y 满, no solo adverbiales han sido incluidos en esta sección:

tā měiyuè de gōngzī **gòu** yòng le
他每月的工资**够**用了

Su salario mensual es suficiente.

mǎn sānbǎiyuánsòngyì píngbáijiǔ
满三百元 送一瓶白酒

Gastando más de 300 yuan te regalan una botella de vino de arroz.

Contenidos relacionados

27.11 Expresando suficiente con 够
27.12 Indicando lleno, completo o alcanzar cierto limite con 满

nǐ de nánpéngyǒu **nà me** shuài
你的男朋友**那么** 帅！

¡Tu novio es tan guapo!

Contenidos relacionados

27.13 Expresando tan con 这么 y 那么

Los adverbios que expresan la **frecuencia** con la que se realizan determinadas acciones han sido incluidos en la sección dedicada a expresar la frecuencia:

Contenidos relacionados

23.2.1 Expresando frecuentemente, a menudo y normalmente
23.2.2 Expresando ocasionalmente, de vez en cuando 偶尔
23.2.7 Expresando no muy a menudo con 不怎么 y 没怎么
23.2.8 Expresando siempre y nunca

27.1 Diferencias de uso entre 不 y 没有

Los adverbios de negación 不 y 没, son ambos equivalentes a **no** español, se pueden situar delante del verbo o del adjetivo para negar la acción o el estado de una cosa. Muchas lenguas, entre ellas el español, solo poseen un adverbio de negación y no realizan distinción alguna entre los casos de uso que veremos a continuación. Sin embargo en chino se usan ambos con mucha frecuencia y existen diferencias gramaticales esenciales en el modo en el que se utilizan.

Generalmente 不 se utiliza para **negar una acción futura**, mientras que 没 se utiliza para **negar una acción que no ha ocurrido**. 不 implica que algo **no se quiere hacer** o hace referencia a una situación objetiva.

míngtiānqùkàndiànyǐngma
明天去看电影吗？

¿Mañana vas al cine?

nǐ zuótiānwǎnshàngkàndiànyǐng le
你昨天晚上看电影了？

¿Anoche viste la película?

bú qù
不去。

No voy,

méikàn
没看。

No la vi.

我昨天不见到他
wǒ zuótiān **méijiàn**dàotā
我昨天 **没见** 到他。

Ayer no le vi.

zuótiāntā men qù pá shān   wǒtàilèi le   suǒyǐ **méiqù**
昨天他们去爬山，我太累了，所以 **没去**。

Ayer fueron de excursión, yo estaba demasiado cansado, así que no fui de excursión.

Observe de nuevo la diferencia de significado entre estas dos frases:

tā **bú qù** běijīng
他**不去**北京。

Él no va a Beijing.

tā **méiqù** běijīng
他**没去**北京。

Él no ha ido a Beijing.

wǒ **bù hē** jiǔ
我**不喝**酒。

No bebo alcohol.

wǒ **méihē** jiǔ
我**没喝**酒。

No he bebido / bebí alcohol.

La frase formada con 不 indica que nunca ha bebido alcohol ni tiene la costumbre de beber o bien puede indicar que no tiene planeado beber alcohol o simplemente no quiere beber en ese momento. Mientras que la oración construida con 没 indica que en un tiempo pasado no bebió alcohol, no ha bebido nunca o no bebe desde hace poco.

不 se utiliza para negar algo que es **frecuente** o un **hábito**:

wǒ měi tiān dōu **bù chī** zǎofàn
我每天都**不吃**早饭。
No desayuno nunca.

zhōngguó rén **bú yòng** dāo chā chī fàn
中国人**不用**刀叉吃饭。
Los chinos no utilizan cuchillo y tenedor para comer.

wǒ yìbān **bù hē** jiǔ
我一般**不喝**酒。
Normalmente no bebo.

bāsàiluónà dōngtiān **bú xià xuě**
巴塞罗那冬天**不下雪**。
En invierno en Barcelona no nieva.

Aunque las acciones frecuentes o los hábitos pertenezcan al pasado se deben negar con 不 y nunca se usa 没.

~~他以前经常没吃饭就去上课。~~
tā yǐqián jīngcháng **bù chī fàn** jiù qù shàngkè
他以前经常**不吃饭**就去上课。
Antes a menudo iba a clase sin comer nada.

~~每年五月一日是"劳动节"，没上课。~~
měi nián wǔ yuè yí rì shì láodòngjié **bù shàngkè**
每年五月一日是"劳动节"，**不上课**。
Cada año el uno de mayo es el Día de los Trabajadores, no hay clase.

Observe la diferencia entre estas dos frases:

wǒ měi tiān **bù chī** zǎofàn jiù qù shàngkè
我每天**不吃**早饭就去上课。
No desayuno nunca antes de ir a clase.

wǒ hái **méi yǒu chī** zǎofàn xiànzài hěn è
我还**没有吃**早饭，现在很饿。
No he desayunado y ahora tengo mucha hambre.

En la primera oración se está haciendo referencia a un hábito diario mientras que en la segunda se comenta un hecho puntual que no ha ocurrido.

tā cónglái **bù chōu yān**
她从来**不抽烟**。
Nunca fuma.

tā cónglái **méi chōu** guò yān
他从来**没抽**过烟。
Nunca ha fumado.

En la primera frase, se expresa que en general nunca fuma, mientras que en la segunda se indica que no ha fumado nunca, ni un solo cigarrillo.

Contenidos relacionados

23.2.8 Expresando siempre y nunca

Para **negar** los **adjetivos que no implican un cambio de estado** se usa 不. La negación con 不 indica una negación del estado en general y que este no va a modificarse más, mientras que 没 expresa un cambio de estado. Los adjetivos de las siguientes oraciones 大 grande, 贵 caro, 难 difícil, 方便 conveniente y 合适 apropiado, no implican ningún cambio de estado y por lo tanto no se pueden negar con 没. Así, la negación de estos adjetivos se realiza con 不.

fáng zi **bú** dà
房子**不大**。
El piso no es grande.

zhè běn shū **bù** nán dú　　wǒ hěn xǐ huān
这本书**不**难读，我很喜欢。
Este libro no es difícil de leer, me gusta mucho.

yī fú **bú** guì
衣服**不贵**。
La ropa no es cara.

zhè jiàn yī fú hěn hǎo　dàn shì chuān zhe **bù** hé shì
这件衣服很好，但是穿着**不合适**。
Esta prenda es muy bonita, sin embargo no me sienta bien.

gēn dà chéng shì bǐ jiào　zhè er de jiāo tōng **bú** tài fāng biàn
跟大城市比较，这儿的交通**不太方便**。
Comparado con una ciudad grande, el tráfico aquí no es muy fluido.

没 puede usarse para negar adjetivos siempre y cuando su aspecto negativo haga referencia a un cambio de estado. Algunos adjetivos que pueden indicar un cambio de estado son 好, **bueno**, 凉, **frío**, 黑, **oscuro**, 坏, **malo**, 热, **caliente** o 亮, **luminoso** y por lo tanto es posible negarlos con 没.

zhè xiē cài **méi huài**　hái néng chī
这些菜**没坏**，还能吃。
Estos platos no están estropeados, aún se pueden comer.

xǐ zǎo shuǐ hái **méi rè**　zài děng yì huǐ er
洗澡水还**没热**，再等一会儿。
El agua del baño aún no está caliente, espera un rato más.

tiān hái **méi liàng** ne　zài shuì yì huǐ er ba
天还**没亮**呢，再睡一会儿吧。
Todavía no se ha hecho de día, duerme un rato más.

píng guǒ hóng le ma
–苹果红了吗
¿Las manzanas se han puesto rojas?

hái **méi hóng**
–还**没红**。
Todavía no.

xiàn zài shì shí yī yuè　dàn shì shù yè hái **méi huáng**
现在是十一月，但是树叶还**没黄**。
Es noviembre, pero las hojas aún no están amarillas.

Para **negar** los verbos **auxiliares se utiliza** 不.

wǒ **bú yào** qù běijīng
我**不要**去北京！

No quiero ir a Beijing / No iré a Beijing.

wǒ **bù néng** gēn nǐ yì qǐ qù
我**不能**跟你一起去。

No puedo ir contigo.

jīntiān wǒ **bù kě yǐ** kāichē
今天我**不可以**开车

Hoy no puedo conducir

yì nián yǐ qián tā hái **bú huì** shuō hànyǔ
一年以前他还**不会**说汉语。

Hace un año, él aún no sabía hablar chino.

nǐ **bù néng** zài tú shūguǎn lǐ dǎ diànhuà
你**不能**在图书馆里打电话。

No se puede llamar (usar el teléfono) en la biblioteca.

zuótiān nǐ **bù yīnggāi** qù kàn diànyǐng
昨天你**不应该**去看电影。

Ayer no deberías haber ido al cine.

En chino, algunos verbos al igual que 是 se usan para expresar una relación muy estrecha entre el sujeto y el objeto. Para negar estos verbos normalmente se usa el adverbio 不.

shì	xìng	jiào	xiàng
是	姓	叫	像
Ser / Estar	Apellidarse	Llamar /-se	Parecer
jiào zuò	**dāng zuò**	**děng yú**	**rèn shi**
叫做	当作	等于	认识
Llamarse	Considerar	Equivaler	Conocer

nà shì zá zhì **bù shì** shū
那是杂志，**不是**书。

Esa es una revista, no es libro.

wǒ **bù xìng** niú xìng liú
我**不姓**牛，姓刘。

No me apellido Niu, me apellido Liu.

zhè hái zi zhǎng de yì diǎn yě **bú xiàng** tā mā mā
这孩子长得一点也**不像**她妈妈。

Esta niña no se parece nada a su madre.

nà ge zhōngwén xì de xuéshēng **bú jiào** zhāng lì tā jiào zhāng lì lì
那个中文系的学生**不叫**张丽，她叫张丽丽。

Esa estudiante del departamento de lengua china no se llama Zhang Li, se llama Zhang Lili.

qù nián wǒ hái **bú rènshi** wǒ de nánpéngyǒu
去年我还不认识我的男朋友。

El año pasado todavía no conocía a mi novio.

tā yǐqián **bú rènshi** wǒ
他以前不认识我。

Él no me conocía antes.

Contenidos relacionados

58.15 Verbos que se comportan del mismo modo que 是

Otro diferencia de uso entre 不 y 没 es que **不 expresa algo subjetivo y 没** se usa para expresar **una idea objetiva**. Así diríamos:

nà shíhòu nǐ **bù tīng** wǒ de huà xiànzài hòuhuǐ le ba
那时候你不听我的话，现在后悔了吧？

En aquel momento no me escuchaste, ¿ahora te arrepientes?

nà shíhòu nǐ **méi tīng** wǒ de huà xiànzài hòuhuǐ le ba
那时候你没听我的话，现在后悔了吧？

En aquel momento no me escuchaste, ¿ahora te arrepientes?

Ambas oraciones indican algo ocurrido en el pasado, pero en realidad, tienen diferentes significados.
En la frase construida con 不听 se expresa algo **subjetivo**, no quiso escuchar o bien escucho pero estaba en desacuerdo, mientras que en la oración con 没 se expresa una **idea objetiva,** simplemente no escuchó.

Veamos los mismo con un ejemplo con algo más de contexto para que quede más clara esta diferencia:

dāngshí wǒ quàn guò tā hěnduō cì kě tā jiùshì **bù tīng**
当时我劝过他很多次，可他就是不听。

Entonces le aconsejé muchas veces, pero no me escuchó.

jīntiān zǎoshàng wǒ tài máng le **méi tīng** tiānqì yùbào
今天早上我太忙了，没听天气预报。

Esta mañana he estado demasiado ocupado, no he escuchado la previsión meteorológica.

De nuevo con 不听 se indica 不肯听, **no quiere escuchar**, 不愿听 **no está de acuerdo en** o no quiere escuchar o bien 不想听 no desea / no quiere escuchar que es, en definitiva algo subjetivo. Mientras que con 没听 en la segunda oración se expresa una idea objetiva. Simplemente, no ha escuchado.

Así, los verbos que expresan un deseo subjetivo, como 爱, amar/querer, 喜欢, gustar, 感兴趣, interesarse por algo no se pueden negar con 没 y se niegan con 不.

~~他没爱打乒乓球，只爱踢足球。~~
tā **bú ài** dǎ pīngpāngqiú zhǐ ài tī zúqiú
他不爱打乒乓球，只爱踢足球。

No le gusta jugar al ping-pong, solo le gusta el fútbol.

~~我只喜欢听音乐，对小说没感兴趣。~~

wǒ zhǐ xǐ huān tīng yīnyuè　　　duì xiǎo shuō **bù gǎn xìng qù**

我只喜欢 听音乐，对小 说**不感兴趣**。

Solo me gusta escuchar música, no me interesa leer novelas.

De nuevo insistimos aquí en que la forma negativa del complemento de resultado se forma con 没 mientras que la forma negativa del complemento de potencia se forma con 不.

wǒ méi tīng dào bàozhà shēng

我没听到爆炸 声 。

No oí la explosión.

nǐ shuō huà shēngyīn tài xiǎo　wǒ tīng bù dào

你说话 声音太小，我听不到。

Hablas muy bajo, no te puedo oír.

Por último veamos algunas estructuras que se utilizan exclusivamente con 没有:

Cuando el verbo es 有, su forma negativa es 没有

zhè er fù jìn méi yǒu chāoshì　mǎi dōng xī tǐng má fán de

这儿附近没有超 市，买东西挺麻烦的。

Cerca de aquí no hay ningún supermercado, es una molestia hacer la compra.

Cuando se utiliza la forma negativa de un verbo que aparece con la partícula 过

zhè bù diàn yǐng wǒ **méi kàn guò**

这部电 影 我**没看过**。

No he visto esta película.

没有 también se utiliza en las forma negativa para el **complemento de resultado** y el **complemento de dirección**:

wǒ **méi yǒu** chī wán wǎn fàn

我**没有**吃完晚饭。

No terminé de cenar.

wǒ **méi yǒu** bǎ shū dài huí lái

我**没有**把书带回来。

No traje el libro de vuelta.

Contenidos relacionados

26 El complemento de resultado
34 El complemento de dirección

27.2 ADVERBIOS DE FOCO

Los adverbios de foco son normalmente **monosilábicos** y se sitúan **delante del verbo principal**. Se denominan de foco porque cumplen la función de precisar una parte del suceso narrado o de la acción. Una posible clasificación según su función es la siguiente:

Función	Adverbio
Delimitadora	jiù cái 就 , 才
Exclusiva	zhǐ 只
Inclusiva	yě lián 也 , 连
Aditiva	hái 还
Repetición	zài yòu 再 , 又
Contrastiva	què 却

El adverbio 还 tiene varios usos y podemos traducirlo de varios modos según el contexto donde aparezca.

wǒ **hái** méiyǒuchīfàn **ne**
我**还**没有吃饭**呢**。
Todavía no he comido.

nǐ **hái** yàoshén me
你**还**要什么?
¿Qué más quieres?

Contenidos relacionados

27.3 Usos de 还

Otros modos de expresar **ya** se exponen a continuación:

wǒmen **yǐjīng** hěnjiǔ méiyǒuqù lǚyóu le
我们**已经**很久没有去旅游了
Hace ya mucho tiempo que no hemos viajado.

dōu shí yī diǎn **le**   nǐ háibù shuìjiào
都十一点**了**,你还不睡觉
Son las once y todavía estás despierto

Contenidos relacionados

27.4 Expresando ya con 已经
27.5 Expresando ya con 都...... 了

Los siguientes puntos están dedicados a describir los múltiples usos de 就 y 才 haciendo también hincapié en algunas diferencias fundamentales entre ellos.

gāngqīdiǎn   tā **jiù** lái le
刚七点,他**就**来了。
Eran sólo las siete y ya estaba aquí.

yǒujǐ gè tóngxué jiǔdiǎnbàn **cái** láijiàoshì
有几个同学九点半**才**来教室
Algunos alumnos no llegan a clase hasta a las 9:30.

Contenidos relacionados

27.6 Usos de 就
27.7 Usos de 才

Tanto 再 como 又 son **indicadores de repetición**. Aprenderá cuando se utiliza cada uno en un punto gramatical dedicado a ellos:

wǒ míngtiān zài lái
我 明 天 **再**来

Mañana vengo otra vez

wǒ yòu lái le
我**又**来了

Ya estoy aquí otra vez

Contenidos relacionados
_____

27.8 Expresando de nuevo, otra vez con 再 y 又

只 tiene el significado de solo o **solamente**:

tā zhǐ shì wǒ de tóngxué   bù shì wǒ nán péngyǒu
他**只**是我的同学，不是我男朋友。

Sólo es mi compañero de clase, no mi novio.

Contenidos relacionados
_____

27.10 Expresando solo, solamente con 只

Muchos de estos adverbios también pueden unir frases y aparecen junto a conjunciones. Estas estructuras serán presentadas en próximos volúmenes en los puntos gramaticales dedicados a conjunciones.

Contenidos relacionados
_____

48.3.1 Expresando condiciones con 如果......就
48.3.2 Expresando condiciones con 要是
48.3.3 Expresando condiciones con 只要...... 就
48.3.4 Expresando condiciones con 只有...... 才

También próximos volúmenes analizaremos con más detalle el uso de 却. Puede encontrar alguna referencia a él en el primer punto gramatical que se detalla en los contenidos relacionados que siguen. Como es habitual le indicamos aquí algunos ejemplos:

fēng tíng le   xuě què yuè xià yuè dà
风 停了，雪**却**越下越大。

El viento ha cesado pero la nieve es cada vez más intensa.

zhè liǎng jiàn yī fú de kuǎn shì yí yàng   dàn shì zhì liàng què yǒu hěn dà chā bié
这 两 件衣服的 款 式一样，**但是**质 量 **却**有很大差别。

Los dos vestidos son del mismo estilo, pero su calidad es muy diferente.

Contenidos relacionados
_____

31.2.1 Expresando pero con 但是
50.1.4 Expresando pero, al contrario con 却

27.3 USOS DE 还

En los puntos gramaticales que siguen vamos a exponer los principales usos de 还.

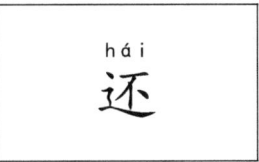

Normalmente cuando precede a un **verbo** 还 tiene el significado de **aún** o **todavía**:

nǐ hòutiānhuí guó　　zěn me **hái** bù mǎi jī piào
你后天回国，怎么**还**不买机票。
Vuelves pasado mañana, ¿por qué no has comprado aún tu billete?

Contenidos relacionados
———————————

27.3.1 Expresando todavía y aún con 还

Si precede a un adjetivo suele tener el significado de **más o menos**:

tā de chéng jì **hái** kě yǐ
他的 成 绩**还**可以。
Su puntuación está bien.

Contenidos relacionados
———————————

27.3.2 Expresando más o menos con 还

En ocasiones, al igual que 也 tiene un carácter **aditivo**:

wǒ men fáng jiān yǒu diàn shì　　**hái** yǒu kōng tiáo
我们房 间有电视，**还**有空 调。
Nuestra habitación tiene televisión, además tiene aire acondicionado.

Contenidos relacionados
———————————

27.3.3 Expresando además con 还
27.3.4 Diferencia entre 还 y 也

También vimos como 还 puede aparecer en estructuras comparativas funcionando como **intensificador del comparativo** y expresar el significado de **aún más** o **mucho más**.

tā bǐ tā gē gē **hái** gāo
他比他哥哥**还**高

Es aún más alto que su hermano.

Contenidos relacionados

20.1.1 Modificadores del resultado de la comparación

Al igual que 也 también puede aparecer como parte de estructuras más complejas normalmente expresando **adición**.

chú le xǐ huān huà huà **yǐ wài** tā **hái** xǐ huān zhōng guó shū fǎ
除了喜欢画画**以外**，他**还**喜欢 中 国 书 法。

Además de su afición a la pintura, también le gusta la caligrafía china.

Contenidos relacionados

48.4 Conjunciones que expresan adición
48.4.2 Expresando además de y excepto con 除了……以外

jiě   líng   hái   xū   jì   líng   rén
解 铃 还 须 系 铃 人

Quien colgó la campana en el cuello del tigre debe desatarla.

27.3.1 EXPRESANDO TODAVÍA Y AÚN CON 还

Cuando 还 actúa como un **adverbio** y se emplaza delante de un verbo tiene el significado de **aún** o **todavía** según el sentido afirmativo o negativo de la frase donde se encuentre.

nǐ **hái** yǒu duō chángshí jiān néng dàozhè er
你**还**有多长时间能到这儿?
¿Cuánto tiempo te falta para llegar aquí?

nǐ **hái** jì de ma
你**还**记得吗?
¿Todavía te acuerdas?

tā **hái** méi yǒu qǐ chuáng
她**还**没有起床。
Todavía no se ha levantado.

shí èr diǎn le   tā **hái** zài xué xí
十二点了,他**还**在学习。
Son las doce y todavía está estudiando.

dà jiā **hái** yǒu wèntí ma
大家**还**有问题吗?
¿Tienen todos más preguntas?

wǒ chuān le zhè me duō   **hái** jué de lěng
我穿了这么多,**还**觉得冷。
Voy muy abrigado y aún siento frío.

yǐ jīngshí diǎn le   tā **hái** zài xué xí
已经十点了,他**还**在学习。
Son las diez y todavía está estudiando.

nǐ **hái** méi lái guò wǒ jiā
你**还**没来过我家。
Todavía no has venido a mi casa.

En este tipo de oraciones la partícula 呢 puede aparecer como marcador enfático para **exagerar el tono de la oración.**

tā qù jī chǎng jiē rén le   **hái** méi dào **ne**
他去机场接人了,**还**没到**呢**。
Ha ido al aeropuerto a recoger a alguien y aún no ha llegado.

wǒ **hái** méi yǒu chī fàn **ne**
我**还**没有吃饭**呢**。
Todavía no he comido.

Contenidos relacionados

30.4 Usando 呢 para enfatizar el contenido de oraciones afirmativas

27.3.2 EXPRESANDO MÁS O MENOS CON 还

Cuando 还 va **seguido de un adjetivo** puede tener el significado de **más o menos**.

zhè jiàn yī fú **hái** xíng bù tài dà
这件衣服**还**行，不太大。

Este vestido está más o menos bien, no es demasiado grande.

wǒ shēn tǐ **hái** kě yǐ
我身体**还**可以。

Estoy bien físicamente.

tā de chéng jì **hái** kě yǐ
他的成绩**还**可以。

Su puntuación está bien.

zhè ge diàn yǐng **hái** xíng
这个电影**还**行。

Esta película está más o menos bien.

27.3.3 EXPRESANDO ADEMÁS CON 还

En ocasiones, el adverbio 还 al igual que 也, puede tener un carácter **aditivo**. En este caso se puede traducir como **también**, **además** o **incluso**, indicando que se añade un nuevo elemento o que se amplia un estado anteriormente mencionado.

wǒ yǒu yí gè dì dì **hái** yǒu yí gè gē gē
我有一个弟弟，**还**有一个哥哥

Tengo un hermano menor, y un hermano mayor.

nǐ **hái** yào shén me
你**还**要什么？

¿Qué más quieres?

wǒ xiǎng mǎi píng guǒ **hái** xiǎng mǎi xiāng jiāo
我想买苹果，**还**想买香蕉

Quiero comprar manzanas y quiero comprar plátanos.

nǐ yào duō hē shuǐ **hái** yào duō chī diǎn er
你要多喝水，**还**要多吃点儿

Tienes que beber más agua y tienes que comer más.

Contenidos relacionados

48.4.1 Expresando también con 还

27.3.4 DIFERENCIA ENTRE 还 Y 也

Tanto 还 como 也 pueden ser traducidos en español como **también** o **además**, sin embargo se debe entender que en chino el uso de 还 indica que se **enfatiza** el nuevo elemento sobre los anteriores, de forma un tanto similar al uso de **incluso** en español.

tā huì shuō yīng yǔ   fǎ yǔ   **hái** huì shuō hán yǔ
他会说英语，法语，**还**会说韩语。
Habla inglés, francés e italiano; incluso habla coreano.

wǒ mè imè imě i tiā nyà oshà ngbān   huí jiā yà ozuò jiā wù   **hái** yà oqù xué xià oxuéhà nyǔ
我妹妹每天要上班，回家要做家务，**还**要去学校学汉语。
Mi hermana trabaja todos los días, hace las tareas domésticas e incluso va a la escuela a aprender chino.

Por el contrario al usar 也, indicamos que el elemento que se añade se encuentra al mismo nivel que los anteriores.

wǒ yǒugē gē   yǒu **yě** dì dì
我有哥哥，有**也**弟弟。
Tengo un hermano mayor, también tengo un hermano menor.

tā huì shuō yīng yǔ   **yě** huì shuō fǎ yǔ
他会说英语，**也**会说法语。
Él habla inglés, también habla francés.

Contenidos relacionados

48.4.8 Expresando incluso con 连
48.4.9 Expresando incluso，hasta el punto de que con 甚至

27.4 EXPRESANDO YA CON 已经

已经 con el significado de **ya** se sitúa inmediatamente delante del verbo y no puede situarse delante del sujeto. Al referirse a acciones pasadas aparece acompañado de la partícula 了 que indica que una acción ha sido completada.

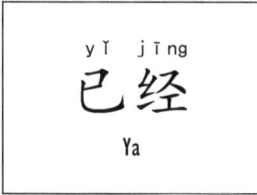

yǐ jīng
已经
Ya

biérén yǐ jīng chī le fàn le
别人**已经**吃了饭了。

Los demás ya han comido.

kè rén yǐ jīng dào le
客人**已经**到了。

Los invitados ya han llegado.

fàng xīn wǒ yǐ jīng chī le yào le
放心，我**已经**吃了药了。

No te preocupes, ya he tomado la medicación.

wǒ yǐ jīng xí guàn le zhè lǐ de shēng huó
我**已经**习惯了这里的生活。

Ya me estoy acostumbrando a la vida de aquí.

wǒ men yǐ jīng hěn jiǔ méi yǒu qù lǚ yóu le
我们**已经**很久没有去旅游了

Hace ya mucho tiempo que no hemos viajado.

wǒ yǐ jīng dǎ guò diàn huà le
我**已经**打过电话了。

Ya he llamado.

yǐ jīng kuài bā diǎn le nǐ hái chū qù zuò shén me
已经快八点了，你还出去做什么?

Son casi las ocho, ¿para qué vas a salir?

wǒ yǐ jīng cóng jiā lǐ chū lái le shí fēn zhōng hòu dào
我**已经**从家里出来了，十分钟后到。

He salido de casa, estaré allí en diez minutos.

zú qiú sài yǐ jīng jié shù le kuài qù shuì jiào ba
足球赛**已经**结束了，快去睡觉吧。

Ya a terminado el partido de fútbol, vete a dormir.

wǒ zài zhè er děng gōng gòng qì chē yǐ jīng děng le shí duō fēn zhōng le
我在这儿等公共汽车，**已经**等了十多分钟了。

Llevo más de diez minutos esperando el autobús.

Muchos adverbios que expresan situaciones en el tiempo pero sin precisar un momento concreto como son 先，马上，从来，一直，现在，后来，最后，最近，近来 se emplazan en el mismo lugar en la oración que 已经.

Contenidos relacionados

14.2 Expresando ahora con 现在
14.16 Diferencia de uso entre 后来 y 以后
54.3 Expresando primero..., después con 先..., 然后
57.6 Expresando continuidad y sin interrupción con 一直
57.1.4 Expresando nunca con 从来不 o 从来没

27.5 EXPRESANDO YA CON 都...... 了

En el chino hablado 都 puede expresar la misma idea que 已经:

dōu shì jì **le** háiyǒurénsǐ yú jī è
都21世纪**了**，还有人死于饥饿。
Estamos en el siglo XXI y la gente sigue muriendo de hambre.

dōushí yī diǎn **le** nǐ háibù shuì jiào
都十一点**了**，你还不睡觉
Son las once y todavía estás despierto.

En ocasiones, es posible encontrarlos juntos:

dōuyǐ jīngbànyè liǎngdiǎn le dàntā háiméi tǎngxià
都已经半夜两点了，但他还没躺下。
Son las dos de la mañana, pero no se acuesta.

Contenidos relacionados

27.4 Expresando ya con 已经
57.1.1 Expresando aún, todavía con 仍然

27.6 Usos DE 就

En los siguientes puntos gramaticales vamos a exponer los principales usos de 就. Si es su primera lectura de este volumen le aconsejamos que aprenda primero los usos más básicos. Son los que siguen a continuación:

De un modo similar al **pues** o **entonces** en español, muchas veces 就 precede una **conclusión** o una **resolución**.

zhè er de chá bú cuò **jiù** hē chá ba
这儿的茶不错，**就**喝茶吧。
El té aquí es bueno, así que bebamos un poco.

Contenidos relacionados

27.6.1 Sacando conclusiones con 就. Entonces

En ocasiones 就 se utiliza para indicar que dos acciones suceden en **secuencia** o una **inmediatamente** después de la otra:

wǒ xià le kè **jiù** qù mǎi dōng xi
我下了课，**就**去买东西。
Cuando salga de clase, me voy de compras.

nǐ yī dào shànghǎi **jiù** gěi wǒ dǎ diàn huà
你一到上海**就**给我打电话。
Llámame en cuanto llegues a Shanghai.

Contenidos relacionados

27.6.2 Expresando inmediatez o acciones sucesivas con 就
36.1 Expresando tan pronto como con 一......就

Otras veces, 就 expresa de un modo subjetivo el pensamiento del hablante y nos indica que algo ha **ocurrido antes de lo que se esperaba**.

gāng qī diǎn tā **jiù** lái le
刚七点，他**就**来了。
Eran sólo las siete y ya estaba aquí.

Contenidos relacionados

27.6.3 Usando 就 para expresar que algo ha ocurrido antes de lo que se esperaba

También se introducen en esta sección otros usos de 就 más específicos de los que puede prescindir en una primera lectura.

Contenidos relacionados

27.6.4 Limitar el alcance con 就
27.6.5 Expresando solo con 就
27.6.7 Expresando indiferencia por algo con 就
27.6.8 就 como unidad léxica

También vimos como puede completar otras estructuras para indicar que algo va a suceder pronto enfatizando su inmediatez.

jiùyàoxiàyǔ le
就要下雨了
Está a punto de llover.

jiùyàofàngjià le
就要放假了。
Está a punto de irse de vacaciones.

Contenidos relacionados

25.4 Expresando 'va a' con 要...... 了

También interviene en la formación de varias conjunciones complejas haciendo la función de nexo entre ambas cláusulas.

rú guǒháiyǒushíjiān   wǒjiù hé nǐ yì qǐ qù chāoshì
如果还有时间，我就和你一起去超市。
Si todavía tengo tiempo, iré al supermercado contigo.

yàoshì wǒ yǒushíjiān   wǒjiùcānjiā
要是我有时间，我就参加。
Si tengo tiempo, asistiré.

Contenidos relacionados

27.6.6 Uso de 就 en conjunciones adverbiales que expresan condición

---

yí qiè jiù xù
一切就绪
Todo en su lugar y preparado

huǒjiànfāshè de zhǔnbèigōngzuò yǐ jīng yí qiè jiù xù
火箭发射的准备工作已经一切就绪。
Todo está preparado para el lanzamiento del cohete.

---

gōng chéng míng jiù

功成名就

Tener éxito y reconocimiento

*sòng jiào shòu zhī shí yuān bó   nián jì qīng qīng jiù **gōng chéng míng jiù** le*

宋教授知识渊博，年纪轻轻就**功成名就**了。

El profesor Song está muy bien informado y se ha hecho un nombre a una edad temprana.

---

gè jiù gè wèi

各就各位

En sus marcas

***gè jiù gè wèi** mǎ lā sōng mǎ shàng kāi shǐ*

各就各位，马拉松马上开始。

En sus marcas, el maratón está a punto de comenzar.

---

jiāng cuò jiù cuò

将错就错

Si está mal, está mal, hacer lo mejor después de cometer un error

*fàn le cuò jiù yào gǎi   bù néng **jiāng cuò jiù cuò***

犯了错就要改，不能**将错就错**。

Si cometes un error, tienes que cambiarlo, no puedes seguir cometiendo el mismo error.

---

gāo bù chéng dī bú jiù

高不成低不就

No puede llegar a lo más alto ni aceptar lo más bajo

No es lo suficientemente bueno para un puesto alto, pero es demasiado orgulloso para aceptar uno bajo

*xiàn zài hěn duō dà xué shēng dōu **gāo bù chéng dī bú jiù**   zhǎo bú dào hé shì de gōng zuò*

现在很多大学生都**高不成低不就**，找不到合适的工作

Hoy en día, muchos estudiantes universitarios no son lo suficientemente buenos para tener un puesto alto, pero son muy orgullosos para aceptar uno bajo.

27.6.1 SACANDO CONCLUSIONES CON 就. ENTONCES

En ocasiones 就 indica una **conclusión** o una **resolución** hecha sobre la base de lo que se ha mencionado anteriormente. En español lo podemos traducir por **así que**, **pues** o **entonces**.

<table>
<tr>
<td>
nǐ bù xiǎng qù
你不想去。
No quieres ir
</td>
<td>
nǐ zài jiā xiū xī ba
你在家休息吧。
Descansa en casa.
</td>
</tr>
<tr>
<td colspan="2" align="center">
nǐ bù xiǎng qù jiù zài jiā xiū xī ba
你不想去就在家休息吧。
No quieres ir, pues descansa en casa.
</td>
</tr>
</table>

Si el sujeto de la segunda oración es diferente al de la primera este se sitúa siempre delante de 就.

jīn tiān shì nǎi nǎi de bā shí suì shēng rì   wǒ men **jiù** qù wài miàn chī wǎn fàn ba
今天是奶奶的八十岁生日，我们**就**去外面吃晚饭吧。
Es el ochenta cumpleaños de la abuela, así que vamos a salir a cenar.

tiān qì bù hǎo   wǒ men **jiù** bù chū qù le ba
天气不好，我们**就**不出去了吧。
El tiempo es malo, así que no vamos a salir.

zhè jiàn yī fú hěn hǎo kàn   wǒ men **jiù** mǎi zhè jiàn ba
这件衣服很好看，我们**就**买这件吧。
Este vestido es muy bonito, vamos a comprarlo.

jīn tiān de kè wén wǒ bú tài dǒng   **jiù** qù wèn le lǎo shī
今天的课文我不太懂，**就**去问了老师。
Hoy no he entendido bien el texto, así que he ido a preguntar a mi profesor.

zhǐ yào nǐ bù shuō   nà **jiù** hǎo
只要你不说，那**就**好。
Mientras no digas nada, está bien

27.6.2 EXPRESANDO INMEDIATEZ O ACCIONES SUCESIVAS CON 就

En algunas oraciones 就 expresa la **rapidez** con la que se lleva a cabo una acción o bien indica que una acción tiene lugar **inmediatamente después de otra**.

Normalmente indica que la segunda acción ocurre en cuanto se ha completado la primera y es por este mismo motivo que en la mayoría de los ejemplos que siguen el primer verbo va acompañado de la partícula 了.

wǒ xià le kè   jiù qù mǎi dōng xī
我下了课，**就**去买东西。
Cuando salga de clase, me voy de compras.

wǒ míng tiān shàng le kè jiù qù mǎi dōng xī
我明天上了课**就**去买东西
Iré de compras mañana después de mi clase.

wǒ mā qǐ le chuáng jiù zuò zǎo fàn
我妈起了床 **就**做早饭。
Mi madre cuando se levanta hace el desayuno.

tā chī le fàn jiù lái le
她吃了饭**就**来了。
Come y viene.

De nuevo, cuando el sujeto de la segunda oración es distinto al de la primera, el sujeto de la segunda oración precede a 就.

děng tā dào le bàn gōng shì wǒ jiù gào sù tā
等他到了办公室我**就**告诉他。
Cuando llegue a la oficina se lo cuento.

Cuando 就 se sitúa detrás de una expresión temporal suele indicar cierta **inmediatez**.

bīn guǎn bù yuǎn   zǒu jǐ fēn zhōng jiù dào le
宾馆不远，走几分钟**就**到了。
El hotel no está lejos, es un paseo de unos minutos.

wǒ sān fēn zhōng jiù zhǔn bèi hǎo le
我三分钟**就**准备好了。

sān fēn zhōng wǒ jiù zhǔn bèi hǎo le
三分钟我**就**准备好了。
Estoy listo en tres minutos.

Algunas expresiones que ya fueron introducidas anteriormente como 然后, 以后, 以前 o 的时候 van acompañadas normalmente de 就 que actúa en este caso como conjunción adverbial.

tā liǎng nián qián jiù xī wàng qù zhōng guó
他两年**前就**希望去中国。
Hace dos años quería ir a China.

ā yí sòng wǒ dào fēi jī chǎng yǐ hòu   tā jiù qù jiē hái zi
阿姨送我到飞机场 **以后**，她**就**去接孩子。
Después de acompañarme al aeropuerto, la tía se fue a recoger a los niños.

ér zi chéngshú **de shíhòu**，　wǒ **jiù**gàosù tā zhè ge wèntí

儿子 成 熟 **的时候**，我 **就**告诉他这个问题。

Cuando mi hijo madure se lo contaré.

gōngzuòlèi **de shíhòu**，　wǒ **jiù**dàokā fēiguǎnhē kā fēi

工作累 **的时候**，我 **就**到咖啡馆喝咖啡。

Cuando estoy cansado del trabajo, voy a la cafetería y me tomo un café.

Contenidos relacionados

14.13 Expresando hace y antes con 前 y 以前

14.15 Expresando después con 后 y 以后

14.17 Indicando cuando con 的时候

Una estructura relacionada con este uso es 一 ... 就 ... que podemos traducir por **nada más...**, **entonces**...o por **tan pronto como**.

lǎoshī **yī** jìnjiàoshì lǐ　　xuéshēng**jiù**zhànqǐ lái le

老师一进教室里，学生 **就**站起来了。

Nada más entrar el profesor en el aula, los alumnos se levantaron.

Contenidos relacionados

36.1 Expresando tan pronto como con 一......就

27.6.3 USANDO 就 PARA EXPRESAR QUE ALGO HA OCURRIDO ANTES DE LO QUE SE ESPERABA

就 indica que **algo ha ocurrido antes de lo que el hablante esperaba**. En algunos de estos casos 就 introduce en la oración un tono de sorpresa o asombro.

tā	shí bā suì	jiù	jié hūn le
她	十八岁	就	结婚了
Ella	con 18 años		Casar
Se casó con sólo dieciocho años.			
Sujeto	*Expresión temporal*	就	*Frase Verbal*

Observe como en todos los casos 了 cierra la oración:

gāng qī diǎn tā **jiù** lái **le**
刚七点，他**就**来了。
Eran sólo las siete y ya estaba aquí.

tā shí liù suì **jiù** qù jiā ná dà shēng huó **le**
他十六岁**就**去加拿大生活了。
Se fue a vivir a Canadá con sólo dieciséis años.

tóng xué men qī diǎn bàn **jiù** lái jiào shì **le**
同学们七点半**就**来教室了。
Los alumnos han llegado a clase a las 7:30.

hái bú dào wǔ diǎn gōng jī **jiù** kāi shǐ dǎ míng **le**
还不到五点，公鸡**就**开始打鸣了
No son ni las cinco y el gallo está cantando.

27.6.4 LIMITAR EL ALCANCE CON 就

就 puede colocarse después del sujeto para **indicar el objeto o el alcance de las actividades del sujeto**, como una observación, una discusión, un análisis o una explicación. Se utiliza comúnmente en ámbitos formales, legales, politicos ...

zhè liǎng jiā gōng sī **jiù** shàng cì de jiū fēn dá chéng le yí zhì
这两家公司**就**上次的纠纷达成了一致。
Las dos empresas llegaron a un acuerdo sobre la última disputa.

mò xī gē zǒng tǒng hé měi guó zǒng tǒng **jiù** lǐng tǔ ān quán wèn tí dá chéng le gòng shí
墨西哥总统和美国总统**就**领土安全问题达成了共识。
Los Presidentes de México y Estados Unidos han llegado a un consenso sobre el tema de la seguridad territorial.

27.6.5 EXPRESANDO SOLO CON 就

Al igual que 才 , 就 puede ser usado con el significado de **sólo** cuando introduce una **cantidad que se considera pequeña**. Observe que en este caso 就 precede al verbo y que este aparece seguido de una cantidad.

wǒ men yǒu shí wǔ gè rén   tā jiù mǎi le yí gè xiǎo dàng gāo
我们有十五个人，她**就**买了一个小蛋糕？

Éramos quince y ella compró sólo un pastelito.

měi ge xué shēng dōu xiě le shí yè dàn tā jiù xiě le liǎng yè
每个学生都写了十页但她**就**写了两页！

Cada estudiante escribió diez páginas, ¡y ella escribió sólo dos!

Comentar que cuando se utiliza 就 con el significado de sólo puede substituirse normalmente por 才. En este caso la diferencia de significado entre ellos, aunque sutil, es insignificante. El cambio en sentido contrario no siempre es posible.

tā zài pīn mìng jiǎn féi   cóng qián tiān dào xiàn zài jiù chī le yí dùn fàn
她在拼命减肥，从前天到现在**就**吃了一顿饭。

Está intentando desesperadamente perder peso y sólo ha comido una vez desde anteayer.

tā zài pīn mìng jiǎn féi   cóng qián tiān dào xiàn zài cái chī le yí dùn fàn
她在拼命减肥，从前天到现在**才**吃了一顿饭。

Está intentando desesperadamente perder peso y sólo ha comido una vez desde anteayer.

De hecho, según el contexto podría acabar expresando justo lo contrario. Por todo lo dicho anteriormente aconsejamos que utilice regularmente 才 para expresar de manera subjetiva que considera cierta cantidad pequeña.

suī rán xīn jiā pō hěn xiǎo   dàn tā guāng běn dì rén kǒu jiù yǒu wǔ bǎi duō wàn
虽然新加坡很小，但它光本地人口**就**有五百多万。

Aunque Singapur es pequeño, tiene una población local de más de 5 millones de habitantes.

tài guì le   wǒ mǎi le zhè me diǎn shí wù jiù huā le liǎng bǎi duō kuài
太贵了，我买了这么点食物**就**花了两百多块。

Es muy caro, me he gastado más de 200 yuanes en una cantidad tan pequeña de comida.

Contenidos relacionados

27.10 Expresando solo , solamente con 只
27.7.2 Expresando solo con 才

27.6.6 USO DE 就 EN CONJUNCIONES ADVERBIALES QUE EXPRESAN CONDICIÓN

_{rú guǒ}zhōumò bú xià yǔ　　wǒ men_{jiù} qù pá shān
如果周末不下雨，我们**就**去爬山。
Si no llueve el fin de semana, iremos de excursión.

_{yào shì} sī jī kāi chē kāi de hěn kuài　　wǒ **jiù** bú ràng hái zi zuò gōng gòng qì chē
要是司机开车开得很快，我**就**不让孩子坐公共汽车。
Si el conductor conduce muy rápido no voy a dejar que mis hijos vayan en autobús.

Contenidos relacionados

48.3.1 Expresando condiciones con 如果......就
48.3.2 Expresando condiciones con 要是

_{zhǐ yào}wǒ yǒu qián　　**jiù** yí dìng huì jiè gěi nǐ de
只要我有钱，**就**一定会借给你的。
Mientras tenga el dinero, te lo prestaré.

Contenidos relacionados

48.3.3 Expresando condiciones con 只要...... 就

27.6.7 EXPRESANDO INDIFERENCIA POR ALGO CON 就

Otro uso de 就 parecido a expresar una conclusión o resolución es cuando se utiliza para **enfatizar la indiferencia respecto a algo**. En este caso podemos traducirlo de un modo bastante coloquial por **pues**:

huài le **jiù** huài le　　zài mǎi xīn de
坏了**就**坏了，再买新的。
Se ha roto, pues, se ha roto ... ya compraremos uno nuevo.

En su forma negativa los adverbios de negación 不 o 没 preceden a ambos verbos:

tā bù gāo xìng**jiù** bù gāo xìng　　bù shì wǒ de cuò
她不高兴**就**不高兴，不是我的错。
Si es infeliz, es infeliz. No es que sea mi culpa.

bù chī**jiù** bù chī　　nǐ yǐ wéi wǒ hěn xiǎng chī a
不吃**就**不吃，你以为我很想吃啊？
Me parece bien no comer. ¿Crees que realmente quiero comer?

bù bāng**jiù** bù bāng　　wǒ yòu bù shì zhǐ yǒu nǐ yí gè péng yǒu
不帮**就**不帮，我又不是只有你一个朋友！
Bien, no ayudes si no quieres. No eres el único amigo que tengo.

tā méi lái**jiù** méi lái　　wǒ yí gè rén kě yǐ gǎo dìng
他没来**就**没来，我一个人可以搞定。
Está bien que no haya aparecido. Lo puedo hacer yo solo.

Otra variante de esta estructura que puede resultarle muy útil es la que siguen los siguientes ejemplos. Además funciona con casi cualquier verbo:

nǐ bù xiǎng qù　**jiù** bié qù
你 不 想 去，**就** 别 去。
Si no quieres ir, no vayas.

nǐ bù xiǎng shuō　**jiù** bié shuō
你 不 想 说，**就** 别 说。
Si no quieres hablar, no lo hagas.

Contenidos relacionados

25.3 Expresando prohibición con 不要 *y* 别

27.6.8 就 COMO UNIDAD LÉXICA

chéng jiù 成就 Logros	zǎo jiù 早就 Hace mucho tiempo	jiù yè 就业 Empleo	jiù dú 就读 Estudiar
zào jiù 造就 Crear	jiù cān 就餐 Ir a comer	jiù dì 就地 En el mismo sitio	qiān jiù 迁就 Ceder Hacer concesiones
jiù xù 就绪 Estar listo	jiāng jiù 将就 Conformarse con menos	jiù yī 就医 Acceso a la atención médica	jiù zhěn 就诊 Acceso a la atención médica

tā ér zi zài shì yè shàng qǔ dé le bù xiǎo de **chéng jiù**
他 儿 子 在 事 业 上 取 得 了 不 小 的 **成 就**。
Su hijo ha logrado mucho en su carrera.

wǒ **zǎo jiù** zhī dào nǐ xǐ huān wǒ le
我 **早就** 知 道 你 喜 欢 我 了。
Ya sabía hace mucho tiempo que te gustaba.

měi nián dōu yǒu hěn duō rén cóng nóng cūn dào chéng shì qù **jiù yè**
每年都有很多人从农村到城市去**就业**。

Cada año, muchas personas se trasladan del campo a la ciudad en busca de empleo.

xiǎo míng **jiù dú** yú hā fó dà xué
小明**就读**于哈佛大学。

Xiao Ming estudia en la Universidad de Harvard.

wén yì fù xīng **zào jiù** le hěn duō wěi dà de yì shù jiā
文艺复兴**造就**了很多伟大的艺术家。

El Renacimiento produjo muchos grandes artistas.

wǒ men jīn tiān zài zhè jiā bì lǔ cān tīng **jiù cān**
我们今天在这家秘鲁餐厅**就餐**。

Hoy cenamos en este restaurante peruano.

xiǎo mǐn zài tā jiā nóng chǎng lǐ **jiù dì** qǔ cái gěi wǒ men zuò le yì dùn dà cān
晓敏在她家农场里**就地**取材给我们做了一顿大餐。

Xiaomin nos preparó una gran comida en la granja de su familia con ingredientes locales.

rú guǒ nǐ gǎn jué bù shū fu de huà yào dào yī yuàn qù **jiù zhěn**
如果你感觉不舒服的话，要到医院去**就诊**。

Si no te sientes bien, tienes que ir al hospital.

jīn nián de shèng dàn wǎn cān yǐ jīng zhǔn bèi **jiù xù** le
今年的圣诞晚餐已经准备**就绪**了。

La cena de Navidad está lista este año.

tā bù xǐ huān zài chī fàn shàng miàn **jiāng jiù**
他不喜欢在吃饭上面**将就**。

No le gusta conformarse con nada menos en lo que respecta a comida.

fù mǔ jīng cháng huì **qiān jiù** zì jǐ de hái zi
父母经常会**迁就**自己的孩子。

Los padres suelen hacer concesiones a sus hijos.

27.7 Usos de 才

cái
才

zhè ge gù shì wǒ tīng le sān biàn **cái** tīng dǒng
这个故事我听了三遍**才**听懂。

Tuve que escuchar esta historia tres veces antes de entenderla.

Contenidos relacionados

27.7.1 Usando 才 para expresar que algo ha ocurrido después de lo que se esperaba
27.7.2 Expresando solo con 才

cái èr yuè   xiàn zài mǎi yuè bǐng hái tài zǎo
才二月，现在买月饼还太早。

Sólo estamos en febrero, es demasiado pronto para comprar pasteles de luna.

nǐ lái zǎo le yì diǎn er   xiàn zài **cái** bā diǎn bàn   nǐ xiān jìn lái zuò ba
你来早了一点儿，现在**才**八点半。你先进来坐吧。

Llegas un poco temprano, sólo son las ocho y media. Entra y siéntate primero.

Contenidos relacionados

27.7.3 Expresando que no es tarde con 才

Aunque a lo largo de los puntos gramaticales que siguen quedarán claras las diferencias de uso entre 才 y 就 puede consultar un resumen con ejemplos más avanzados en:

Contenidos relacionados

36.3 Diferencias de uso entre 才 y 就

Cuando aparecen juntos en la misma oración, 才 suele hacerlo con el significado de **hace poco** y 就 con el significado de **pronto**. Juntos indican que una cosa acaba de ocurrir recientemente, y que otra ha ocurrido poco después.

tā **cái** bì yè **jiù** zhǎo dào le zhè me hǎo de gōng zuò
他**才**毕业**就**找到了这么好的工作？

¿Acaba de graduarse y ya ha encontrado un trabajo tan bueno?

Contenidos relacionados

36.3.1 Uso conjunto de 才 y 就

27.7.1 Usando 才 PARA EXPRESAR QUE ALGO HA OCURRIDO DESPUÉS DE LO QUE SE ESPERABA

A diferencia de 就, 才 indica que el hablante siente que los acontecimientos de los que se habla han sucedido **más tarde de lo esperado** o que **algo ha tardado en ocurrir**. En ocasiones expresa de una manera sutil ansiedad, impaciencia o enfado.

Compare estos dos ejemplos

tóngxué men qī diǎnbàn**jiù** láijiàoshì
同学们七点半**就**来教室
Los alumnos llegan a clase a las 7:30.

yǒu jǐ gè tóngxué jiǔ diǎnbàn**cái** láijiàoshì
有几个同学九点半**才**来教室
Algunos alumnos no llegan a clase hasta a las 9:30.

Así, igual que sucede con 就 es muy común encontrar a 才 precedido de una expresión de tiempo:

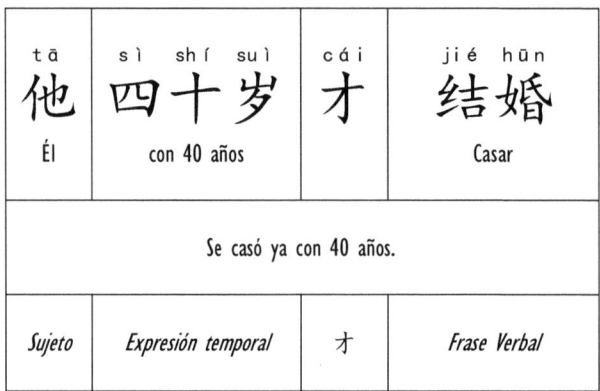

tā 他 Él	sì shí suì 四十岁 con 40 años	cái 才	jié hūn 结婚 Casar
Se casó ya con 40 años.			
Sujeto	*Expresión temporal*	才	*Frase Verbal*

En esta última oración el hablante indica de una manera sutil que considera que los 40 son algo tarde para contraer matrimonio. Compárelo con el ejemplo visto en el punto gramatical anterior:

Contenidos relacionados

27.6.3 Usando 就 para expresar que algo ha ocurrido antes de lo que se esperaba

zuótiānwǒ yè lǐ liǎngdiǎnzhōng**cái** shuì
昨天我夜里两点钟**才**睡。
Ayer no me acosté hasta las 2 de la noche.

De un modo parecido cuando no va acompañado de una expresión temporal 才 puede expresar que ha costado que algo ocurriera.

zhè ge gù shì wǒ tīng le sānbiàn**cái** tīngdǒng
这个故事我听了三遍**才**听懂
Tuve que escuchar esta historia tres veces antes de entenderla.

27.7.2 EXPRESANDO SOLO CON 才

Al igual que 就 , 才 puede ser usado con el significado de **sólo** cuando introduce una **cantidad que se considera pequeña**. Observe que en este caso 才 precede al verbo y que este aparece seguido de una cantidad.

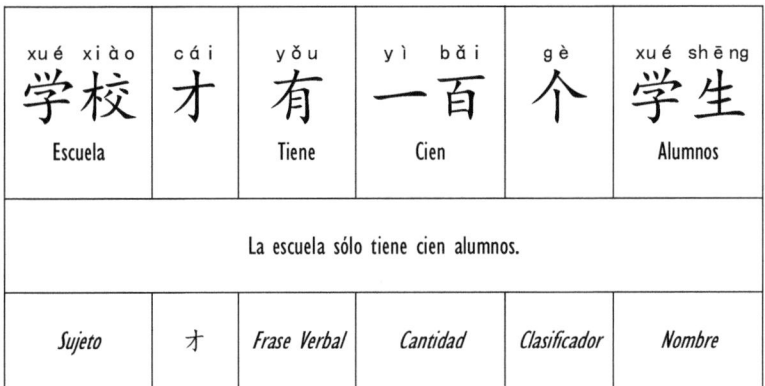

xué xiào	cái	yǒu	yì bǎi	gè	xué shēng
学校	才	有	一百	个	学生
Escuela		Tiene	Cien		Alumnos
La escuela sólo tiene cien alumnos.					
Sujeto	*才*	*Frase Verbal*	*Cantidad*	*Clasificador*	*Nombre*

tā **cái** xué yī xué le sān nián
他**才**学医学了三年。
Sólo lleva tres años estudiando medicina

tā men **cái** jié hūn yì nián jiù lí hūn le
他们**才**结婚一年就离婚了。
Se divorciaron después de sólo un año de matrimonio

suī rán jiā ná dà miàn jī hěn dà   dàn tā **cái** yǒu sān qiān duō wàn rén kǒu
虽然加拿大面积很大，但它**才**有三千多万人口。
A pesar de su tamaño, en Canadá viven poco más de 30 millones de personas.

tā zài pīn mìng jiǎn féi   cóng qián tiān dào xiàn zài **cái** chī le yí dùn fàn
她在拼命减肥，从前天到现在**才**吃了一顿饭。
Está intentando desesperadamente perder peso y sólo ha comido una vez desde anteayer.

tài pián yi le   wǒ mǎi le zhè me duō shí wù   **cái** huā le liǎng bǎi kuài
太便宜了！我买了这么多食物，**才**花了两百块。
¡Que barato! Has comprado semejante cantidad de comida, y solo has gastado doscientos yuanes.

Contenidos relacionados

27.10 Expresando solo , solamente con 只
27.6.5 Expresando solo con 就

27.7.3 EXPRESANDO QUE NO ES TARDE CON 才

Cuando 才 va seguido de una expresión temporal, puede expresar la idea de sólo, como en sólo son las 8, expresando la idea de que las 8 no es tarde. Este caso de uso parece contrario al visto anteriormente donde 才 expresaba que algo ha tardado en ocurrir. Observe, sin embargo como en este caso **才 precede a una expresión temporal** y no a un verbo.

xiàn zài 现在 Ahora	cái 才	liù diǎn bàn 六点半 Seis y media	wǒ bù xiǎng qù chī wǎn fàn 我不想去吃晚饭 no me apetece ir a cenar
Sólo son las seis y media, no me apetece ir a cenar.			
Expresión Temporal	才	Expresión Temporal	Frase

jīntiān **cái** xīngqī sì   míngtiān wǒ hái yào qù shàngbān
今天**才**星期四，明天我还要去上班。
Sólo es jueves, aún tengo que ir a trabajar mañana.

cái èr yuè   xiànzài mǎi yuèbǐng hái tài izǎo
才二月，现在买月饼还太早。
Sólo estamos en febrero, es demasiado pronto para comprar pasteles de luna.

xiànzài **cái** qī diǎn   wǒ men zài xué xí yí huì er
现在**才**七点，我们再学习一会儿。
Sólo son las siete, así que estudiaremos un poco más.

27.7.4 USO DE 才 EN CONJUNCIONES ADVERBIALES QUE EXPRESAN CONDICIÓN

En este tipo de oraciones, que serán introducidas junto a otras conjunciones que expresan condición, lo que impide que se cumpla la segunda cláusula introducida con 才 se expone en la primera cláusula que se introduce con 只有.

zhǐyǒu nǐ jiēshòu le tā de quēdiǎn   nǐ men **cái** kě yǐ gènghǎo de yì qǐ shēnghuó
只有你接受了他的缺点，你们**才**可以更好地一起生活。
Sólo si aceptas sus defectos podréis vivir mejor juntos.

Contenidos relacionados

48.3.4 Expresando condiciones con 只有...... 才

27.7.5 才 COMO UNIDAD LÉXICA

Para evitar equívocos con la interpretación de textos durante su lectura le conviene saber que 才, al igual que 就, puede formar parte de algunas palabras. La mayoría de ellas relacionadas con los significados de **talento** o **virtud**.

rén cái	kǒu cái	tiān cái	cái huá	cái néng
人才	口才	天才	才华	才能
Persona talentosa	Elocuencia	Genio	Talento artístico o literario	Talento Habilidad Capacidad

rén cái bù guǎn zài nǎ lǐ dōu shòu huān yíng
人才不管在哪里都受欢迎。

Las personas con talento son siempre demandadas allí donde se encuentren

dà bù fēn chénggōng de rén bù jǐn hěn cōngmíng   **kǒu cái** yě hěn hǎo
大部分成功的人不仅很聪明，口才也很好。

La mayoría de las personas con éxito no sólo son inteligentes, sino que también son muy elocuentes.

xiǎomíng ná dào le quán é jiǎngxuéjīn   tā zhēnshì gè **tiān cái**
小明拿到了全额奖学金，他真是个天才。

Ming tiene una beca completa, es un genio.

xiǎomíng zài xiězuò fāngmiàn hěn yǒu **cái huá**
小明在写作方面很有才华。

Xiao Ming tiene mucho talento para escribir.

lǐ mǐn shì gè fēi chángyǒu **cái néng** de rén
李敏是个非常有才能的人。

Li Min es una persona con mucho talento.

Algunos adverbios con el significado de **justo ahora** o **hace un momento** también incorporan el carácter 才 siendo el más habitual 刚才. El resto no se usan en la vida cotidiana o han caído en desuso.

gāng cái	fāng cái	cái rán
刚才	方才	才然

wǒ **gāng cái** kàn dào le yì zhī jīngyú
我刚才看到了一只鲸鱼。

Acabo de ver una ballena.

Contenidos relacionados

36.4 Diferencias de uso entre 刚 y 刚才

Cuando 才怪 cierra una frase verbal negativa este se traduce por **sería un milagro**

才怪
cái guài

才怪

Sería un milagro

nǐ chī nà me duō　　bù pàng cái guài
你吃那么多，不胖**才怪**。

Comes tanto que sería un milagro que no hubieras engordado.

nǐ chōuzhè me duō yān　　bù shēngbìng cái guài
你抽这么多烟，不生病**才怪**。

Fumas tanto que sería un milagro que no hubieras enfermado.

nǐ tiàowǔ tiàozhè me chángshí jiān　　bú lèi cái guài
你跳舞跳这么长时间，不累**才怪**。

Llevas tanto tiempo bailando que sería un milagro que no estuvieras cansado.

27.8 EXPRESANDO DE NUEVO, OTRA VEZ CON 再 Y 又

Ambas formas se utilizan en chino para indicar **otra vez** o **de nuevo** pero se debe considerar un aspecto que en español no consideramos al hablar. Si la acción ya se ha repetido o si todavía tiene que ocurrir de nuevo. Observe como en todos los ejemplos que siguen a continuación ambos se emplazan delante del verbo.

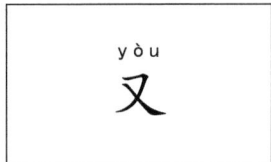

Se utiliza 再 cuando la acción **todavía tiene que repetirse**:

wǒ men dǎ suàn míng nián **zài** qù yí tàng bì lǔ
我们打算明年**再**去一趟秘鲁
Estamos planeando otro viaje a Perú el próximo año.

qǐng **zài** shuō yì piān
请，**再**说一篇
Por favor, lo puedes decir otra vez

wǒ míng tiān **zài** lái
我明天**再**来
Mañana vengo otra vez

huān yíng nín xià cì **zài** lái
欢迎您下次**再**来。
Son bienvenidos a volver de nuevo.

zhè lǐ de yī fú zhēn piào liàng   nǐ **zài** mǎi yí jiàn
这里的衣服真漂亮，你**再**买一件。
La ropa aquí es muy bonita, cómprate otra.

nǐ chī yì diǎn er zhōng yào   xià gè xīng qī **zài** lái
你吃一点儿中药，下个星期**再**来。
Tomate la medicina china y la semana que viene vuelves.

lǎo shī zhèng zài shàng kè   xià kè hòu **zài** gěi tā dǎ diàn huà
老师正在上课，下课后**再**给他打电话。
Ahora el profesor esta dando clase, vuélvalo a llamar después.

wǒ men **zài** qù bié de shāng diàn kàn kàn
我们**再**去别的商店看看。
Vayamos a otra tienda.

nǐ **zài** xiū xī bàn gè xiǎo shí ba   wǒ men shì jiǔ diǎn de fēi jī
你**再**休息半个小时吧，我们是九点的飞机。
Descansa media hora más, nuestro vuelo es a las nueve.

nǐ de fēi jī shì shí diǎn de   **zài** yǒu shí fēn zhōng wǒ men jiù dào jī chǎng le
你的飞机是十点的，**再**有十分钟我们就到机场了。
Tu avión es a las diez, diez minutos mas y llegamos al aeropuerto.

jīntiān shì sānyuè shí rì   **zài** yǒu sāntiān jiù shì wǒ yé yé de shēngrì le
今天是三月十日，**再**有三天就 是我爷爷的 生日了。

Mañana es 10 de Marzo, tres días más y será el cumpleaños de mi abuelo.

Al contrario de lo que pueda llegar a deducir, 再 no aparece siempre en el futuro. También puede aparecer cuando la repetición se ha anticipado pero no ha llegado a ocurrir.

hòuláiwǒ men bú **zài** qù zhǎotā men le
后来我们不**再**去找他们了。

Después, no volvimos a quedar mas con ellos.

再 también puede indicar que una **acción queda aplazada**:

wǒ men míngtiān**zài**tán
我们明天**再**谈。

Mañana lo hablamos.

zàijiàn
再见！

Nos vemos

wǒ xiànzàizài lù shàng   yǒushìhuí jiā**zài**shuō ba
我现在在路上，有事回家**再**说吧

Ahora estoy de camino, hablemos de ello en casa.

Sin embargo, 又 es usado cuando **la acción ya se ha repetido con anterioridad**:

zuótiāngāngxiàwányǔ   jīntiān**yòu**xià yǔ le
昨天刚下完雨，今天**又**下雨了。

Ayer llovió y hoy vuelve a llover.

bù zhīdàowèishén me   tā**yòu**shēngqì le
不知道为什么，他**又**生气了

No sé por qué, pero está enfadado de nuevo.

nǐ nǚ péngyǒu**yòu**shēngqì le
你女朋友**又**生气了。

Tu novia se ha enfadado de nuevo.

wǒ gǎnmàogānghǎo   què**yòu**shēngbìng le
我感冒刚好，却**又**生病了。

Estaba a punto de recuperarme del resfriado, pero he vuelto a enfermar.

También puede aparecer en contextos futuros donde **la repetición forma parte de un plan determinado**:

xià gè yuè wǒ men**yòu**yàofàngjià le
下个月我们**又**要放假了

El próximo mes tenemos de nuevo vacaciones.

nǐ shàngwǔ yǐ jīnghē le yì bēikāfēi   xiànzàizěn me **yòu**hē yì bēi
你上午已经喝了一杯咖啡，现在怎么**又**喝一杯。

Ya te has tomado un café por la mañana, ¿por qué te tomas otro ahora?

zàijiēzàilì

再接再厉

Continuar la lucha. Persistir

zhè cì kǎoshì méiyǒukǎohǎo **zàijiēzàilì**

这次考试没有考好，**再接再厉**。

No me ha ido bien en este examen, sigue intentándolo.

---

zàishēngfù mǔ

再生父母

Como un segundo padre. Gran benefactor

tā jiù le wǒ de mìng *tā shì wǒ de* **zàishēngfù mǔ**

他救了我的命，他是我的**再生父母**。

Me salvó la vida y es como un segundo padre para mi

---

jī bù kě shī *shí bú zài lái*

机不可失，时不再来

La oportunidad no se puede desaprovechar. El tiempo que ha pasado nunca volverá.
La oportunidad sólo llama una vez.

---

yì bō wèi píng *yì bō yòu qǐ*

一波未平，一波又起

Antes de que la primera ola se calme, una nueva ola se levanta
Un nuevo problema surge antes de que el anterior se resuelva.

---

yòuhóngyòuzhǒng

又红又肿

Estar rojo e hinchado

wǒ zhèngzàiyī yuàn *wǒ de jiǎo* **yòuhóngyòuzhǒng**

我正在医院，我的脚**又红又肿**

Estoy en el hospital y mis pies están rojos e hinchados.

27.9 EXPRESANDO DE NUEVO CON 重新

重新 tiene el significado de **de nuevo**. Normalmente es posible intercambiar 重新 por 再.

wǒ men **zài** bǎ zhè xiē cái liào zhěng lǐ yí xià ba
我们**再**把这些材料 整 理一下吧。
Vamos a organizar de nuevo estos materiales.

wǒ men bǎ zhè xiē cái liào o**chóng xīn** zhěng lǐ yí xià ba
我们把这些材料 **重 新** 整 理一下吧。
Vamos a organizar de nuevo estos materiales.

Sin embargo, no es intercambiable por 又

wǒ men děi o**chóng xīn** zhì dìng yí xià jì huà xià zhōu yīn wèi yì qíng shàng hǎi **yòu** yào bèi fēng le
我们得 **重 新** 制定一下计划,下周因为疫情 上 海 **又**要被 封 了
Tenemos que rehacer nuestros planes porque la semana que viene Shanghai volverá a estar cerrada por la epidemia.

27.10 EXPRESANDO SOLO , SOLAMENTE CON 只

El carácter 只 significa **sólo, solamente**. Esta palabra es un adverbio, como tal modifica a un verbo y se sitúa delante de este.

wǒ men **zhǐ** shì péng yǒu
我们**只**是朋友。
Sólo somos amigos.

wǒ **zhǐ** xǐ huān nǐ
我**只**喜欢你。
Solo me gustas tú.

wǒ **zhǐ** chī ròu
我**只**吃肉。
Yo solo como carne.

tā **zhǐ** zài shàng wǔ gōng zuò
她**只**在 上 午工作。
Ella solo trabaja por la mañana.

tā men **zhǐ** xū yàoyì xiēqián
他们**只**需要一些钱。

Solo necesitan algo de dinero.

tā **zhǐ** yǒu měiyuán
她**只**有100美元。

Ella solo tiene 100 dólares.

wǒ men píngshí **zhǐ** zàijiā lǐ chī zǎofàn wǔ fànwǎnfàndōuzàigōngsī chī
我们平时**只**在家里吃早饭，午饭晚饭都在公司吃。

Normalmente solo desayunamos en casa, comemos y cenamos en la oficina.

Cuando lo que se quiere expresar es **soledad** no se utiliza 只. Para expresar que estamos solos o que hacemos algo solos se utiliza 一个人, literalmente: una persona, como en los siguientes ejemplos:

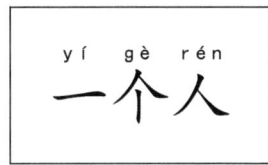

wǒ yàoyí gè rénshuì
我要一个人睡。

Quiero dormir sólo.

zhōuyī wǒ **yí gè rén** qù diàn yǐngyuàn
周一我**一个人**去电影院。

El lunes fui al cine solo.

Cuando complementa a un nombre tiene el significado de **propio**

hěnduō rén yīnwèizhànzhēngbù dé bù táolí zì jǐ de zǔ guó
很多人因为战争不得不逃离自己的祖国。

Muchas personas tuvieron que huir de sus países de origen a causa de la guerra.

wǒ men yàodǒng dé wéi hù zì jǐ de quányì
我们要懂得维护自己的权益。

Tenemos que saber defender nuestros derechos.

Mientras que cuando precede a un verbo tiene el significado de **por cuenta de uno mismo** o **por uno mismo**. Significado, este último muy similar al de 一个人.

nǐ **zhǐ** néng **zì jǐ** qù yī yuàn le wǒ mendōuméiyǒushí jiānpéinǐ
你**只**能**自己**去医院了，我们都没有时间陪你。

Tendrás que ir al hospital por tu cuenta, ninguno de nosotros tiene tiempo para acompañarte.

xiǎomíng de tóngxué shēng bìng le　tā bù dé bù zì jǐ xuéxí

小明的同学生病了，他不得不**自己**学习。

El compañero de Xiao Ming estaba enfermo y tuvo que estudiar solo.

nǐ yào zì jǐ chǔ lǐ nǐ zì jǐ de wèntí

你要**自己**处理你**自己**的问题。

Tienes que lidiar con tus propios problemas.

Recuerde que 只, pronunciado en **primer tono**, es un clasificador que se usa con una gran variedad de animales:

yì zhǐ māo

一只猫

Un gato

sān zhǐ niǎo

三只鸟

Tres pájaros

yì zhǐ tù zi

一只兔子

Un conejo

---

wàn shì jù bèi　　zhǐ qiàn dōng fēng

万事俱备，只欠东风

Todo está listo, todo lo que necesitamos es un viento del este

---

27.11 EXPRESANDO SUFICIENTE CON 够

Seguido de un verbo se utiliza para indicar que hay una cantidad adecuada para satisfacer algún propósito. Normalmente el verbo que le sigue tiene una sílaba.

gòu

够

tā měiyuè de gōngzī **gòu yòng** le

他每月的工资**够用**了。

Su salario mensual es suficiente.

wǒmen dài liǎng píng shuǐ jiù **gòu hē** le

我们带两瓶水就**够喝**了。

Llevamos dos botellas de agua, que fueron suficientes para beber.

wǒ bù xiǎng yào tài duō qián　**gòu huā** jiù kě yǐ le

我不想要太多钱，**够花**就可以了。

No quería mucho dinero, sólo lo suficiente para gastar.

wǒ men sān gè rén　　yī fèn dà pán jī jiù **gòu** chī le
我们三个人，一份大盘鸡就**够**吃了。

Para los tres, un plato de *dapanji* fue suficiente para comer.

Seguido de un adjetivo indica que algo **ha llegado a cierto nivel**:

zhè kuài bù **gòu** cháng le　　kě yǐ zuò yī jiàn yī fú
这块布**够**长了，可以做一件衣服。

La tela es lo suficientemente larga como para hacer un vestido.

tā yǐ jīng **gòu** máng le　　nǐ bié zài qù má fán tā le
她已经**够**忙了，你别再去麻烦她了。

Ya está bastante ocupada, no le molestes más.

wǒ de qián bù tài **gòu**　　mǎi bù liǎo zhè jiàn yī fú
我的钱不太**够**，买不了这件衣服。

No tengo suficiente dinero para comprar este vestido.

cái　fēn zhōng a　　zhè me duǎn de shí jiān kěn dìng bú **gòu**
才5分钟啊，这么短的时间肯定不**够**。

Son sólo 5 minutos, no es tiempo suficiente.

够 detrás de un **verbo** puede ejercer como **complemento de resultado**:

wǒ bù xiǎng zǒu　　wǒ hái méi **wán er gòu** ne
我不想走，我还没**玩儿够**呢。

No me quiero ir, no me he divertido lo suficiente.

Contenidos relacionados

26.3.21 Complemento de resultado 够

Cuando 够 va seguido de **número** en español lo traduciríamos por **basta con**. Indica hacer algo hasta que sea **suficiente** o **alcanzar cierto nivel** o cuota.

yī bān nǐ yīng gāi shuì **gòu bā** gè xiǎo shí
一般你应该睡**够八**个小时。

Por lo general, deberías dormir ocho horas.

yī fèn dà pán jī **gòu sān** gè rén chī le
一份大盘鸡**够三**个人吃了。

Un plato de *dapanji* es suficiente para tres personas.

yī shēng tí xǐng wǒ　　shuì jiào shí jiān tài cháng bìng bù hǎo
医生提醒我，睡觉时间太长并不好，

yī bān shuì **gòu bā** xiǎo shí jiù kě yǐ le
一般睡**够八**小时就可以了。

Mi médico me recordó que dormir demasiado tiempo no es bueno y que, por lo general, hay que dormir ocho horas.

Seguido de un **adjetivo** y de la partícula 的 adquiere el significado de **suficientemente**, no necesito más ...
Se utiliza con un tono retórico. Con adjetivos de dos sílabas el uso de 的 no es necesario.

tā bú **gòu**yǒnggǎn
他不**够**勇敢。

No es lo suficientemente valiente.

wēndù **gòugāo de**
温度**够高的**。

La temperatura era lo suficientemente alta.

zhè cì kǎoshì nǐ kǎo de zhēn**gòuhǎo de**   nǐ shì zěn me zuòdào de
这次考试你考得真**够好的**，你是怎么做到的？

Te ha ido muy bien en este examen, ¿cómo lo has hecho?

tā zhēn**gòuyì si**   cóngběijīngzhuānménláigěiwǒ guòshēngrì
他真**够意思**，从北京专门来给我过生日。

Fue muy amable al venir expresamente desde Beijing para celebrar mi cumpleaños.

hā ěr bīn de dōngtiān**gòulěng de**   lù shàngdōushì xuě
哈尔滨的冬天**够冷的**，路上都是雪。

En Harbin hacía tanto frío en invierno que las carreteras estaban cubiertas de nieve.

27.12 INDICANDO LLENO, COMPLETO O ALCANZAR CIERTO LIMITE CON 满

mǎn

满

zhèbēishuǐhěn**mǎn**
这杯水很**满**。

Este vaso de agua esta muy lleno.

Detrás de ciertos verbos puede ejercer como **complemento de resultado**:

tā de bēi zi lǐ **zhuāngmǎn** le kě lè
他的杯子里**装满**了可乐。

Su vaso está lleno de cola.

zhuō shàng**bǎimǎn** le hǎochī de
桌上**摆满**了好吃的。

La mesa estaba cubierta de buena comida.

Cuando precede a ciertos nombres que hacen referencia a superficies del cuerpo, como por ejemplo **cara**, **indica** totalidad. Generalmente aparece acompañado de 都 para reforzar dicha idea.

tā **mǎn**liǎn**dōu**shì hàn
她**满脸都**是汗。

Su cara estaba cubierta de sudor.

tā nǚ péngyǒu**mǎn**shēn**dōu**shì wénshēn
他女朋友**满身都**是纹身。

Su novia está cubierta de tatuajes.

Seguido de una cantidad monetaria debemos traducirlo por **alcanzar cierto límite**.

mǎn sān bǎi yuán sòng yì píng bái jiǔ
满三百元 送一瓶白酒

Gastando más de 300 yuan te regalan una botella de vino de arroz.

zhè jiā yī fú diàn yǒu **mǎn yì bǎi yuán** jiǎn shí yuán de huó dòng
这家衣服店有**满一百元** 减十元的活动。

Esta tienda de ropa tiene un descuento de 10 yuanes si gastas más de 100.

Puede encontrarlo formando parte de **expresiones idiomáticas** como:

---

mǎn bu zài hū
满不在乎

No preocuparse en absoluto

tā duì zhè jiàn shì **mǎn bu zài hū**
他对这件事**满不在乎**。

Este asunto no le preocupa en absoluto.

---

mǎn dǎ mǎn suàn
满打满算

Teniendo todo en cuenta

jīn nián yīn wèi yì qíng   xiāo shòu é **mǎn dǎ mǎn suàn** yě zhǐ yǒu   lái wàn
今年因为疫情，销售额**满打满算**也只有10来万。

Este año, a causa de la epidemia, las ventas sólo fueron de unos 100.000 dólares al final del año.

---

mǎn zhāo sǔn   qiān shòu yì
满招损，谦受益

La complacencia lleva a la pérdida, la modestia trae beneficios.

---

mǎn fù láo sāo

满腹牢骚

Cargado de quejas

tā zǒngshì **mǎnfù láosāo** *bàoyuàn zhe tā de gōngzuò hé shēnghuó*

他总是**满腹牢骚**，抱怨着他的工作和生活。

Siempre se queja de su trabajo y de su vida.

---

jīngshénbǎo mǎn

精神饱满

Lleno de vigor

wǒ yàoshuì gòubā xiǎoshí dì èrtiāncáinéng **jīngshénbǎomǎn**

我要睡够八小时第二天才能**精神饱满**。

Necesito dormir ocho horas para sentirme renovado al día siguiente.

---

gāopéngmǎn zuò

高朋满座

Rodeado de amigos, en compañía

xiǎohónghūnlǐ nà tiān jiā lǐ **gāopéngmǎnzuò**

小红婚礼那天，家里**高朋满座**。

El día de la boda de Xiao Hong, la casa estaba llena de gente.

27.13 EXPRESANDO TAN CON 这么 Y 那么

这么 y 那么 se sitúan antes del adjetivo para indicar un **alto grado** de ese adjetivo, muchas veces se traduce por **tan**.

Tal y como se comentó al hablar de estructuras comparativas con el verbo 有, donde 这么 y 那么 suelen aparecer, 这么 se utiliza cuando el sujeto está cerca (ya sea en el espacio o en el tiempo). En cambio, si el sujeto está lejos, ausente o se hace referencia a algo pasado, se usa 那么.

nǐ de nánpéngyǒu **nà me** shuài
你的男朋友**那么**帅！

¡Tu novio es tan guapo!

zhè shǒu gē **nà me** làngmàn
这首歌**那么**浪漫！

¡Esta canción es tan romántica!

nǐ zěn me huà de **zhè me** hǎo
你怎么画得**这么**好?

¿Como es que dibujas tan bien?

yǔ **zhè me** dà wǒ bú qù
雨**这么**大，我不去。

Está lloviendo mucho, no voy a ir.

jīn tiān zěn me **zhè me** rè
今天怎么**这么**热?

¿Por qué hace tanto calor hoy?

tā shuō de **zhè me** màn wǒ yí dìng tīng de dǒng
他说得**这么**慢，我一定听得懂

Habla tan despacio, claro que lo entiendo.

wǒ méi xiǎng dào **nà ge** kǎo shì nà me nán
我没想到**那个**考试那么难。

No esperaba que ese examen fuera tan difícil.

jīng lǐ **nà me** máng kěn dìng méi shí jiān
经理**那么**忙，肯定没时间。

El director está muy ocupado, no tiene tiempo.

nǐ de péngyǒu zěn me **zhè me** méi lǐ mào
你的朋友怎么**这么**没礼貌？

¿Por qué tus amigos son tan groseros?

nǐ mā ma zěn me huì liǎo jiě **nà me** duō hàn yǔ
你妈妈怎么会了解**那么**多汉语？

¿Cómo es qué tu madre sabe tanto chino?

Contenidos relacionados

20.5 Haciendo comparaciones con 有 y 没有

28 MÁS PREPOSICIONES

En este volumen vamos a introducir las siguientes preposiciones

cóng	dào	wǎng	lí	zuò	qí	duì
从	到	往	离	坐	骑	对
Desde	Hasta	Hacia				Para

wǒ **cóng** xué xiào qù yóu jú
我**从**学校去邮局。
Fui a la oficina de correos desde mi escuela.

tā **dào** tú shū guǎn **qù** jiè shū le
他**到**图书馆**去**借书了。
Ha ido a la biblioteca a pedir un libro en préstamo.

zhè tàng chē shì kāi **wǎng** guǎng zhōu de
这趟车是开**往**广州的。
Este tren va hacia Guangzhou.

chōu yān **duì** shēn tǐ hěn bù hǎo
抽烟**对**身体很不好。
Fumar es muy malo para su salud.

wǒ jiā **lí** gōng sī hěn jìn
我家**离**公司很近
Mi casa está cerca del trabajo.

wǒ men **zuò** chuán qù shàng hǎi
我们**坐**船去上海。
Vamos a Shanghai en barco.

tā měi tiān dōu **qí** zì xíng chē qù shàng bān
他每天都**骑**自行车去上班
Va en bicicleta al trabajo todos los días.

Contenidos relacionados

28.1 Expresando desde con 从
28.2 Expresando hasta con 到
28.3 Uso conjunto de 从 y 到
28.4 Expresando hacia con 往
28.5 Indicando distancia con 离
28.6 Expresando modo de transporte con 坐 y 骑
28.7 Expresando para con 对

28.1 EXPRESANDO DESDE CON 从

从 introduce el punto, en tiempo o lugar, de que procede, se origina o ha de empezar a contarse una cosa, un hecho o una distancia. Solemos traducirlo por **desde**.

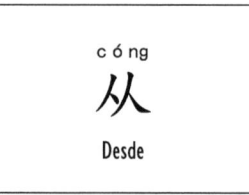

cóng

从

Desde

Lugar

tā **cóng** bāo lǐ ná chū láiyì běnshū
她从包里拿出来一本书。
Sacó un libro de su bolso.

wǒ **cóng** xuéxiàoqù yóujú
我从学校去邮局。
Fui a la oficina de correos desde mi escuela.

tā **cóng** xībānyá láizhōngguó
他从西班牙来中国。
Llegó a China desde España.

Como hemos visto en otras construcciones si el objeto que acompaña a la preposición 从 no hace referencia a un lugar debe ir seguido de 这儿 o 那儿.

tā **cóng** dàwèi **nà er** lái
他从大卫那儿来。
Viene de donde está David.

Tiempo

tā **cóng** suì kāishǐ xuéxí shūfǎ
她 **从** 5 岁 开 始 学 习 书 法。
Empezó a aprender caligrafía a los cinco años.

cóng shí suì kāishǐ　　wǒ jiù huà zhōngguó huà le
从 十 岁 开 始, 我 就 画 中 国 画 了。
Desde que tenía diez años, he pintado cuadros chinos.

cóng xià xīngqī kāishǐ　　wǒ yào xuéxí hànyǔ
从 下 星 期 开 始, 我 要 学 习 汉 语。
A partir de la semana que viene, voy a estudiar chino.

cóng qùnián kāishǐ nǐ měitiān hěn gāoxìng　　yǒu shénme gǎibiàn ma
从 去 年 开 始 你 每 天 很 高 兴, 有 什 么 改 变 吗?
Desde el año pasado cada día estás contento, ¿qué ha cambiado?

cóng hěnjiǔ yǐqián nǐ jiù kāishǐ xǐhuān tā le　　nǐ zěnme méi gàosù tā
从 很 久 以 前 你 就 开 始 喜 欢 他 了, 你 怎 么 没 告 诉 他?
Desde hace tiempo te gusta, ¿por qué no se lo has dicho?

起 puede sustituir a 开始 en los ejemplos anteriores donde se indica el comienzo de algo:

tā **cóng** suì **qǐ** xuéxí shūfǎ
她 **从** 5 岁 **起** 学 习 书 法。
Empezó a aprender caligrafía a los cinco años.

cóng wǒ shí suì **qǐ**　　wǒ kāishǐ huà zhōngguó huà le
从 我 十 岁 **起**, 我 开 始 画 中 国 画 了。
Desde que tenía diez años, he pintado cuadros chinos.

cóng xià xīngqī **qǐ**　　wǒ yào xuéxí hànyǔ
从 下 星 期 **起**, 我 要 学 习 汉 语。
A partir de la semana que viene, voy a estudiar chino.

Otros ejemplos con la misma estructura:

cóng yī yuè yī hào **qǐ**　　měitiān wǒ huì qù jiànshēnfáng yùndòng
从 一 月 一 号 **起**, 每 天 我 会 去 健 身 房 运 动。
A partir del 1 de enero, iré a hacer ejercicio al gimnasio todos los días.

cóng jīntiān **qǐ**　　wǒ yào hǎohǎo niànshū
从 今 天 **起**, 我 要 好 好 念 书。
A partir de hoy, estudiaré mucho.

从明天起，我不可以吃甜的东西。

A partir de mañana, no puedo comer cosas dulces.

从现在起，我们保持安静。

A partir de ahora, guardamos silencio.

他们从此以后就再也没联系了。

No han hablado desde entonces

Observe como se altera el significado de la oración al anteponer los verbos 做 o 说 a 起 a la estructura anterior.

如果你要保护环境就从身边的小事做起吧。

Si quieres proteger el medio ambiente, empieza por las pequeñas cosas que te rodean.

从我做起，我们大家都开始随手关灯。

Empezando por mí, todos hemos empezado a apagar las luces cuando no las estamos usando.

我的创业经验，要从三年前说起。

Mi experiencia como empresario comenzó hace tres años.

他们的相遇，要从去海南的那次旅行说起。

Su encuentro comenzó con un viaje a Hainan.

cóngtiān ér jiàng

从天而降

Caer del cielo

zhè fèn dà jiǎng zhēn de shì gè cóngtiān ér jiàng de jīng xǐ

这份大奖真的是个**从天而降**的惊喜

Este premio es una verdadera sorpresa.

---

bìng cóng kǒu rù

病从口入

La enfermedad entra por la boca.

¡Cuidado con lo que comes!

chī de dōngxī yào xǐ gānjìng   xiǎoxīn bìng cóng kǒu rù

吃的东西要洗干净，小心**病从口入**。

Se debe lavar lo que se come y tener cuidado con las enfermedades que entran por la boca.

---

huò cóng kǒu chū

祸从口出

Los problemas salen de la boca

Una lengua suelta puede causar muchos problemas.

zài huì yì shàng yào shǎo shuō huà   xiǎoxīn huò cóng kǒu chū

在会议上要少说话，小心**祸从口出**。

Habla menos en las reuniones y ten cuidado con lo que dices no vaya a causarte problemas.

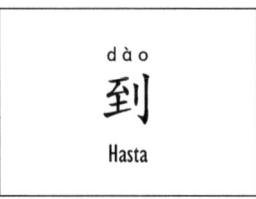

dào

到

Hasta

Una estructura muy habitual que usa 到 es la siguiente. Mediante esta estructura el interlocutor explica el **lugar donde va a realizar cierto objetivo.**

wǒ yào 我要 Quiero	dào 到 a	zhōngguó 中国 China	qù 去 ir	xué zhōngwén 学中文。 a aprender chino.
Quiero ir a China a aprender chino.				
...	到	*Lugar*	去	*Acción / Objetivo*

tā dào tú shū guǎn qù jiè shū le
他**到**图书馆**去**借书了。
Ha ido a la biblioteca a pedir un libro en préstamo.

wǒ men dào fēi jī chǎng qù sòng lǐ xiǎo jiě
我们**到**飞机场**去**送李小姐。
Hemos ido al aeropuerto para acompañar a la Srta. Li

Contenidos relacionados

26.3.3 Complemento de resultado 到
33.2.5 Expresando si cierta cantidad ha sido alcanzada con 到

bú dào huáng hé xīn bù sǐ

不到黄河心不死

No detenerse hasta llegar al río Amarillo

---

shì dào lín tóu

事到临头

Cuando las cosas llegan a un punto crítico

tā **shì dào lín tóu** què tuì suō le

他**事到临头**却退缩了。

Se estremeció cuando el asunto llegó a un punto crítico.

---

shǒu dào niān lái

手到拈来

Al alcance de la mano, fácil

xiǎo lín xué le shí jǐ nián hàn yǔ le   xiàn zài duì gè zhǒng chéng yǔ dōu shì **shǒu dào niān lái**

小林学了十几年汉语了，现在对各种成语都是**手到拈来**

Xiao Lin lleva más de diez años estudiando chino y ahora tiene todo tipo de expresiones idiomáticas al alcance de la mano.

---

dǎ pò shā guō wèn dào dǐ

打破砂锅问到底

Llegar al fondo de algo

zuò kē yán yào yǒu **dǎ pò shā guō wèn dào dǐ** de jīng shén

做科研要有**打破砂锅问到底**的精神

Hay que querer llegar al fondo de las cosas para hacer investigación.

---

shuō dào zuò dào

说到做到

Hacer lo que se dice

wǒ shì yí gè shuō dào zuò dào de rén

我是一个说到做到的人。

Soy un hombre de palabra.

chū lái zhà dào

初来乍到

Recién llegado

bù hǎo yì si *wǒ* **chū lái zhà dào** *shén me dōu bù dǒng*

不好意思，我**初来乍到**，什么都不懂

Lo siento, soy nuevo aquí y no entiendo nada.

---

shuǐ dào qú chéng

水到渠成

Donde el agua fluye, se forma un canal

zhǐ yào wǒ men zuò hǎo jì huà bìng rèn zhēn zhí xíng *hěn duō shì qíng dōu huì* **shuǐ dào qú chéng**

只要我们做好计划并认真执行，很多事情都会**水到渠成**

Mientras planifiquemos bien y ejecutemos con cuidado, muchas cosas se pondrán en su lugar.

---

huó dào lǎo *xué dào lǎo*

活到老，学到老

Uno nunca es demasiado mayor para aprender.

---

bái tóu dào lǎo

白头到老

Vivir juntos hasta que aparezcan canas
Vivir hasta una edad madura en felicidad conyugal

zhù xīn láng xīn niáng **bái tóu dào lǎo**

祝新郎新娘**白头到老**。

¡Que los novios envejezcan juntos!

---

chē dào shān qián bì yǒu lù *chuán dào qiáo tóu zì rán zhí*

车到山前必有路，船到桥头自然直

Cuando lleguemos a la montaña, habrá un camino; cuando el barco llegue a la cabeza del muelle, irá recto con la corriente.

28.3 USO CONJUNTO DE 从 Y 到

Tanto en el uso como en los rangos tanto temporales o espaciales que se pueden establecer usando conjuntamente 从 y 到 el chino es muy similar al español.

cóng yī hào dào wǔ hào wǒ zài běijīng
从一号**到**五号，我在北京。
Del 1 al 5 estaré en Beijing.

cóng zhè er dào nà er dà gài yǒu shí gōng lǐ
从这儿**到**那儿大概有十公里。
Hay unos diez kilómetros de aquí a allí.

tā cóng qī diǎn dào shí diǎn dōu zài shàngwǎng
他**从**七点**到**十点都在上网。
Desde las 7 a las 10 ha estado navegando por Internet.

wǒ men cóng zǎo dào wǎn dōu zài hē pí jiǔ
我们**从**早**到**晚都在喝啤酒。
Nosotros hemos estado bebiendo desde la mañana hasta la noche.

cóng qù nián dào xiàn zài wǒ yì zhí méi yǒu nǚ péng yǒu
从去年**到**现在，我一直没有女朋友。
Desde el año pasado hasta ahora no he tenido novia

cóng xiàn zài dào míng tiān zǎo shàng nǐ bù néng chū qù
从现在**到**明天早上，你不能出去。
Desde ahora hasta mañana por la mañana no puedes salir.

cóng nián dào nián wǒ yì zhí dōu zài shàng hǎi
从 2004 年**到** 2013 年，我一直都在上海。
Desde el 2004 hasta el 2013 he vivido en Shanghai.

tā cóng chū shēng dào xiàn zài dōu méi jiàn guò tā de mā mā
她**从**出生**到**现在都没见过她的妈妈。
Desde que nació hasta ahora no ha conocido a su madre.

nǐ bú yào cóng zǎo dào wǎn dōu zài kàn diàn shì
你不要**从**早**到**晚都在看电视。
No debes ver la tele de la mañana hasta la noche.

cóng nà ge shí hòu dào xiàn zài wǒ yì zhí zài zhè ge gōng sī gōng zuò
从那个时候**到**现在，我一直在这个公司工作。
Desde entonces hasta ahora he trabajado en la misma empresa.

cóng xiǎo dào dà tā dōu yì zhí hěn ān jìng
从小**到**大他都一直很安静。
Siempre ha sido muy tranquilo desde que era un niño.

28.4 EXPRESANDO HACIA CON 往

Al igual que **hacia** en español 往 denota normalmente el sentido de un movimiento.

> **wǎng**
> # 往
> Hacia

nǐ yì zhí **wǎng** dōng zǒu   jiù néng zhǎo dào bě i jīng dà xué le
你一直**往**东走，就能找到北京大学了。
Siga hacia el este y encontrará la Universidad de Beijing.

zhè tàng chē shì kāi **wǎng** guǎng zhōu de
这趟车是开**往**广州的。
Este tren va hacia Guangzhou.

cóng xī níng yì zhí **wǎng** xī zǒu jiù dào lā sà le
从西宁一直**往**西走就到拉萨了。
Desde Xining, se puede ir hacia el oeste hasta Lhasa.

cóng rén mín yī yuàn **wǎng** běi zǒu wǔ fēn zhōng jiù dào nà jiā miàn guǎn le
从人民医院**往**北走五分钟就到那家面馆了。
Desde el Hospital del Pueblo, camina cinco minutos hacia el norte hasta esa tienda de fideos.

---

rén wǎng gāo chù zǒu   shuǐ wǎng dī chù liú
人往高处走，水往低处流
El hombre busca su camino hacia arriba igual que el agua busca su camino hacia abajo.

---

dú lái dú wǎng
独来独往
Ir y venir solo, solitario

tā bù xǐ huān jiāo péng yǒu   zhǐ xǐ huān **dú lái dú wǎng**
她不喜欢交朋友，只喜欢**独来独往**
No le gusta hacer amigos, sólo le gusta hacer cosas sola.

28.5 INDICANDO DISTANCIA CON 离

离 es un coverbo que nos ayuda a enlazar dos lugares y hacer referencia a la **distancia** que los separa. En algunos casos lo puede traducir por **distar**, si le ayuda a recordar el orden de la estructura, aunque en español muchas veces usamos el verbo **estar** o la preposición **de** para realizar esta función.

Normalmente se referirá a la distancia con uno de estos dos adjetivos: **cerca** o **lejos**.

jìn	yuǎn
近	远
Cerca	Lejos

La estructura en su expresión más básica queda de la siguiente manera:

wǒ jiā 我家 Mi casa	lí 离	xué xiào 学校 Escuela	hěn 很	yuǎn 远 Lejos
Mi casa está muy lejos de la escuela.					
Lugar 1	离	*Lugar 2*	*Adverbio*	近 / 远

wǒ jiā **lí** gōng sī hěn jìn
我家**离**公司很近。
Mi casa está cerca del trabajo.

wǒ men de jiào shì **lí** tú shū guǎn hěn jìn
我们的教室**离**图书馆很近。
Nuestra aula está muy cerca de la biblioteca.

En su forma negativa el adverbio de negación 不 reemplaza al adverbio de grado:

wǒ jiā **lí** xué xiào bù yuǎn
我家**离**学校不远。
Mi casa no está lejos de la escuela.

wǒ jiā **lí** gōng sī bù jìn
我家**离**公司不近。
Mi casa no está cerca del trabajo.

Observe que mientras 离 se utiliza para indicar distancia entre dos objetos o lugares, 从 siempre se refiere a un desplazamiento o movimiento de un lugar a otro.

~~我家从公司很远~~

wǒ cóng jiā kāi chē qù gōng sī
我从家开车去公司。

Voy desde mi casa al trabajo en coche.

Contenidos relacionados

2.45 Expresando desde con 从

Cuando 离 actúa como verbo y no se indica el lugar detrás de él, aparece la partícula 得 para introducir el complemento de estado.

xiāng gǎng lí shēn zhèn bù yuǎn
香港离深圳不远

Hong Kong no está lejos de Shenzhen.

xiāng gǎng lí de bù yuǎn
香港离得不远

Hong Kong no está lejos.

yī yuàn lí jī chǎng bù jìn
医院**离**机场不近。

El hospital no está cerca del aeropuerto.

bīn guǎn lí zhè er bù yuǎn
宾馆**离**这儿不远。

El hotel no está lejos de aquí.

yī yuàn lí de bù jìn
医院**离得**不近。

El hospital no está cerca.

bīn guǎn lí de bù yuǎn
宾馆**离得**不远。

El hotel no está lejos.

Distancia específica

Si quiere ser más preciso puede indicar una distancia específica utilizando una unidad métrica de distancia en lugar de expresar simplemente si algo está cerca o lejos. De manera opcional se puede añadir 远 al final de la frase. Tenga en cuenta que en este caso 远 no está indicando que algo está realmente lejos si no que deja claro que se está hablando de distancia en el espacio.

běi jīng lí shàng hǎi yǒu gōng lǐ yuǎn
北京**离**上海有1088公里远

běi jīng lí shàng hǎi yǒu gōng lǐ
北京**离**上海有1088公里

Beijing está a 1088 kilómetros de Shanghai.

dì tiě zhàn lí zhè lǐ yǒu wǔ bǎi mǐ yuǎn
地铁站**离**这里有五百米远。

dì tiě zhàn lí zhè lǐ yǒu wǔ bǎi mǐ
地铁站**离**这里有五百米

La estación de metro está a 500 metros.

huǒchēzhàn lí fēijī chǎng yǒu shí liù gōng lǐ yuǎn
火车站**离**飞机场有十六公里远。
huǒchēzhàn lí fēijī chǎng yǒu shí liù gōng lǐ
火车站**离**飞机场有十六公里。
La estación de tren está a 16 kilómetros del aeropuerto.

zhè jiā jiǔdiàn lí hǎitān yǒu liǎngbǎi duō mǐ yuǎn
这家酒店**离**海滩有两百多米远。
zhè jiā jiǔdiàn lí hǎitān yǒu liǎngbǎi duō mǐ
这家酒店**离**海滩有两百多米
Este hotel está a poco más de 200 metros de la playa.

Usando tiempo y medio de transporte como distancia

También puede utilizar descripciones como **2 paradas de metro**, **5 minutos a pie** para medir una distancia. Por ejemplo:

huǒchēzhàn lí fēijī chǎng kāichē èrshí fēnzhōng yuǎn
火车站**离**飞机场开车二十分钟（远）。
La estación de tren está a veinte minutos en coche del aeropuerto.

běijīng lí shànghǎi zuò fēijī liǎng xiǎoshí yuǎn
北京**离**上海坐飞机两小时（远）。
Beijing está a dos horas de Shanghai en avión.

wǒ jiā lí gōngsī liǎng zhàn dìtiě yuǎn
我家**离**公司两站地铁（远）。
Mi casa está a dos paradas de metro de la oficina.

zhè jiā jiǔdiàn lí hǎitān zǒulù wǔ fēnzhōng yuǎn
这家酒店**离**海滩走路五分钟（远）。
Este hotel está a cinco minutos a pie de la playa.

Tenga en cuenta que los hablantes nativos suelen utilizar palabras construidas con el carácter 有 como por ejemplo, 只有 o 还有 antes de la distancia para enfatizar que la distancia es pequeña o grande. Por ejemplo,

huǒchēzhàn lí fēijī chǎng **zhǐyǒu** shí liù gōng lǐ
火车站离飞机场**只有**十六公里。
La estación de tren está a sólo 16 kilómetros del aeropuerto.

huǒchēzhàn lí fēijī chǎng kāichē **háiyǒu** liǎng xiǎoshí yuǎn
火车站离飞机场开车**还有**两小时远。
La estación de tren todavía está a dos horas conduciendo del aeropuerto.

Contenidos relacionados

27.10 Expresando solo , solamente con 只

Aunque podría entenderse que la inclusión de 有 se puede traducir como **existe** o **hay** añadido antes del número, cuando los hablantes nativos lo incluyen en la frase, suelen dar a entender que el lugar está **lejos** en su opinion:

zhè jiā jiǔ diàn lí hǎi tān zǒu lù **yǒu** wǔ shí fēn zhōng yuǎn
这家酒店离海滩走路**有**五十分钟（远）。

Este hotel está a cincuenta minutos a pie de la playa.

No debe añadir 有 a la estructura si la distancia es obviamente corta. Así, aunque gramaticalmente es correcto, el siguiente ejemplo suena un tanto extraño.

这家酒店离海滩走路有两分钟

zhè jiā jiǔ diàn lí hǎi tān zǒu lù liǎng fēn zhōng
这家酒店离海滩走路 两分钟 。

Este hotel está a dos minutos a pie de la playa.

Formas interrogativas

Las siguientes formas interrogativas deberían resultarle familiares:

wǒ jiā **lí** xué xiào yuǎn ma
我家**离**学校 远吗?

wǒ jiā **lí** xué xiào yuǎn bù yuǎn
我家**离**学校 远不远?

¿Está mi casa lejos de la escuela?

shàng hǎi dà xué **lí** zhè er yuǎn ma
上海大学**离**这儿远吗?

shàng hǎi dà xué **lí** zhè er yuǎn bù yuǎn
上海大学**离**这儿远不远?

¿La Universidad de Shanghai está lejos de aquí?

Para preguntar por una **distancia específica** se utiliza 有多远 donde el verbo 有 es opcional. Tenga en cuenta que 有多近 no se utiliza en chino. Para responder se substituye 多远 por la distancia y sus unidades.

zhè ge jiǔ diàn **lí** jī chǎng **yǒu duō yuǎn**
这个酒店**离**机场 有多远?

zhè ge jiǔ diàn **lí** jī chǎng **duō yuǎn**
这个酒店**离**机场 多远?

¿A qué distancia está este hotel del aeropuerto?

xué xiào **lí** jī chǎng **yǒu èr shí duō gōng lǐ**
学校**离**机场 有二十多公里。

xué xiào **lí** jī chǎng **èr shí duō gōng lǐ**
学校**离**机场 二十多公里。

La escuela está a más de veinte kilómetros del aeropuerto.

Contenidos relacionados

9.3.12 Preguntando cómo de , cuán con 多

También puede dar una respuesta más genérica y realizar una estimación del tiempo que se tarda en recorrerla y el medio de transporte utilizado utilizando 坐 que introduciremos en el siguiente punto.

wǒ jiā **lí** gōng sī bù yuǎn   **zuò** gōng gòng qì chē èr shí fēn zhōng jiù dào le
我家**离**公司不远，**坐**公共汽车二十分钟就到了。

Mi casa no está lejos de la oficina, se tarda veinte minutos en autobús en llegar.

Contenidos relacionados

28.6 Expresando modo de transporte con 坐 y 骑

离 junto a expresiones temporales

离 no solo puede utilizarse para indicar distancia sino que también puede utilizarse para expresar **cuanto tiempo hace desde un determinado evento**. La estructura utilizada sería la siguiente:

shàng cì jiàn miàn 上次见面 La última vez que nos vimos	lí 离	jīn tiān 今天 Hoy	kuài shí nián le 快十年了 casi diez años
Han pasado casi diez años desde la última vez que nos vimos.			
Tiempo / Evento	离	*Tiempo / Evento*	*Duración*

Si lo que pretende expresar es **cuanto tiempo falta** desde ahora hasta un momento determinado en el futuro utilice la siguiente estructura:

lí 离	wǒ de shēng rì 我的生日 Mi cumpleaños	hái yǒu 还有 Todavía	yí gè xīng qī 一个星期 Una semana
¡Todavía falta una semana para mi cumpleaños!			
离	*Tiempo futuro / Evento futuro*		*Duración*

Ejemplos con expresiones más genéricas pero similares como **todavía es temprano** y **todavía queda lejos** se recogen en los siguientes ejemplos:

lí wǒ de shēng rì hái zǎo ne
离我的生日还早呢
Todavía no es mi cumpleaños. (Es temprano)

wǒ men zhǐ rèn shi wǔ gè yuè lí jié hūn hái yuǎn ne
我们只认识五个月, 离结婚还远呢
Sólo nos conocemos desde hace cinco meses y aún estamos lejos de casarnos.

319

离 junto a otras expresiones

离 no se limita al ámbito del espacio y el tiempo, y al igual que en español, puede utilizar el mismo patrón para expresar la distancia entre dos cosas cualesquiera, como gente, acontecimientos, metas o conceptos abstractos.

yǎnchànghuì shàng　màidāngnà lí wǒ zhǐ yǒu jǐ shí mǐ
演唱会上，麦当娜**离**我只有几十米。

Madonna estaba a pocos metros de mí en el concierto

hěnduōgāokē jì lí wǒ men de rì chángshēnghuó yuè láiyuè jìn
很多高科技**离**我们的日常 生活越来越近。

Muchas nuevas tecnologías están cada vez más cerca de nuestra vida cotidiana.

suī ránwǒ yǐ jīngxué le shí jǐ niánxī bānyá yǔ le
虽然我已经学了十几年西班牙语了，
dànwǒ de xī bānyá yǔ shuǐpíng lí wánměi hái hěnyuǎn
但我的西班牙语水平**离**完美还很远。

Aunque llevo más de diez años aprendiendo español,
mi español dista mucho de ser perfecto.

hěnduō shí hòu　shī bài lí chénggōng jǐn yǒuyì bù zhī yáo
很多时候，失败**离**成 功仅有一步之遥。

A menudo, el fracaso está a un paso del éxito.

Version formal de 离

La palabra 距离 es, de hecho, la forma completa de 离. Funciona exactamente igual, pero suena mucho más formal. La encontrará habitualmente en noticias de la televisión, periódicos, libros... Normalmente es posible reemplazar 离 por 距离

jù lí
距离

xī bānyá **jù lí** ā gēntíng hěnyuǎn
西班牙**距离**阿根廷很远。

España está muy lejos de Argentina

míngcháo **jù lí** xiànzài yǐ jīngyǒuhǎo jǐ bǎinián le
明朝**距离**现在已经有好几百年了。

La dinastía Ming aconteció hace varios cientos de años.

jù lí shì bó huì kāimù zhǐ yǒubú dàoyí gè yuè le
距离世博会开幕只有不到一个月了。

Falta menos de un mes para la inauguración de la Expo.

28.6 EXPRESANDO MODO DE TRANSPORTE CON 坐 Y 骑

Tanto 坐 como 骑 son dos coverbos que pueden introducir el **modo de transporte** utilizado para realizar un desplazamiento.

坐 se utiliza para medios de transporte como el **coche**, el **tren**, el **avión** o el **barco**:

tā **zuò** chū zū chē lái wǒ jiā
他**坐**出租车来我家。
Vino a mi casa en taxi.

wǒ men **zuò** chuán qù shànghǎi
我们**坐**船去上海。
Vamos a Shanghai en barco.

zài zhōngguó **zuò** chū zū chē hěn pián yi
在中国**坐**出租车很便宜。
Ir en taxi es muy barato en China.

wǒ men **zuò** gōnggòng qì chē qù gōngyuán
我们**坐**公共汽车去公园。
Cogemos el autobús para ir al parque.

wǒ yào **zuò** fēi jī qù běijīng
我要**坐**飞机去北京。
Tengo que volar a Beijing.

wǒ jiàn yì nǐ **zuò** dì tiě
我建议你**坐**地铁。
Te aconsejo que vayas en metro.

zǒu lóu tī shàng lóu bǐ **zuò** diàn tī gèng hǎo
走楼梯上楼比**坐**电梯更好。
Subir andando las escaleras es mejor que tomar el ascensor.

wǒ xǐ huān **zuò** huǒ chē qù lǚ yóu
我喜欢**坐**火车去旅游。
Me gusta viajar en tren.

El coverbo 坐 y el verbo principal de la oración constituyen una estructura de verbos en serie. Recuerde que el orden de los distintos verbos puede tener influencia en el significado de la oración y que normalmente el segundo verbo es el **propósito** o se realiza en **secuencia** tras la acción descrita por el primer verbo. Observe el cambio de significado entre estos pares de ejemplos.

wǒ míngtiān **zuò** huǒ chē **qù** shànghǎi
我明天**坐**火车**去**上海。
Mañana cogeré el tren para ir a Shanghai

wǒ míngtiān **qù** shànghǎi **zuò** huǒ chē
我明天**去**上海**坐**火车。
Mañana iré a Shanghai para coger el tren

wǒ yào **zuò** fēi jī **qù** běijīng
我要**坐**飞机**去**北京。
Tengo que volar a Beijing.

wǒ yào **qù** běijīng **zuò** fēi jī
我要**去**北京**坐**飞机。
Tengo que ir a Beijing a tomar un vuelo.

Contenidos relacionados

12.1 Expresando propósito con estructuras de verbos en serie

Un coverbo similar a 坐 es 骑. En este caso se utiliza para **bicicletas, motos**, montar a **caballo** y otros animales.

qí

骑

tā měi tiān dōu qí zì xíngchē qù shàngbān
他每天都**骑**自行车去上班。
Va en bicicleta al trabajo todos los días.

qí mó tuō yào dài tóu kuī   yào bu rán hěn wēi xiǎn
骑摩托要戴头盔，要不然很危险。
Hay que llevar casco en la moto, de lo contrario es peligroso.

hěn duō nèi měng rén dōu huì qí mǎ
很多内蒙人都会**骑**马。
Muchas personas de Mongolia Interior saben montar a caballo.

qí hǔ nán xià
骑虎难下
Si te montas en un tigre, es difícil bajarse
Imposible parar a mitad de camino.

wǒ miǎn qiǎng jiē shòu le zhè fèn gōng zuò   dàn wǒ yì diǎn dōu bù xǐ huān tā
我勉强接受了这份工作，但我一点都不喜欢它，
xiàn zài wǒ qí hǔ nán xià le
现在我**骑虎难下**了。
Acepté el trabajo a regañadientes, pero no me gustó nada, y ahora me es difícil dejarlo.

28.7 EXPRESANDO PARA CON 对

duì

对

zhè běn shū **duì** wǒ hěn yǒu yòng
这本书**对**我很有用。
Este libro para mi es muy útil.

diàn nǎo **duì** tā hěn yǒu bāng zhù
电脑**对**他很有帮助。
El ordenador para ella es de gran ayuda.

wǒ **duì** dǎ qiú méi yǒu xìng qù
我**对**打球没有兴趣。
Yo no tengo interés para jugar a pelota.

nǐ **duì** wǒ hěn hǎo
你**对**我很好。
Tu eres muy bueno conmigo.

nǐ **duì** wǒ hěn zhòng yào
你**对**我很重要。
Tu para mi eres muy importante.

kā fēi hē tài duō le **duì** shēn tǐ bù hǎo
咖啡喝太多了，**对**身体不好。
Demasiado café es malo para la salud.

tā bà ba **duì** tā bù hǎo   jīng cháng dǎ tā
他爸爸**对**他不好，经常打他
Su padre le trata mal y frecuentemente le pega.

zhōng guó zhèng fǔ **duì** rén mín hěn fù zé
中国政府**对**人民很负责
El gobierno chino es muy responsable para con su
pueblo.

---

duì niú tán qín
对牛弹琴
Tocar para una vaca

hé nǐ shuō huà jiù xiàng zài **duì niú tán qín**
和你说话就像在**对牛弹琴**！
Hablar contigo es como tocar para una vaca!

---

lú chún bù duì mǎ zuǐ
驴唇不对马嘴
Los labios de un burro no son para la boca de un caballo

nǐ gāng cái de yǎn jiǎng **lú chún bù duì mǎ zuǐ**   wǒ wán quán méi yǒu tīng dǒng
你刚才的演讲**驴唇不对马嘴**，我完全没有听懂
Tu discurso no tiene sentido, no he entendido ni una palabra de su discurso.

ANEXOS

VOCABULARIO

^a 啊	(int.) expresar sorpresa; exclamación	24, 34, 284, 299
ā yí 阿姨	(n.) tía; mujer de mediana edad; empleada doméstica;	33, 75, 152, 158, 181, 199, 251, 280
ǎi 矮	(adj.) bajo	16, 19, 41, 46, 54
àn 暗	(adj.) oscuro; oculto; secreto; confuso; en la oscuridad	60, 130
ān jìng 安静	(adj.) tranquilo; (v.) quedar sin voces ni ruido;	61, 78, 308, 313
ān quán 安全	(adj.) seguro; prudente; (n.) seguridad	189, 282
àn shí 按时	(adv.) a tiempo; puntualmente	97, 109
áng guì 昂贵	(adj.) querido; costoso;	158, 176
ba 吧	(pm.) usado al final de una oración para expresar interrogación especulativa; usado al final de una oración imperativa	55, 87, 88, 90, 92, 93, 107, 132, 140, 167, 168, 169, 187, 199, 214, 225, 233, 237, 239, 262, 264, 274, 276, 279, 287, 293, 294, 296, 308
bǎ 把	partícula; (cn.) clasificador para objetos con asa	25, 61, 63, 88, 133, 141, 154, 162, 163, 168, 171, 181, 182, 187, 196, 197, 208, 209, 210, 223, 226, 227, 232, 233, 234, 235, 237, 239, 240, 242, 243, 248, 250, 251, 253, 254, 255, 256, 257, 258, 265, 296
bǎ shǒu 把手	encargarse de;	133, 187
bái 白	(adj.) blanco	242, 259, 301, 312
bǎi 百	(num.) ciento; cien	56, 181, 259, 283, 289, 301, 316, 317, 320

bǎi 摆	arreglar ; organizar;	300
bàn 半	(num.) medio	84, 85, 104, 121, 235, 267, 275, 282, 287, 288, 290, 293
bān 搬	(v.) mover	195, 232, 245, 246
bān 班	(n.) grupo	34, 48, 49, 59, 78, 86, 88, 104, 113, 117, 138, 143, 153, 154, 169, 176, 190, 191, 220, 231, 247, 254, 273, 290, 305, 306, 320, 322
bàn fǎ 办法	(n.) método; manera de hacer algo	108, 187
bàn gōng shì 办公室	(n.) oficina	110, 280
bàng 棒	(adj) muy bueno; excelente	91
bāng máng 帮忙	(v.) ayudar	93, 137, 141, 193, 194
bāng zhù 帮助	(v.) ayudar	141, 193, 194, 323
bào 抱	(v.) abrazar	239, 245, 302
bǎo 饱	(adj.) saciado; sentirse lleno	155, 217, 244, 249, 302
bāo 包	(n.) bolsa	179, 181, 201, 208, 209, 212, 221, 222, 227, 235, 239, 306
bǎo chí 保持	mantener; sostener; preservar	308
bào chóu 报酬	remuneración; recompensa;	95
bào gào 报告	informar; reporte; dar a conocer;	171
bāo guǒ 包裹	concluir; vendaje; reunir; paquete o empaquetar; embalaje;	221, 239

bǎo hù 保护	(v.) proteger	308
bào yuàn 抱怨	quejarse; queja	302
bào zhà 爆炸	explosión; explotar; volar en pedazos; explosión	218, 235, 265
bào zhǐ 报纸	(n.) periódico	156, 187
bèi 被	(prep.) indicativo de la voz pasiva	108, 163, 234, 239, 240, 242, 247, 248, 296
bèi 倍	(cn.) veces (de una cifra original); múltiplo	22
bèn 笨	(adj.) tonto; bobo	16
bǐ 比	(prep.) usado para comparar	15, 16, 17, 18, 19, 20, 21, 22, 23, 24, 27, 33, 40, 46, 47, 48, 49, 50, 53, 57, 58, 70, 72, 73, 95, 147, 148, 149, 150, 151, 262, 270, 321
bǐ jiào 比较	(adv.) bastante; relativamente	25, 26, 40, 70, 262
bǐ lì 比例	proporción; escalera	25
bǐ rú 比如	(v.) por ejemplo	15, 25, 26
bǐ sài 比赛	(n.) competición; (v.) competir	25, 26, 119, 142
bí tì 鼻涕	mucosa nasal	224
bì yè 毕业	(vs.) graduarse	23, 247, 287
bǐ yù 比喻	analogía; metáfora; metafóricamente	25
biàn 遍	(cn.) veces; (n.) estándar; patrón	97, 103, 104, 106, 115, 134, 144, 217, 249, 287, 288

biàn 便	cómoda (adj); ventajoso; conveniente; cuando surge la oportunidad; fácil; informal; sencillo;	29, 40, 49, 50, 69, 81, 90, 91, 262, 289, 321
biāozhǔn 标准	(adj.) conforme a un estándar; (n.) estándar; criterio	24
bié 别	(adv.) imperativo negativo	25, 127, 128, 134, 169, 185, 187, 239, 255, 256, 268, 285, 293, 299
biérén 别人	(pron.) otros; otras personas	79, 99, 120, 148, 149, 150, 151, 188, 193, 198, 274
bīnguǎn 宾馆	(n.) hotel	228, 280, 316
bù 布	tejido; declarar; anunciar; derramarse; dar a conocer	222, 299
bù dé bù 不得不	tener que, no tener otra opción	199, 297, 298
bù dé liǎo 不得了	desastroso; desesperadamente serio; extremadamente;	59
bù fēn 部分	(n.) parte	291
bù guǎn 不管	(conj.) no importa que; sea lo que sea	291
bú guò 不过	(conj.) sin embargo	117
bù hǎo yì si 不好意思	Disculpe, que vergüenza	243, 312
bù jǐn 不仅	(conj.) no sólo	291
bù rán 不然	no (no es así); si no	322
bù rú 不如	no coincidir no ser tan bueno como; no igual a; inferior a; sería mejor	51, 54, 55, 56
bù zhì 布置	poner en orden; organizar; decorar; reparar; desplegar	222

cái 才	(adv.) adverbio de foco	115, 120, 121, 231, 236, 243, 266, 267, 268, 283, 287, 288, 289, 290, 291, 292, 299, 302, 323
cāi 猜	(v.) adivinar	229
cáiliào 材料	(n.) material de referencia	88, 296
cānguān 参观	(v.) visitar	115
cānjiā 参加	(v.) asistir; tomar parte en	119, 142, 277
cāntīng 餐厅	(n.) restaurante	286
cǎo 草	(n.) hierba	33, 89, 107
céngjīng 曾经	antes; una vez; ya; previamente;	114, 118, 120, 122
chā 差	(adj.) malo; (v.) falta	25, 34, 101, 102, 106, 138, 143, 148, 149, 150, 151, 268
chā 插	insertar; atenerse a; atravesar; participar en; interferir; interponer	177, 185
chābié 差别	diferencia	25, 268
chābuduō 差不多	(adv.) más o menos; aproximadamente	34
chāi 拆	lágrima; demoler; abrir	198, 239, 240
cháng 长	(adj.) largo	22, 31, 38, 46, 105, 143, 189, 243, 252, 271, 292, 299
cháng 尝	(v.) probar	220, 230
chǎng 场	(cv.) clasificador para actividades	20, 63, 92, 99, 213, 223, 236, 271, 280, 286, 293, 310, 316, 317, 318

chángchéng 长城	(n.) la Gran Muralla	32
chàng gē 唱歌	(v.) cantar;	29, 87, 127, 138, 139, 142, 148, 149, 150, 151, 154, 187, 256, 257
chángjiāng 长江	(n.) el río Changjiang (Yangtze)	38
cháng tú 长途	larga distancia	252
cháo 朝	corte imperial o real; gobierno; dinastía; reinado de un soberano o emperador;	181, 320
chǎo 吵	hacer ruido; ruidoso; molestar haciendo ruido	62, 101, 102
chāoguò 超过	(v.) sobrepasar; más de	198, 199
chǎojià 吵架	querellarse; disputarse;	101, 102
chāoshì 超市	(n.) supermercado	38, 109, 265, 277
chènshān 衬衫	(n.) camisa	196, 258
chéngfèn 成分	maquillaje;	177
chénggōng 成功	(v.) tener éxito; (n.) éxito	229, 291, 320
chéngjì 成绩	(n.) nota; puntuación; resultado	31, 269, 272
chéngjiù 成就	producción; éxito; obtener un resultado; producción;	123, 285
chénglì 成立	establecer; poner en marcha;	53
chéngshì 城市	(n.) ciudad	34, 104, 243, 246, 262, 286

chéng shú 成熟	maduro; pared	58, 281
chéng wéi 成为	(v.) llegar a ser	26
chí dào 迟到	(v.) llegar tarde	82, 97, 109, 111
chóng xīn 重新	(adv.) una vez más; de nuevo	296
chòu 臭	hedor; maloliente; oler mal	125
chōu yān 抽烟	fumar	186, 261, 305
chū 出	(v.) ocurrir; pasar; suceder; (v.) usado después de un verbo para indicar una tendencia;	29, 55, 60, 78, 104, 106, 110, 127, 130, 143, 172, 177, 221, 246, 274, 279, 306, 309, 313, 321
chū chāi 出差	(vs.) viaje de trabajo	101, 102, 138
chú le 除了	(prep.) excepto; menos	188, 270
chú lǐ 处理	tratar con; lidiar	298
chū shēng 出生	(v.) nacer	313
chuán 船	(n.) barco	305, 312, 321
chuàn 串	cuerda	113
chuān 穿	(v.) vestirse; ponerse	44, 57, 61, 69, 133, 155, 185, 196, 197, 204, 233, 236, 252, 262, 271
chuāng hù 窗户	(n.) ventana	232, 233
chuàng yè 创业	iniciar un negocio	308

汉字	拼音	释义	页码
吹	chuī	soplar; tocar un instrumento de viento; estallar (con explosivos);	246
春	chūn	(n.) primavera	89, 98
次	cì	(cn.) vez	81, 97, 100, 103, 104, 105, 106, 109, 114, 116, 144, 181, 193, 225, 248, 264, 282, 293, 295, 300, 308, 319
刺	cì	espina	60
词典	cídiǎn	(n.) diccionario	166, 222
从	cóng	(prep.) de; desde	37, 58, 104, 176, 177, 230, 247, 274, 286, 300, 305, 306, 307, 309, 313, 314, 316
从此	cóngcǐ	a partir de ahora; desde; de ahora en adelante	308
从来	cónglái	(adv.) desde el comienzo; siempre	97, 109, 111, 118, 142, 252, 261, 275
聪明	cōngmíng	(adj.) inteligente	16, 54, 291
从前	cóngqián	previamente; en los viejos días; Había una vez	115, 245, 283, 289
存	cún	(v.) guardar; depositar	27, 95, 132
错	cuò	(adj.) erróneo; incorrecto	207, 216, 228, 229, 276, 278, 284
错误	cuòwù	(adj.) erróneo; equivocado; (n.) error; falta	120
达成	dáchéng	alcanzar	282
大概	dàgài	(adv.) probablemente	313
打架	dǎjià	lucha	138

dà jiā 大家	(pron.) todos	78, 225, 271, 308
dǎ lán qiú 打篮球	jugar al baloncesto	85, 137, 152, 256
dǎ rǎo 打扰	(v.) interrumpir; molestar	128
dǎ sǎo 打扫	(v.) limpiar	92, 155, 251
dà shǐ guǎn 大使馆	(n.) embajada	106, 221
dǎ suàn 打算	(v.) planear, proponerse; (n.) plan	32, 106, 293
dà xiàng 大象	elefante;	15
dǎ zhé 打折	(vs.) descuento	138
dài 带	(v.) llevarse	98, 133, 192, 196, 197, 222, 233, 239, 265, 298
dài 戴	(v.) ponerse	133, 196, 214, 233, 252, 322
dàn gāo 蛋糕	(n.) pastel	177, 184, 240, 283
dàn shì 但是	(conj.) pero	221, 262, 268
dāng shí 当时	(n.) en aquel momento	264
dào 到	(v.) llegar, (prep.) hasta	37, 59, 82, 95, 97, 103, 104, 107, 109, 111, 115, 130, 135, 143, 144, 163, 177, 187, 190, 191, 198, 201, 204, 205, 206, 207, 210, 212, 216, 220, 221, 222, 223, 224, 228, 230, 240, 245, 258, 260, 265, 271, 274, 276, 278, 280, 281, 282, 283, 286, 287, 289, 291, 293, 300, 303, 305, 310, 312, 313, 314, 318, 320
dǎo 倒	(v.) caer; tumbarse	187, 217, 241

dǎo 岛	(n.) isla	*47*
dāo 刀	(n.) cuchillo	*261*
dào dǐ 到底	(adv.) después de todo	*311*
dào lǐ 道理	argumento; razón; sentido; principio; establecido; justificación;	*71, 221*
dàoqiàn 道歉	(vs.) pedir perdón	*158*
de 地	(ae.) partícula que se añade detrás de un adjetivo para formar un adverbio.	*66, 127, 155, 173, 204, 290*
děi 得	(v.) tener que	*93, 171, 296*
děng 等	(v.) esperar	*83, 87, 88, 107, 127, 155, 163, 185, 221, 262, 274, 280*
dēng 灯	(n.) lámpara, luz	*60, 61, 133, 185, 223, 231, 257, 308*
děng yú 等于	ser igual a; ser equivalente a	*193, 263*
dì 递	entregar (algo a alguien); pasar por alto algo; aumentar o disminuir gradualmente algo; gradualmente	*166, 167*
dǐ 底	(n.) a finales de	*311*
dī 低	(adj.) bajo; (v.) bajar	*23, 24, 278, 314*
dì dì 弟弟	(n.) hermano menor	*30, 128, 177, 272, 273*
dì fāng 地方	(n.) lugar	*15, 35, 38, 246*
dì qū 地区	regional; local; barrio (no necesariamente una unidad administrativa); región; campo;	*32, 102*

dì tiě 地铁	(n.) metro	29, 316, 317, 321	
dì zhǐ 地址	(n.) dirección	182, 228	
diàn tī 电梯	(n.) ascensor; elevador	321	
diàn zi yóujiàn 电子邮件	(n.) correo electrónico; email	179, 221	
diào 掉	(v.) caer	197, 217, 239, 240	
diào 钓	pesca con anzuelo y cebo	41	
diàochá 调查	(v.) investigar; (n.) investigación	92, 99	
diē 跌	caerse	241	
dǐng 顶	pico de una montaña;	191	
dīng 盯	mirar fijamente	84	
diū 丢	(v.) perder	239, 240	
dòng 冻	congelar; sentirse congelado;	163, 238	
dòng 洞	cueva; agujero; cero (usado oralmente para evitar la ambigüedad al enumerar los números);	254	
dǒng 懂	(v.) entender	100, 104, 203, 204, 205, 206, 207, 208, 211, 212, 213, 216, 219, 279, 287, 288, 297, 303, 312, 323	
dōng 东	(n.) este	53, 81, 91, 109, 110, 185, 188, 211, 235, 255, 265, 276, 280, 298, 308, 309, 314	
dōng 冬	(n.) invierno	38, 55, 57, 81, 98, 102, 110, 199, 261, 300	

词	释义	页码
dòng wù 动物	(n.) animal	39
dòng yuán 动员	movilización	32, 241
dǔ chē 堵车	(v) atasco; embotellamiento; atascado	138
dù guò 度过	pasar el tiempo; pasar a través; para sobrevivir	198
dù zi 肚子	(n.) vientre	79, 110
duàn 段	(cn.) segmento de tiempo, distancia o texto	25, 235
duǎn 短	(adj.) corto	158, 299
duàn liàn 锻炼	(v.) hacer ejercicios para la salud	141
duǎn xìn 短信	(n.) mensaje corto	158
duì 对	(adj.) correcto; (prep.) a; hacia	52, 122, 128, 216, 229, 252, 254, 258, 265, 301, 305, 311, 323
duì bǐ 对比	contraste; oposición; proporción;	25
duì miàn 对面	(n.) enfrente	53
duì shǒu 对手	adversario; competidor; adversario; rival	37
duì yú 对于	(prep.) respecto; en lo que respecta a algo; con respecto a	26, 32, 34, 40
dùn 顿	hacer una pausa; detenerse; inclinarse; erradicar; en una vez; clasificador de comidas, palizas, reprimendas	20, 54, 138, 283, 286, 289
duǒ 朵	lóbulo de la oreja, clasificador de flores, nubes	15, 61

è 饿	(adj.) hambre	59, 169, 238, 259, 261, 275
ér 而	(conj.) y; pero; sin embargo	309
ěr duǒ 耳朵	(n.) oreja	15
fā 发	(v.) enviar	105, 142, 158, 161, 178, 179, 246, 255
fā dǒu 发抖	temblar; para temblar; emoción; temblor	78
fā shāo 发烧	(v.) tener fiebre	137, 154
fā shè 发射	emisión	277
fā shēng 发生	(v.) tener lugar; ocurrir	99, 173
fā xiàn 发现	(v.) notar; descubrir	92
fā yán 发言	tomar la palabra; declaración;	217
fā zhǎn 发展	(v.) desarrollarse	41, 67
fān 番	ventilador	104
fǎn cháng 反常	anormal	100
fán nǎo 烦恼	(n.) molestia; problemas; (v.) sentirse molesto	240
fān yì 翻译	(v.) traducir	104, 227, 253, 254
fàng 放	(v.) poner	51, 95, 132, 187, 197, 235, 236, 255, 274, 277, 294

fāngbiàn 方便	(adj.) conveniente; cómodo	29, 262
fāng fǎ 方法	(n.) método; manera	25, 40
fángjiān 房间	(n.) habitación; cuarto	92, 251, 269
fāngmiàn 方面	(n.) aspecto	291
fàngxīn 放心	(v.) ¡Descuida!; !tranquilo!;	274
fēicháng 非常	(adv.) muy	19, 57, 62, 67, 69, 106, 145, 147, 193, 195, 220, 291
fèi xū 废墟	(n.) ruinas	120
fèn 份	(cn.) porción	125, 299, 309, 322
fēn 分	(n.) puntuación; nota; (v.) separar	59, 82, 84, 85, 87, 108, 155, 177, 232, 274, 280, 291, 293, 299, 314, 317, 318
fēnfù 吩咐	orden	221
fēnshǒu 分手	finalizar una relación; romper; separarse	108
fēngfù 丰富	(adj.) abundante; rico; (v.) enriquecer	52
fēnggé 风格	estilo; la manera; moda	188
fǒu zé 否则	(conj.) de lo contrario;	89
fú 幅	clasificador para textiles o fotos	227
fù 富	(adj.) rico	26, 52

fǔ bài 腐败	corrupción	40
fú cóng 服从	obedecer	37
fù jìn 附近	(n.) lugar próximo; proximidad	107, 265
fù qīn 父亲	(n.) padre	41, 74
fú wù yuán 服务员	(n.) camarero	75
fù xí 复习	(v.) repasar	141, 192
fù xīng 复兴	renacimiento	286
fù zá 复杂	(adj.) complicado	71
fù zé 负责	(v.) encargarse de; (adj.) responsable	323
gài 盖	tapa; cubrir; afijo; exceder;	233
gǎi biàn 改变	(v.) cambiar; (n.) cambio; variación	307
gǎn 敢	(va.) atreverse	300
gān jìng 干净	(adj.) limpio	54, 92, 210, 217, 250, 251, 309
gǎn jué 感觉	(n.) impresión; sensación; (v.) sentir; sentirse	286
gǎn mào 感冒	(v.) resfriado; catarro	58, 81, 98, 294
gǎn xiè 感谢	(v.) agradecer; (n.) agradecimiento	195

gāng cái 刚才	(n.) recién; recientemente	115, 121, 291, 323
gāng gāng 刚刚	(n.) recién; recientemente	225
gāo 高	(adj.) alto	16, 17, 19, 21, 22, 23, 29, 38, 42, 45, 46, 47, 54, 59, 61, 62, 66, 78, 127, 187, 217, 223, 270, 278, 284, 300, 302, 307, 314, 320
gāo kǎo 高考	Examen Nacional de acceso a la universidad	226
gào sù 告诉	(v.) decir, contar	170, 171, 173, 182, 185, 280, 281, 307
gē gē 哥哥	(n.) hermano mayor	46, 67, 145, 147, 178, 179, 270, 272, 273
gěi 给	(v.) dar; entregar; (prep.) por	88, 93, 124, 125, 134, 156, 157, 158, 159, 160, 161, 162, 163, 164, 165, 166, 167, 168, 169, 170, 171, 172, 173, 174, 175, 176, 177, 178, 179, 180, 181, 182, 183, 184, 194, 197, 199, 217, 222, 225, 227, 258, 276, 284, 286, 293, 300
gēn 跟	(v.) seguir; (prep.) con	24, 28, 29, 30, 31, 32, 33, 35, 36, 48, 49, 50, 74, 75, 76, 79, 81, 90, 98, 110, 121, 142, 152, 173, 174, 186, 190, 230, 262, 263
gēn běn 根本	fundamental; básico; raíz; simplemente; absolutamente no, para nada;	245
gèng 更	(adv.) más	18, 19, 20, 48, 49, 67, 187, 290, 321
gèng jiā 更加	(adv.) más	48
gōng gòng qì chē 公共汽车	(n.) autobús	102, 107, 274, 284, 318, 321
gōng lǐ 公里	(cn.) kilómetro	313, 316, 317, 318
gōng rén 工人	obrero;	257
gōng sī 公司	(n.) compañía; empresa	120, 179, 193, 282, 297, 305, 313, 315, 316, 317, 318

gōngyuán 公园	(n.) parque	38, 321
gōngzhǔ 公主	princesa	254
gōngzī 工资	(n.) salario; sueldo	22, 23, 95, 237, 259, 298
gòu 够	(adv.) suficiente; (v.) alcanzar	217, 240, 245, 259, 298, 299, 300, 302
gùkè 顾客	(n.) cliente	63
gūniáng 姑娘	joven mujer; niña;	23
gùshì 故事	(n.) cuento; historia	174, 254, 287, 288
gǔwǔ 鼓舞	alentador (noticias); elevar la moral;	221
guà 挂	(v.) suspender; colgar; (v.) colgar el teléfono	132, 255, 256, 257
guāfēng 刮风	hacer viento	196
guān 关	(v.) cerrar; apagar	132, 233, 308
guàng 逛	(v.) pasear; vagar	88, 93, 94, 137, 143, 218
guāng 光	(adv.) sólo; (adj.) acabarse (usado cómo complemento de resultado)	163, 217, 237, 283
guǎngbō 广播	(n.) radiodifusión, radio	128
guǎngchǎng 广场	plaza pública	99
guì 贵	(adj.) caro	21, 22, 23, 33, 35, 57, 58, 158, 176, 262, 283

guò 过	(aux.) partícula aspecto verbal	27, 39, 69, 81, 89, 91, 96, 97, 103, 104, 106, 109, 110, 111, 113, 115, 116, 118, 119, 120, 121, 122, 123, 124, 125, 142, 171, 184, 185, 193, 205, 206, 212, 233, 247, 252, 261, 264, 265, 271, 274, 300
guō 锅	estufa; cacerola; caldera;	63, 125, 311
guó jiā 国家	(n.) país	39
guò qī 过期	llegar tarde; exceder el límite de tiempo; caducar (fecha de caducidad)	138
guò qù 过去	(n.) en el pasado; del pasado;	21, 51, 114, 162, 199, 235
hái 还	(adv.) todavía; (adv.) además	18, 19, 26, 46, 61, 89, 123, 133, 148, 149, 155, 166, 167, 168, 183, 190, 225, 229, 231, 235, 236, 240, 245, 247, 258, 259, 261, 262, 263, 264, 266, 267, 269, 270, 271, 272, 273, 274, 275, 277, 282, 287, 290, 299, 317, 319, 320
hài pà 害怕	(v.) tener miedo	39, 61
hái shì 还是	(adv.) es mejor; (adv.) o	100, 125, 239, 246, 249
hǎi xiān 海鲜	marisco	220
hái zi 孩子	(n.) hijos (incluida hija); (n.) niño	16, 185, 187, 196, 239, 245, 247, 263, 280, 284, 286
hàn 汗	(n.) sudor	300
hǎn 喊	gritar; llamada	198
hào 号	número	21, 250, 307, 313
hǎo chī 好吃	delicioso	15, 33, 38, 45, 62, 67, 145, 146, 147, 220, 245, 249, 300
háo huá 豪华	lujoso	120

hào mǎ 号码	(n.) número	235
hǎoxiàng 好像	(adv.) como si; parece que	15
hé 河	(n.) río	38, 198, 311
hé shì 合适	(adj.) adecuado; apropiado;	16, 17, 262, 278
hēi 黑	(adj.) negro	89, 154, 224, 262
hóng 红	(adj.) rojo	41, 148, 149, 150, 151, 153, 177, 185, 221, 222, 223, 224, 258, 262, 295, 302
hóngbāo 红包	(n) sobre rojo	179, 235
hòu 厚	(adj.) grueso; (n.) engrosar, hacerlo más grueso	46
hòuhuǐ 后悔	(v.) arrepentirse	264
hòulái 后来	(adv.) más tarde; después	275, 294
hùxiāng 互相	(adv.) mutuamente	194
hùzhào 护照	(n.) pasaporte	133, 233
huà 画	(v.) dibujar; (n.) pintura; dibujo	30, 44, 85, 227, 233, 255, 270, 303, 307
huā 花	(v.) gastar; (n.) flor	61, 104, 161, 222, 233, 234, 237, 243, 255, 283, 289, 298
huàxué 化学	química; químico	175
huàzhuāng 化妆	maquillaje	138

huài 坏	(adj.) malo; malogrado, hecho a perder;	59, 62, 63, 163, 217, 238, 240, 243, 247, 262, 284
huáiyùn 怀孕	embarazada; gestación; embarazo	109
huán 还	(v.) cambiar, devolver	166, 167, 168
huàn 换	(v.) cambiarse; (v.) cambiar dinero	235, 253, 254
huánjìng 环境	(n.) medio ambiente	308
huānyíng 欢迎	(v.) bienvenido	291, 293
huáng 黄	(adj.) amarillo	234, 262, 311
huídá 回答	(v.) contestar; responder; (n.) respuesta	228, 229
huìyì 会议	(n.) reunión	309
hūnlǐ 婚礼	ceremonia de boda; boda	302
huǒ 火	(n.) fuego	82, 85, 104, 125, 135, 190, 191, 221, 224, 317, 321
huódòng 活动	(v.) hacer ejercicio; (n.) actividad	301
huǒjiàn 火箭	cohete	277
jí 极	(adv.) sumamente; extremadamente	59, 61, 62, 70
jīè 饥饿	hambre	275
jīchǎng 机场	(n.) aeropuerto	213, 223, 271, 280, 293, 310, 316, 317, 318

jì de 记得	(v.) recordar	179, 192, 271
jī dì 基地	base	248
jī hū 几乎	(adv.) casi	34, 154
jì huà 计划	(n.) plan; (v.) planear, pensar, proponerse	296, 312
jì jié 季节	(n.) estación	38
jī liè 激烈	intenso; agudo; feroz	20
jì 寄	(v.) enviar	158, 159, 162, 176, 177, 178, 183, 184, 221, 239, 258
jì shù 技术	(n.) técnica	62
jì suàn 计算	calcular;	148, 149, 150, 151
jiǎ 假	(adj.) falso	122, 143, 277, 294
jiā bān 加班	(vs.) hacer horas extras	138, 153, 154, 169
jià gé 价格	(n.) precio	33, 223
jiā jù 家具	(n.) mueble	245
jiā wù 家务	tareas del hogar;	273
jiàn 件	(cn.) clasificador para prendas de ropa o asuntos	16, 17, 21, 25, 29, 31, 37, 40, 63, 91, 95, 108, 109, 116, 161, 170, 172, 179, 221, 222, 226, 230, 242, 250, 258, 262, 268, 272, 279, 293, 299, 301
jiǎn 捡	recoger; cosechar	222

jiǎnchá 检查	(v.) inspeccionar; chequear	88, 225
jiǎnféi 减肥	(vs.) adelgazar	283, 289
jiànkāng 健康	(adj.) sano; tener buena salud	93, 185
jiǎnlì 简历	Curriculum Vitae (CV);	178, 179
jiànmiàn 见面	(v.) encontrarse con	79, 137, 319
jiānqiáng 坚强	(adj.) ardiente; fuerte	100
jiànshēnfáng 健身房	(n.) gimnasio	307
jiànyì 建议	(v.) sugerir; aconsejar; (n.) sugerencia; consejo	134, 321
jiǎnzhí 简直	simplemente; para nada; prácticamente	211
jiǎng 讲	(v.) hablar	69, 81, 173, 174, 225, 228, 323
jiàngdī 降低	(v.) bajar; reducir	23, 24
jiǎo 脚	(n.) pie	154, 295
jiāo 教	(v.) enseñar	56, 84, 97, 109, 115, 171, 172, 184, 234, 248, 256, 257, 267, 278, 281, 282, 288, 315
jiāo 交	(v.) dar; entregar; (v.) hacer amigos	100, 107, 227, 242, 262, 314
jiàoshì 教室	(n.) aula	97, 109, 256, 257, 267, 281, 282, 288, 315
jiàoshòu 教授	(n.) profesor	115, 234, 278

jiāotōng
交通 — (n.) tráfico; transporte — 262

jiàoxùn
教训 — lección; moral; reprender a alguien; enseñarle a alguien una lección — 248

jiǎo zi
饺子 — (n.) raviolis chinos — 121, 218

jié
节 — (cn.) sección; periodo de una clase — 38, 48, 104, 199, 261

jiè
借 — (v.) pedir prestado — 161, 162, 166, 167, 168, 183, 184, 221, 230, 239, 284, 305, 310

jiē
接 — (v.) recibir; aceptar; (v.) seguir — 213, 221, 230, 271, 280, 290, 295, 322

jié gòu
结构 — estructura; composición; construcción — 160

jié guǒ
结果 — (n.) resultado — 201

jié hūn
结婚 — (v.) casarse — 52, 58, 153, 190, 281, 288, 289, 319

jiě jiě
姐姐 — (n.) hermana mayor — 30, 45, 46

jiě jué
解决 — (v.) resolver un problema — 108, 172

jiě shì
解释 — (v.) explicar; (n.) explicación — 168, 175

jiē shí
结实 — robusto; sólido — 24

jiē shòu
接受 — (v.) aceptar — 290, 322

jié shù
结束 — (v.) terminar — 274

jìn
进 — (v.) entrar — 62, 128, 132, 214, 281, 287

jìn 近	(adj.) cerca; (adj.) íntimo, cercano	38, 56, 58, 107, 110, 111, 144, 265, 305, 315, 316, 318, 320
jìn lái 近来	recientemente	275
jǐng chá 警察	(n.) policía	228, 241, 242, 250
jīng cháng 经常	(adv.) a menudo	98, 100, 248, 261, 286, 323
jīng guò 经过	(v.) pasar por; (prep.) por	199
jīng jì 经济	(n.) economía	95, 243
jīng jù 京剧	(n.) Ópera de Beijing	103
jīng lì 经历	(v.) pasar; atravesar; experimentar; (n.) experiencia	89
jīng lǐ 经理	(n.) gerente	303
jìng sài 竞赛	competencia	163
jǐng sè 景色	(n.) paisaje; vista	32
jīng shén 精神	mente; conciencia; pensamiento; mental; psicológico; gasolina; esencial;	302, 311
jīng yàn 经验	(n.) experiencia	308
jìng zi 镜子	(n.) espejo	51
jiù 就	(adv.) pues ya; (adv.) inmediatamente; tan pronto como	37, 51, 55, 78, 81, 86, 87, 88, 89, 91, 99, 107, 123, 125, 127, 130, 155, 169, 190, 191, 192, 193, 194, 198, 199, 201, 204, 223, 225, 231, 232, 235, 237, 254, 259, 261, 264, 266, 267, 268, 276, 277, 278, 279, 280, 281, 282, 283, 284, 285, 286, 287, 288, 289, 291, 293, 294, 298, 299, 308, 314, 318, 323

jiù 旧	(adj.) viejo; desgastado	167, 182
jiù 救	rescatar;	295
jiǔ 久	(adj.) por largo tiempo	267, 274, 307
jiū fēn 纠纷	disputa	282
jiù yè 就业	empleo	285, 286
jù jué 拒绝	(v.) negar; rechazar	193
jù lí 距离	(v.) distar de; estar (lejos, cerca) de	320
jù zi 句子	(n.) oración	254
jué de 觉得	(v.) parecer a uno; creer que	38, 57, 69, 111, 229, 246, 249, 271
jué dìng 决定	(v.) decidir; determinar; (n.) decisión; resolución	92, 185, 256
jué wàng 绝望	(n.) desesperación; (adj.) desesperado	220
jūn shì 军事	asuntos militares; militar	248
kā fēi 咖啡	(n.) café	20, 111, 225, 229, 237, 281, 294, 323
kāi shǐ 开始	(v.) empezar;	87, 191, 278, 282, 307, 308
kāi xīn 开心	(adj.) contento; alegre	62, 95, 102
kǎn jià 砍价	regatear	145

kàn bù qǐ 看不起	despreciar	252
kàn fǎ 看法	(n.) opinión	31, 32
kǎo lǜ 考虑	(v.) pensar; considerar	26, 92, 141
kǎo shì 考试	(n.) examen	31, 190, 191, 192, 225, 228, 254, 295, 300, 303
kǎo yā 烤鸭	(n.) pato asado	121
kè 课	(n.) lección; (n.) clase	58, 104, 129, 138, 155, 207, 224, 225, 226, 259, 261, 276, 279, 280, 293
kè 刻	(n.) cuarto de hora; 15 minutos	82
kě 渴	(adj.) sed	237
kē 颗	clasificador para pequeñas esferas, perlas, granos de maíz, dientes, corazones, satélites, etc.	63
kě ài 可爱	(adj.) mono; adorable; guapo; simpático	61, 62, 240
kě néng 可能	(va.) posiblemente; (adj.) posible; probable	39, 95, 99
kè rén 客人	(n.) invitado	24, 251, 274
kě shì 可是	(conj.) pero; sin embargo	222
kě yǐ 可以	(va.) poder (de permiso); (adj.) pasable; no tan malo	58, 60, 108, 158, 166, 167, 195, 214, 222, 224, 230, 232, 240, 263, 269, 272, 284, 290, 298, 299, 308
kěn dìng 肯定	(adv.) sin falta; sin duda	299, 303
kǒng bù 恐怖	terror	59

kōngtiáo 空调	(n.) aire acondicionado;	59, 135, 246, 269
kǒu 口	(n.) boca	100, 182, 197, 233, 235, 237, 291, 309
kū 哭	(v.) llorar	191
kù zi 裤子	(n.) pantalones	61, 196, 197
kuā 夸	alardear; elogiar	221
kuài 快	(adj.) rápido; (adv.) próximamente	30, 33, 41, 43, 45, 46, 51, 66, 67, 69, 70, 72, 73, 75, 104, 121, 130, 139, 145, 147, 148, 149, 150, 151, 152, 191, 192, 199, 201, 232, 251, 274, 284, 319
kuài 块	trozo	21, 22, 104, 164, 166, 181, 183, 283, 289, 299
kuān 宽	grande; generoso;	22, 23
kuānchǎng 宽敞	espacioso	57
kuǎnshì 款式	estilo	37, 268
kùn 困	(adj.) sentir sueño	78, 79
kùnnán 困难	(n.) dificultad; (adj.) dificil; duro	40, 220
là 辣	(adj.) picante	20, 30, 100, 102
lā 拉	(v.) tirar	123, 245, 278, 314
lán 蓝	(adj.) azul	196
lǎn 懒	(adj.) perezoso	29

làngmàn 浪漫	(adj.) romántico	44, 303
lǎo 老	(adj.) viejo	29, 39, 54, 63, 69, 84, 87, 103, 127, 129, 143, 161, 163, 172, 198, 207, 218, 221, 225, 228, 229, 234, 242, 248, 254, 279, 281, 293, 312
lǎobǎn 老板	jefe; guardián	23, 110, 227
láodòng 劳动	trabajo físico; trabajo; labor;	261
lǎolao 姥姥	abuela materna (informal);	140
láosāo 牢骚	queja	302
lǎoshǔ 老鼠	rata; ratón;	63, 163, 198, 248
lèi 累	(adj.) cansado; fatigado	29, 63, 78, 79, 87, 88, 92, 93, 130, 143, 154, 231, 260, 281, 292
lèisì 类似	similar	89
lí 离	(prep.) distancia	232, 289, 297, 305, 315, 316, 317, 318, 319, 320
lì 粒	grano	63
lìhài 厉害	(adj.) grave	145, 148, 149, 152, 223
líhūn 离婚	(v.) divorciarse, divorcio	232, 289
lǐjiě 理解	(v.) entender; comprender	228
líkāi 离开	(v.) salir de; separarse de	232
lǐmào 礼貌	(n.) cortesía, educación	303

lí mǐ 厘米	centímetro	21, 22
lì rú 例如	(v.) tomar por ejemplo; (prep.) como	15, 26
lì shǐ 历史	(n.) historia	239, 249
lǐ wù 礼物	(n.) regalo	158, 159, 165, 227, 232, 258
lì yòng 利用	explotar; hacer uso de; usar; aprovechar	25, 198
lián 连	(adv.) incluso; (v.) seguidamente; de seguida	79, 123, 266, 273
liǎn 脸	(n.) cara	300
lián xì 联系	(v.) contactar; (n.) relación	135, 198, 308
liàn xí 练习	(v.) práctica; (n.) ejercicio	100, 128
liàng 辆	(cn.) clasificador para vehículos	30, 31, 70, 90, 116, 123, 172, 236
liàng 亮	luminoso; claro; sonido; brillar; mostrar; revelar	16, 17, 20, 38, 40, 42, 44, 51, 54, 60, 91, 109, 133, 249, 262, 293
liǎng 两	(num.) dos	21, 23, 25, 34, 37, 40, 81, 82, 83, 84, 85, 86, 87, 96, 103, 143, 144, 168, 177, 181, 235, 240, 242, 268, 275, 280, 282, 283, 288, 289, 298, 317, 318
liǎo jiě 了解	(v.) conocer; entender	303
liáo tiān 聊天	(vs.) charlar	129, 137, 140, 224
lín jū 邻居	(n.) vecino	32
líng 铃	campanilla;	270

lǐng tǔ 领土	territorio	282
lìng wài 另外	(adj.) otro; además	107
liú 留	(v.) quedarse	133, 169, 215, 235, 242, 243, 255, 256
liú lì 流利	(adj.) fluido	18, 69, 70, 74, 77
lóng 龙	dragón	224
lóu 楼	(n.) edificio	22, 177, 214, 255, 321
lù 路	(n.) camino; (cn.) ruta de autobús etc.	93, 99, 102, 108, 113, 130, 137, 139, 154, 155, 172, 198, 255, 256, 294, 300, 312, 317, 318
lǜ 绿	(adj.) verde	89, 185, 223, 246
lǚ yóu 旅游	(v.) viajar	38, 39, 104, 115, 267, 274, 321
mǎ 马	(n.) caballo	24, 107, 111, 115, 192, 198, 228, 235, 256, 275, 278, 322, 323
má fán 麻烦	(adj.) problemático; (v.) molestar; (n.) molestia; carga	155, 232, 237, 265, 299
mǎ shàng 马上	(adv.) inmediatamente; en seguida	192, 235, 275, 278
mài 卖	(v.) vender	226, 237
màn 慢	(adj.) despacio	70, 147, 199, 254, 303
mǎn 满	(adj.) lleno	259, 300, 301, 302
mǎn yì 满意	(v.) estar satisfecho	61

máng 忙	(adj.) ocupado; (v.) estar ocupado en	18, 19, 57, 58, 62, 63, 78, 79, 110, 129, 130, 181, 195, 264, 299, 303
mào zi 帽子	(n.) gorra	133, 196, 197
měi 每	(pron.) cada	32, 88, 93, 97, 99, 102, 105, 109, 135, 139, 143, 144, 155, 174, 176, 178, 179, 181, 199, 223, 237, 240, 248, 259, 261, 273, 283, 286, 298, 305, 307, 322
měi lì 美丽	(adj.) bella; bonita; guapa; hermosa	38
mèi mèi 妹妹	(n.) hermana menor	39, 41, 45, 46, 47, 100, 128, 153, 214, 273
mén 门	(n.) puerta; entrada; salida; (cn.) asignatura en escuela	106, 132, 165, 185, 197, 220, 232, 233, 235, 300
měng 蒙	mongol	322
mèng 梦	(n.) sueño; (v.) soñar	52, 177, 220, 222
mǐ 米	(cn.) metro (unidad de longitud)	21, 22, 49, 50, 138, 236, 316, 317, 320
mì mǎ 密码	(n.) contraseña; código	98
mì mì 秘密	secreto;	170
miàn bāo 面包	(n.) pan	181, 208, 209
miàn jī 面积	área de una superficie	289
miǎn qiǎng 勉强	de mala gana, a regañadientes	322
miàn tiáo 面条	(n.) fideos chinos, tallarines chinos	49, 50
mǔ qīn 母亲	(n.) madre	30, 41, 163, 177

ná 拿	(v.) tomar; sostener	15, 47, 48, 49, 57, 133, 199, 221, 232, 239, 240, 242, 245, 246, 282, 289, 291
nǎi nǎi 奶奶	(n.) abuela (paterna)	106, 174, 182, 279
nài xīn 耐心	(n.) paciencia	41, 237
nán 南	(n.) sur	15, 53, 99, 308
nán 难	(adj.) difícil	26, 40, 76, 79, 168, 219, 220, 262, 303, 322
nèi 内	(n.) dentro; interior	27, 95, 141, 322
yīn yuè 音乐	(n.) música	103, 127, 218, 265
niàn 念	extrañar (a uno mismo); estudiar; estudiar (como parte de un curso); leer en voz alta;	252, 253, 254, 307
nián jì 年纪	año escolar; clase;	278
nián qīng 年轻	(adj.) joven	174, 258
niǎo 鸟	(n.) pájaro	233, 298
nèi róng 内容	(n.) contenido	141
niú nǎi 牛奶	(n.) leche de vaca	88, 165
nòng 弄	(v.) hacer	243, 247
nóng cūn 农村	área rural; pueblo;	286
nóng lì 农历	Calendario lunar	199

nǔ lì 努力	(adj.) gran esfuerzo; luchar; esforzarse, aplicarse;	76
nuǎn huo 暖和	(adj.) cálido	58
ǒu ěr 偶尔	(adv.) de vez en cuando; ocasionalmente	97, 101, 259
ōu zhōu 欧洲	Europa;	246, 249
pāi 拍	tomar una fotografía; pegar; grifo; bofetada; matamoscas; raqueta	186
pái duì 排队	(v.) hacer cola	137, 154
pān dēng 攀登	la subida	108
pán zi 盘子	(n.) plato	243
pàng 胖	(adj) gordo; (v.) engordar	19, 30, 150, 151, 236, 292
pǎo bù 跑步	(v.) correr	67, 137, 145, 147, 154, 240
péi 陪	(v.) acompañar	106, 297
pèng jiàn 碰见	(v.) encontrarse	218
pí jiǔ 啤酒	(n.) cerveza	226, 236, 239, 313
pí xié 皮鞋	(n.) zapato de piel	133, 196
piàn 片	pieza delgada escama; una rebanada; película; clasificador para rodajas, tabletas, huellas de tierra, área de agua; clasificador: CD, películas, DVD;	120, 184, 256
piān 篇	(cn.) clasificador para artículos, textos, etc.	104, 115, 158, 207, 225, 254, 293

piànmiàn 片面	unilateral; parcial	181
pián yi 便宜	(adj.) barato	40, 49, 50, 289, 321
piào 票	(n.) ticket; billete	226, 269
piàoliàng 漂亮	hermosa, guapa	16, 17, 20, 38, 40, 42, 44, 54, 91, 109, 249, 293
pīnmìng 拼命	desesperadamente	283, 289
píng 平	plato; al mismo nivel; igual; calma; pacífico;	61, 69, 129, 217, 295, 297, 320
píngfāng 平方	cuadrado (metro cuadrado, raíz cuadrada ..)	236
pīngpāngqiú 乒乓球	(n.) tenis de mesa; ping-pong	264
píngshí 平时	(n.) normalmente; usualmente	69, 129, 297
pò 破	(adj.) roto	217, 243, 247, 311
qí 骑	(v.) montar (en bicicleta etc.)	130, 305, 318, 321, 322
qǐ chuáng 起床	(v.) levantarse (de la cama)	271
qǐ fēi 起飞	(v.) despegar (un avión)	121, 252
qì hòu 气候	(n.) clima	48, 49, 57, 58, 59
qí shí 其实	(adv.) en realidad; de hecho	32
qí tā 其他	(pron.) los demás	197

qì wèi 气味	olor	220
qī zi 妻子	(n.) esposa	53, 184, 242
qià dàng 恰当	apropiado	25
qiàn 欠	deber ; endeudado; faltar;	168, 184, 298
qiān 千	(num.) mil	22, 23, 26, 166, 177, 183, 184, 289
qiān jiù 迁就	acomodar	285, 286
qiān wàn 千万	(adv.) nunca; en todo caso; de todos modos	26
qiān zhèng 签证	(n.) visa; visado	106
qiáng 墙	pared;	233, 256, 257
qiǎng 抢	discutir (algo); botín; confiscar; precipitarse; agarrar; robar; arrebatar	120
qiáo 桥	(n.) puente	198, 312
qiāo 敲	(v.) tocar; llamar	220
qiē 切	cortar; cortar; tangente (matemáticas)	232
qīng 轻	(adj.) ligero	29, 31, 174, 258, 278
qīng 青	azul o verde; color de la naturaleza; negro verdoso; abbr. para la provincia de Qinghai 青海	47
qīng chǔ 清楚	(adj.) claro; con claridad; (v.) entender; comprender	67, 70, 217, 228, 250

qíngkuàng 情况	(n.) circunstancia; situación	99
qīng lǐ 清理	limpiar	251
qíng xù 情绪	sensación;	240
qiū 秋	(n.) otoño	35, 36
qǔ 取	(v.) tomar; retirar	123, 285, 286
qù nián 去年	(n.) el año pasado	22, 23, 24, 31, 55, 67, 97, 106, 115, 121, 147, 232, 244, 264, 307, 313
quàn 劝	consejero; impulso; tratar de convencer; persuadir	264
què 却	sin embargo	266, 268, 291, 294, 311
quē diǎn 缺点	(n.) defecto; desventaja	290
quē shǎo 缺少	(v.) faltar; carecer	99
qún zi 裙子	(n.) falda	196, 222
rán hòu 然后	(conj.) después	275, 280
ràng 让	(v.) dejar a uno a hacer; (v) ceder	95, 214, 229, 232, 239, 240, 241, 256, 284
rè ài 热爱	amar ardientemente; amor	98
rén cái 人才	talento; persona talentosa;	243, 291
rèn hé 任何	(pron.) cualquiera	91

rén kǒu 人口	población	39, 48, 49, 199, 283, 289
rén mín bì 人民币	renminbi (RMB); Yuan chino (CNY)	254
rén shēng 人生	vida humana	52
rèn wù 任务	(n.) tarea	227
rèn zhēn 认真	(adj.) concienzudo	173, 225, 312
rēng 扔	(v.) echar; tirar	181, 239
réng rán 仍然	(adv.) todavía; aún	275
rì cháng 日常	diario; todos los días	320
róng yì 容易	(adj.) fácil	40
rú guǒ 如果	(conj.) si; en caso de	169, 228, 268, 277, 284, 286, 308
rú hé 如何	¿de qué forma; ¿cómo?	172
rú jīn 如今	de nuestros días; Ahora	51
sǎn 伞	(n.) paraguas; sombrilla	192
sàn bù 散步	(vs.) pasear	137, 140
sǎng zǐ 嗓子	garganta; voz;	154
sēn lín 森林	(n.) bosque	135, 220

shā fā 沙发	(n.) sofá	246, 255
shàngbān 上班	(v.) ir al trabajo	138, 247, 273, 290, 305, 322
shàngwǎng 上网	(v.) acceder a Internet	313
shé 蛇	serpiente	39
xiǎoqū 小区	urbanización, barrio	39, 95
shèzhì 设置	(v.) configurar	98
shēn 深	(adj.) profundo	46, 316
shēntǐ 身体	(n.) cuerpo	229, 272, 305, 323
shènzhì 甚至	(adv.) hasta; incluso	273
shēngbìng 生病	(v.) caer enfermo	180, 235, 292, 294, 298
shēnghuó 生活	(n.) vida	21, 27, 82, 114, 198, 217, 247, 274, 282, 290, 302, 320
shēngqì 生气	(v.) enojarse	111, 137, 139, 185, 294
shēngrì 生日	(n.) cumpleaños	159, 184, 199, 279, 294, 300, 319
shēngyīn 声音	(n.) sonido; ruido	34, 78, 206, 218, 265
shì 试	(v.) probar	31, 53, 90, 91, 190, 191, 192, 225, 228, 254, 295, 300, 303
shǐ 使	(v.) hacer; causar; dejar	106, 221, 240, 246

shī 诗	poema; poesía; verso;	182, 242
shī bài 失败	(n.) fracaso; pérdida; falla; derrota; colapso; (v.) ser derrotado; perder; fallar; llegar a nada	100, 248, 320
shí dài 时代	hora; período;	99
shí fēn 十分	(adv.) muy; completamente	82, 85, 87, 155, 274, 293, 317, 318
shī fù 师傅	(n.) maestro (tratamiento popular); maestro (en ciencia, arte u oficio);	223
shì jì 世纪	(n.) siglo	275
shí jiān 时间	(n.) tiempo	31, 52, 69, 78, 79, 105, 130, 143, 199, 271, 277, 292, 297, 299, 303
shì jiè 世界	(n.) mundo	38, 39, 249
shì qíng 事情	(n.) asunto; actividad	51, 71, 184, 250, 312
shí tóu 石头	piedra;	181
shí wù 食物	comida;	99, 249, 283, 289
shí yàn 实验	experimentar; experiencias;	175
shì yè 事业	carrera profesional	123, 199, 285
shì yìng 适应	(v.) hallarse bien con	89
shí zài 实在	(adj.) honesto; (adv.) ciertamente; realmente	32, 236
shòu 瘦	(adj.) delgado; (v.) adelgazar	21, 148, 149

shōu 收	(v.) recibir	163, 221, 251, 258
shǒubiǎo 手表	(n.) reloj de muñeca	164
shòudào 受到	(v.) ser objeto de, recibir	163, 221
shǒujī 手机	(n.) teléfono móvil;	90, 154, 164, 185, 186, 190, 191, 207, 221, 250
shōushi 收拾	(v.) ordenar; preparar	251
shù 树	(n.) árbol	188, 262
shù 束	clasificador para ramos de flores	161, 274
shù 数	número; figura; varios; algunas	24, 25, 52, 148, 149, 150, 151
shūcài 蔬菜	vegetales;	163
shūfǎ 书法	caligrafía	41, 114, 270, 307
shūfu 舒服	(adj.) cómodo; confortable	57, 58, 59, 88, 110, 286
shùjù 数据	datos; números; digital	25
shūshū 叔叔	(n.) tío (paterno)	183
shúxī 熟悉	(v.) sentirse familiarizado con; conocer bien; (adj.) familiar	99
shùxué 数学	(n.) matemáticas	40, 163, 172
shuài 帅	(adj.) guapo; elegante (hombre)	18, 39, 42, 43, 47, 62, 259, 303

shuāi 摔	(v.) caerse	*241*
shuāng 双	(cn.) par	*27, 160, 164, 196*
shuǐpíng 水平	(n.) nivel	*61, 217, 320*
shùnlì 顺利	(adj.) felizmente	*108*
shuōmíng 说明	(v.) explicar	*99, 175*
sǐ 死	(v.) morir	*59, 62, 63, 104, 154, 217, 238, 239, 240, 247, 275, 311*
sīchóu 丝绸	tela de seda; seda	*196*
sījī 司机	(n.) conductor	*255, 284*
sòng 送	(v.) regalar; (v.) acompañar a alguien	*88, 159, 160, 161, 164, 165, 170, 177, 178, 179, 184, 196, 258, 259, 280, 301, 310*
sùdù 速度	(n.) velocidad	*33*
suànshù 算数	contar	*148, 149, 150, 151*
suíbiàn 随便	(adj.) al azar; informal, sin cumplidos	*69, 81, 90, 91*
suīrán 虽然	(conj.) aunque	*100, 123, 125, 283, 289, 320*
suíshǒu 随手	convenientemente; de pasada; sin problemas adicionales	*98, 308*
suǒ 锁	bloquear; encerrar; poner bajo bloqueo;	*233, 235*
suǒyǐ 所以	(conj.) así que	*143, 193, 228, 250, 260*

suǒ yǒu 所有	(adj.) todos	53, 199, 249
tā 它	(pron.) ello (pronombre neutro)	60, 108, 228, 283, 289, 322
tái 台	(cn.) clasificador para máquinas	155, 189, 204, 227
tán 谈	(v.) hablar; charlar	90, 219, 294
tángāngqín 弹钢琴	tocar el piano	114, 137
táng 糖	(n.) azúcar; caramelo	156
tàng 趟	(cv.) vez (viaje)	97, 106, 107, 144, 234, 293, 305, 314
tǎng 躺	(v.) acostarse	78, 129, 132, 235, 255, 256, 275
tāng 汤	(n.) sopa	63
táo 逃	escapar; huir;	241, 297
tào 套	cubrir; copiar; serie; colección; caso; vaina;	214, 240
tǎolùn 讨论	(v.) discutir; hablar de; (n.) discusión; debate	141, 171
téng 疼	(v.) dolor, doloroso, dolorido	78, 79
tí gāo 提高	(v.) elevar; (n.) elevación; incremento	217
tí xǐng 提醒	(vs.) advertir; recordar	171, 299
tī zú qiú 踢足球	jugar al fútbol	39, 137, 264

tiān cái 天才	genio	290, 291, 302
tiào wǔ 跳舞	(v.) bailar	137, 142, 148, 149, 150, 151, 187, 292
tǐng 挺	(adv.) muy; bastante; (v.) pasar por; atravesar	265
tōng guò 通过	(prep.) por medio de; a través de; (v.) aprobar	228
tóng shì 同事	(n.) colega	194
tōng zhī 通知	(v.) informar; avisar; (n.) anuncio; aviso	171, 178
tóu fà 头发	(n.) cabello	105
tù 吐	(v.) vomitar	109
tú shū guǎn 图书馆	(n.) biblioteca	86, 224, 230, 263, 305, 310, 315
tù zi 兔子	liebre; conejo;	51, 298
tuì 退	retroceder; disminución; volver atrás; retirada	311
tuī 推	(v.) empujar	232, 245, 246
tuō 脱	(v.) quitarse	197, 215, 235, 239, 240
wài 外	(n.) fuera; (n.) no de la misma entidad	59, 62, 93, 107, 127, 144, 154, 165, 176, 184, 214, 240, 270, 279
wán 玩	(v.) jugar	78, 98, 110, 186, 245, 247, 299
wán 完	(v.) terminado	34, 140, 155, 181, 198, 203, 204, 205, 207, 208, 209, 210, 216, 225, 226, 227, 237, 265, 294, 320, 323

wàn 万	(num.) diez mil	26, 104, 283, 289, 298, 301
wǎn 碗	(n.) tazón; (cn.) un tazón de	251
wán jù 玩具	juguete	247
wán měi 完美	perfección; perfecto;	320
wán quán 完全	(adv.) completamente; enteramente	34, 323
wǎn shàng 晚上	(n.) por la noche	61, 98, 181, 224, 260
wǎng 往	(prep.) a; hacia	51, 98, 99, 100, 104, 107, 176, 223, 231, 305, 314
wàng jì 忘记	(v.) olvidar; olvidarse	98
wǎng shì 往事	pasado	51
wǎng wǎng 往往	(adv.) a menudo	98, 99, 100, 231
wèi 为	(prep.) para	184, 195
wèi 位	(cn.) clasificador para personas	70, 232, 255, 278
wěi dà 伟大	grande; poderoso	286
wèi dào 味道	(n.) sabor	33
wéi hù 维护	mantener	297
wèi le 为了	(prep.) para; por	93, 106, 242, 249

wèi shén me 为什么	¿por qué?	294
wēi xiǎn 危险	(adj.) peligroso	322
wén 闻	oír; noticias; bien conocido; popular; reputación; gloria; sensación; oler;	56, 109, 218, 220, 254
wèn 问	(v.) preguntar	32, 40, 53, 60, 81, 90, 91, 104, 110, 166, 171, 172, 225, 228, 229, 249, 271, 279, 281, 282, 298, 311
wēn dù 温度	(n.) temperatura	300
wén huà 文化	(n.) cultura	32, 34
wén jiàn 文件	documento; carpetas;	25
wèn tí 问题	(n.) pregunta; problema	32, 40, 53, 60, 81, 91, 104, 110, 171, 172, 225, 228, 229, 249, 271, 281, 282, 298
wén xué 文学	literatura	188
wén yì 文艺	arte	286
wén zhāng 文章	(n.) ensayo; artículo, trabajo	115, 158
wú 无	(v.) sin	108, 120, 188
wù jiě 误解	malentendido	99
wū zi 屋子	casa; habitación;	133
xǐ 洗	(v.) lavar	93, 125, 155, 204, 210, 251, 309
xī 西	(n.) oeste	34, 41, 48, 49, 50, 81, 91, 104, 109, 110, 111, 113, 114, 115, 117, 176, 185, 188, 190, 220, 235, 254, 255, 265, 276, 280, 282, 306, 308, 309, 314, 320

习惯 xí guàn	(v.) costumbre; (n.) hábito; práctica usual	32, 240, 246, 247, 274
洗手间 xǐ shǒujiān	(n.) baño; servicio; retrete; cuarto de aseo	15
希望 xī wàng	(v.) desear; (n.) deseo; esperanza	27, 39, 108, 187, 280
洗衣机 xǐ yī jī	(n.) lavadora	60
洗澡 xǐ zǎo	(v.) bañarse; ducharse	262
夏 xià	(n.) verano	39, 59, 61, 134, 135
先 xiān	(adv.) primero	62, 141, 228, 275, 287
现场 xiànchǎng	en el sitio, escena	92
先进 xiānjìn	avanzado	62, 287
向 xiàng	(prep.) a; hacia	158, 177
像 xiàng	(v.) parecerse; (prep.) por ejemplo; como	15, 28, 29, 33, 75, 242, 263, 323
响 xiǎng	(v.) sonar	60
香 xiāng	(adj.) olor agradable, rico	33, 252, 272, 316
相处 xiāngchǔ	llevarse bien	101
相当 xiāngdāng	equivalente a; llegado el caso; en cierta medida; bastante	176
香蕉 xiāngjiāo	(n.) banana, plátano	33, 272

xiàngliàn 项链	collar	196
xiáng xì 详细	(adj.) detallado	69
xiāngxìn 相信	(v.) creer en; tener confianza en	26
xiào 笑	(v.) reírse	78, 79, 91, 128, 238
xiǎohuǒ zi 小伙子	(n.) joven; muchacho	23
xiǎoshí 小时	(n.) hora	23, 81, 82, 83, 84, 85, 86, 87, 99, 141, 143, 144, 172, 174, 245, 293, 299, 302, 317
xiǎoshòu 销售	volumen de ventas	301
xiǎoshuō 小说	(n.) novela	113, 125, 265
xiǎotōu 小偷	(n.) ladrón	241, 242
xiāoxī 消息	(n.) noticia; información	53, 171, 232
xiǎoxīn 小心	(v.) ¡cuidado!; tener cuidado; (adj.) cuidadoso	135, 188, 231, 241, 243, 254, 256, 309
xié 鞋	zapatos	133, 164, 196, 197
xuè 血	sangre	243
xiě zuò 写作	escrito; obras escritas	291
xìn 信	carta	178, 182
xīn 新	(adj.) nuevo	21, 25, 53, 61, 90, 106, 115, 116, 189, 196, 235, 254, 283, 284, 296, 312

xìn hào 信号	señal	*250*
xīn láng 新郎	novio	*312*
xīn niáng 新娘	novia	*312*
xīn qíng 心情	(n.) estado de ánimo; humor	*171*
xīn wén 新闻	(n.) noticia	*254*
xìn xī 信息	(n.) información; novedad; mensaje	*254*
xìng 姓	(n.) apellido; (v.) apellidarse	*263*
xǐng 醒	(v.) despertarse	*171, 299*
xìng fú 幸福	(adj.) feliz; (n.) felicidad	*21*
xìng kuī 幸亏	por suerte;	*89*
xióng māo 熊猫	(n.) oso panda	*172*
xiū xī 休息	(v.) descansar	*87, 88, 92, 141, 187, 256, 279, 293*
xǔ duō 许多	(adj.) muchos	*59, 178*
xū yào 需要	(v.) necesitar	*138, 180, 195, 221, 297*
xuǎn shǒu 选手	jugador	*40*
xuě 雪	(n.) nieve	*138, 154, 261, 268, 300*

xùn sù 迅速	rápido; rápido	155, 204
yā suì qián 压岁钱	dinero de año nuevo	235
yǎn chū 演出	(n.) espectáculo; representación	221
yǎn jiǎng 演讲	conferencia; discurso	323
yǎn jīng 眼睛	(n.) ojo	38, 78, 79, 154
yǎn jìng 眼镜	(n.) gafas	243
yán sè 颜色	(n.) color	31, 37
yán zhòng 严重	(adj.) grave	40
yáng ròu 羊肉	(n.) cordero	113
yàng zi 样子	(n.) apariencia; forma	111
yào 药	(n.) medicina; (va.) querer; desear; (v.) pedir	103, 274, 293
yào 要	(va.) deber; (va.) ir a + inf.; (v.) necesitar; querer	15, 18, 20, 24, 26, 51, 57, 62, 92, 93, 100, 106, 107, 114, 120, 121, 135, 171, 185, 186, 187, 188, 189, 190, 191, 192, 194, 196, 199, 226, 230, 234, 235, 239, 240, 248, 249, 251, 263, 267, 272, 273, 278, 279, 285, 286, 290, 294, 296, 298, 302, 307, 308, 309, 310, 311, 312, 313, 321
yǎo 咬	mordedura; picar	156
yào bu rán 要不然	de otro modo	322
yào mìng 要命	terrible	59

钥匙 yào shi	(n.) llave (para cerradura)	181, 221
要是 yào shì	(conj.) si	99, 268, 277, 284
页 yè	(cn.) página	283
夜 yè	noche	235, 275, 288
也 yě	(adv.) también	79, 101, 115, 143, 179, 180, 220, 263, 266, 269, 270, 272, 273, 291, 301, 308
爷爷 yé yé	(n.) abuelo (paterno)	174, 220, 294
亿 yì	cien millones; 100.000.000; un montón de cosas	199
翼 yì	ala	27
一般 yì bān	(adv.) generalmente; regularmente	49, 50, 99, 261, 299
一定 yí dìng	(adv.) sin falta; (adj) cierto	194, 195, 284, 303
一共 yí gòng	(adv.) en total	104
以后 yǐ hòu	después	32, 58, 103, 231, 256, 275, 280, 281, 308
一会儿 yī huì er	muy corto tiempo, poco	81, 87, 88, 94, 141, 144, 155, 192, 262, 290
已经 yǐ jīng	(adv.) ya; (n.) significado; contenido	46, 52, 53, 67, 82, 83, 85, 86, 87, 96, 106, 114, 120, 122, 124, 125, 142, 143, 144, 154, 161, 171, 178, 179, 183, 184, 199, 222, 227, 228, 235, 239, 246, 267, 271, 274, 275, 277, 286, 294, 299, 320
以来 yǐ lái	desde (un evento anterior)	95, 96
一起 yì qǐ	(adv.) juntos	39, 93, 102, 227, 263, 277, 290

yǐ qián 以前	(adv.) antes de;	81, 86, 89, 103, 115, 117, 121, 193, 261, 263, 264, 280, 281, 307
yí qiè 一切	(adj.) todo	277
yī rú jì wǎng 一如既往	como siempre	100
yì shù 艺术	(n.) arte	286
yì si 意思	(n.) opinión; idea; (n.) interesante, divertido	32, 61, 222, 229, 243, 300, 312
yǐ wéi 以为	(v.) creer	32, 108, 284
yí yàng 一样	(adj.) lo mismo	15, 28, 29, 30, 31, 32, 33, 34, 35, 36, 37, 51, 74, 75, 76, 104, 152, 268
yì zhí 一直	(adv.) desde hace tiempo	96, 221, 275, 313, 314
yí zhì 一致	unánime; idéntico (ideas u opiniones)	282
yín 银	metal plateado; color plata; relativo al dinero (moneda)	144, 184
yín háng 银行	(n.) banco	144, 184
yǐn sī 隐私	intimidad	242
yīn wèi 因为	porque	25, 109, 120, 135, 195, 222, 228, 234, 243, 252, 296, 297, 301
yíng 赢	(v.) ganar	26
yīng gāi 应该	(va.) tener que; deber	18, 140, 144, 158, 173, 192, 193, 197, 228, 263, 299
yòng 用	(v.) uso	25, 61, 104, 118, 188, 193, 198, 222, 225, 226, 232, 237, 240, 248, 252, 258, 259, 261, 298, 323

yǒng gǎn 勇敢	(adj.) bravo; valiente	300
yòu 又	(adv.) una vez más; volver a; de nuevo	104, 107, 173, 266, 268, 284, 293, 294, 295, 296
yóu jú 邮局	(n.) correos	177, 305, 306
yǒu qù 有趣	(adj.) interesante	30
yóu yǒng 游泳	(v.) nadar	25, 39, 87, 94, 137, 189
yú 鱼	(n.) pez; pescado	41, 52, 56, 291
yǔ 与	(prep.) con	28, 48, 55
yù bào 预报	pronóstico	264
yù dào 遇到	(v.) encontrarse con	144, 220
yǔ fǎ 语法	(n.) gramática	96, 183
yǔ qí 与其	与其 ... 不如 en lugar de ... es mejor	55
yuán 元	(cn.) RMB, Yuan	23, 168, 177, 179, 181, 184, 254, 259, 297, 301
yuǎn 远	(adj.) lejos	22, 46, 56, 69, 280, 315, 316, 317, 318, 319, 320
yuán dàn 元旦	Año Nuevo	179
yuán liàng 原谅	(v.) perdonar	120
yuàn yì 愿意	(va.) estar dispuesto a; querer	79

yuè 越	(adv.) cuanto más...más...	268, 320
yuè dú 阅读	(v.) leer	98
yuè liàng 月亮	(n.) luna	51
yún 云	(n.) nube	15, 51, 61
yùndòng 运动	(v.) hacer deporte	25, 32, 39, 110, 143, 241, 307
zá zhì 杂志	(n.) revista	225, 263
zài 再	(adv.) otra vez, de nuevo (adv.) hacer algo después de otra acción; (adv.) más; aún más	58, 104, 128, 141, 168, 187, 225, 262, 266, 268, 284, 290, 293, 294, 295, 296, 299, 308
zài hū 在乎	dar importancia a; cuidar de	301
zài jiē zài lì 再接再厉	hacer esfuerzos persistentes	295
zāng 脏	(adj.) sucio	54
zǎo shàng 早上	(n.) por la mañana	224, 264, 313
zé guài 责怪	culpa	173
zēng jiā 增加	(v.) incrementar	23, 24
zhāi 摘	tomar; a elegir (flores, frutas, etc.); arrancar; para seleccionar; quitarse (sus gafas, sombrero, etc.)	197
zhàn 站	(v.) estar parado; (cn.) parada;	129, 132, 221, 241, 255, 256, 281, 316, 317
zhàn zhēng 战争	(n.) guerra; conflicto;	297

zhǎng 长	(v.) crecer	30, 263, 271
zhàng fū 丈夫	(n.) esposo	18, 62, 96, 158, 164
zhǎo 找	(v.) buscar	87, 90, 95, 103, 128, 194, 201, 205, 207, 212, 221, 228, 230, 249, 278, 287, 294, 314
zhāo jí 着急	(v.) preocupado; inquieto	135
zhāoliáng 着凉	(v.) resfriarse	135
zháo mí 着迷	(adj.) fascinado	135
zhàopiàn 照片	(n.) foto	184, 256
zhēn 真	(adv.) realmente	15, 62, 69, 89, 138, 173, 199, 225, 229, 291, 293, 300, 309, 312
zhēng 睁	abrir los ojos	78, 79
zhèng fǔ 政府	gobierno;	168, 240, 248, 323
zhěng lǐ 整理	(v.) ordenar; arreglar	88, 296
zhèngzài 正在	(adv.) estar + gerundio	127, 128, 130, 133, 184, 241, 293, 295
zhǐ 指	(v.) señalar con el dedo	243
zhī dào 知道	(v.) saber; entender	18, 38, 285, 294
zhì dìng 制定	elaborar; establecer; formular	296
zhī shí 知识	(n.) conocimiento	52, 222, 278

zhí xíng 执行	llevado a cabo	312
zhǐ yào 只要	(conj.) siempre que	268, 279, 284, 312
zhí yè 职业	(n.) ocupación; profesión	229
zhì zuò 制作	hacer; fabricar	180
zhòng 重	(adj.) pesado	40, 53, 115, 121, 187, 245, 296
zhǒng 种	(cn.) tipo; variedad	143, 144, 163, 234, 311
zhōng jiān 中间	(n.) centro; medio	256
zhōng wén 中文	(n.) chino (lengua)	76, 79, 101, 102, 104, 114, 172, 174, 263, 310
zhòng yào 重要	(adj.) importante	195, 323
zhōng yú 终于	(adv.) por fin; finalmente	214, 221, 222, 226, 227, 230
zhōu 粥	(n.) congee; gachas	63
zhōu mò 周末	(n.) fin de semana	106, 256, 284
zhū 猪	(n.) cerdo	37
zhǔ yì 主意	(n.) opinión; idea	61
zhù yì 注意	(v.) prestar atención	189
zhuàn 赚	(v.) ganar	75

zhuānmén 专门	(adv.) especialmente	300
zhuānyè 专业	(n.) especialidad	52
zhuàng 撞	estrellarse en; conocerse por accidente; golpear; caer sobre	55, 223
zhǔnbèi 准备	(v.) planear; intentar, proponerse; (n.) preparación	76, 129, 130, 141, 227, 277, 280, 286
zìcóng 自从	desde; a partir de	58
zìjǐ 自己	(pron.) hacer algo valiéndose de sí mismo	26, 52, 98, 111, 125, 193, 197, 286, 297, 298
zìrán 自然	(n.) naturaleza, natural	312
zìxíngchē 自行车	(n.) bicicleta	130, 162, 167, 305, 322
zǒngshì 总是	(adv.) siempre	111, 302
zǒngtǒng 总统	presidente de un país;	282
zǒu 走	(v.) caminar; (v.) irse	23, 55, 93, 102, 130, 137, 139, 154, 155, 169, 185, 187, 190, 199, 217, 221, 223, 228, 239, 245, 249, 280, 299, 314, 317, 318, 321
zū 租	(v.) alquilar, arrendar	29, 172, 221, 258, 321
zǔguó 祖国	(n.) patria	297
zuì 最	(adv.) el más (adj. superlativo)	38, 39, 58, 70, 95, 110, 111, 120, 144, 179, 220, 222, 229, 249, 275
zuì 醉	(adj.) borracho;	217, 249
zuǐ 嘴	(n.) boca	187, 323

zuì hǎo 最好	(adv.) es mejor que	38, 39, 70, 220, 249
zuì hòu 最后	(n.) el último; (adv.) finalmente	229, 275
zuì jìn 最近	(adv.) últimamente; recientemente	38, 58, 110, 111, 144, 275
zuò 座	(cn.) para edificios; montañas y objetos inmuebles similares; (n.) posición; asiento	22, 33, 302
zuò yè 作业	(n.) deberes	128, 173, 225, 227